“一带一路”研究辑刊（2018）
“一带一路”建设与上海作为

门洪华　主编

同濟大學出版社
TONGJI UNIVERSITY PRESS

图书在版编目(CIP)数据

“一带一路”研究辑刊：2018：“一带一路”建设与上海作为 / 门洪华主编. -- 上海：同济大学出版社，2019.3

ISBN 978-7-5608-8272-7

Ⅰ.①一… Ⅱ.①门… Ⅲ.①区域经济发展—研究—上海 Ⅳ. ①F127.51

中国版本图书馆 CIP 数据核字(2018)第 295102 号

“一带一路”研究辑刊(2018):“一带一路”建设与上海作为

门洪华 主编

责任编辑 熊磊丽 丁会欣 **责任校对** 徐春莲 **封面设计** 陈益平

出版发行 同济大学出版社 www.tongjipress.com.cn

(地址:上海市四平路 1239 号 邮编:200092 电话:021-65985622)

经　　销 全国各地新华书店

制　　作 南京月叶图文制作有限公司

印　　刷 上海安枫印务有限公司

开　　本 787 mm×1092 mm 1/16

印　　张 16.5 插页 2

字　　数 330000

版　　次 2019 年 3 月第 1 版 2019 年 3 月第 1 次印刷

书　　号 ISBN 978-7-5608-8272-7

定　　价 88.00 元

目录

CONTENTS

"一带一路"建设的战略研究

"一带一路"建设与上海作为

人文交流与“一带一路”建设

“一带一路”
建设的战略研究

关于"一带一路"规则制定权的战略思考

门洪华*

"一带一路"倡议是中国迈向新时代的核心战略设计，关系世界和平与发展的前景。"一带一路"倡议的提出，源自以习近平同志为核心的党中央对密切结合国内外两个大局的深刻思考和远见卓识，体现了中国国家理想和世界理想相辅相成的战略高度；"一带一路"倡议的落实，坚决贯彻中国新型国际关系和人类命运共同体的创新理念，以包容开放的姿态加入2008年金融危机爆发至今国际规则主导权和话语权的竞争，体现了中国把握先机的战略运筹能力；"一带一路"倡议的开花结果，迄今得到100多个国家和国际组织的积极支持和参与，正在促成与沿线国家"共商、共建、共享"的合作格局，被视为沿线各国实现共同发展、合作共赢的最大平台，从理念、远景到规则协商、战略引导，国内外保障体制机制逐步走向完善，中国牢牢把握着主动权和主导权，体现了中国从顶层设计到组织实施的战略执行能力。概言之，"一带一路"倡议的提出与落实，深刻体现了中国决策者战略运筹，牢牢把握国际规则制定权和话语权的高超能力。

随着"一带一路"倡议的深入落实和全面铺展，其国际规则制定权成为所涉各国越来越密切关注的重大议题，被视为"一带一路"能否长期成功的试金石。有鉴于此，本文拟对如何推进"一带一路"规则制定进行研究，其基本思路是：剖析"一带一路"的战略定位，概括"一带一路"建设面临的质疑与挑战，总结中国推进"一带一路"规则制定面临的机遇与现状，梳理总结美国推进重大经济战略时国际规则制定的经验教训与启示，并以上述研究为基

* 门洪华，同济大学特聘教授，政治与国际关系学院院长、中国战略研究院院长。

础就抓好"一带一路"规则制定权、牢牢把握话语权提出具体的对策建议。

一、"一带一路"的战略定位

"一带一路"倡议的提出，与国内外形势变化密切相关，是走进社会主义建设新时代的中国国家理想与世界理想相辅相成的表达。2008年全球金融危机爆发以来，世界政治经济格局发生深刻变化，中国国际地位空前提高，中国与世界的互动进入新阶段，中国站到了新的历史起点上。近代以来久经磨难的中华民族实现了从站起来、富起来到强起来的历史性飞跃，社会主义在中国焕发出强大生机活力并不断开辟发展新境界，中国特色社会主义拓展了发展中国家走向现代化的途径。与此同时，在世界进行深入转型之际，中国嵌入全球化的深度与广度史无前例，其引领作用更显突出，在完善全球治理、维护地区与全球安全、运筹大国关系等方面，充分体现出大国的自信与责任担当；在解决人类共同面对的问题上，中国以其世界理想为引领，贡献中国智慧、提供中国方案。在一个充满不确定的时代，中国成为世界稳定之锚，成为世界和平发展的积极推进者和战略引领者。中华民族伟大复兴的中国梦和人类命运共同体的世界梦的相继提出，就是中国面向未来的理想表达，"一带一路"倡议就是结合上述理想的现实表达。有鉴于此，笔者认为：

第一，"一带一路"倡议是中国国际合作模式的探索。国际合作的重要性得到各国决策者的高度重视，被视为国家目标实现的核心路径。正如习近平主席指出："在各国彼此依存、全球性挑战此起彼伏的今天，仅凭单个国家的力量难以独善其身，也无法解决世界面临的问题。只有对接各国彼此政策，在全球更大范围内整合经济要素和发展资源，才能形成合力，促进世界和平安宁和共同发展。"[1] 世界急遽变革，大国兴衰加速，新兴大国要想实现可持续的跨越式发展，必须创新国际合作模式。进入新时代的中国

[1] 习近平：《开辟合作新起点 谋求发展新动力——在"一带一路"国际合作高峰论坛圆桌峰会上的开幕辞》，载《人民日报》2017年5月16日，第3版。

不仅仅国家实力和国际影响进一步增强，其产业结构水平也从总体上摆脱了一般发展中国家的特征，[1]迎来了担当发展中国家和发达国家之间桥梁的战略机遇。而“一带一路”致力于开创国际合作新模式，以沿线各国发展规划对接为基础，以经济贸易合作特别是互联互通建设为重点，以贸易和投资自由化、便利化为纽带，推动政府、企业、社会机构、民间团体开展形式多样的互利合作，构建多主体、全方位、跨领域的合作平台。[2] 如习近平指出的，“一带一路”建设跨越不同地域、不同发展阶段、不同文明，是一个开放包容的合作平台，是各方共同打造的全球公共产品。它以亚欧大陆为重点，向所有志同道合的朋友开放，不排除也不针对任何一方。在“一带一路”建设国际合作框架内，各方秉持“共商、共建、共享”原则，携手应对世界经济面临的挑战，开创发展新机遇，谋求发展新动力，拓展发展新空间，实现优势互补、互利共赢，不断朝着人类命运共同体方向迈进。[3] “一带一路”倡议体现了以共同发展为核心、以开放包容为特色、以宏观政策协调和市场驱动为两轮的战略思路，是一种新型的国际合作模式追求，体现了中国的国际合作理论特色追求，即以命运共同体为指向、以共同利益为前提、以共赢为目标、以积极承担大国责任为重要条件。中国深刻认识到中国崛起的全球震动，申明走和平发展道路的坚定意愿，提出欢迎其他国家搭乘中国发展列车的倡议，致力于同世界各国发展友好合作关系，强调合作者的地位平等，并致力于分享发展红利，适当让渡非战略性利益，积极承担大国责任。[4]

第二，“一带一路”倡议体现了中国对新型地区合作机制的追求。“一带一路”是中国提出的一个陆海并进、依托亚洲、辐射周边、影响全球的泛亚地区性倡议，[5]体现了中国对建构开放包容的地区合作机制的思考。“一带一路”首先是一个地区经济概念，以推动各国共同发展为指向，以亚欧大

[1] 张幼文：《“一带一路”建设：国际发展协同与全球治理创新》，载《毛泽东邓小平理论研究》2017年第5期。

[2] 王亚军：《“一带一路”倡议的理论创新与典范价值》，载《世界经济与政治》2017年第3期。

[3] 习近平：《开辟合作新起点　谋求发展新动力——在“一带一路”国际合作高峰论坛圆桌峰会上的开幕辞》载《人民日报》2017年5月16日，第3版。

[4] 门洪华：《应对全球治理危机与变革的中国方略》，载《中国社会科学》2017年第10期。

[5] 中共中央党校省部级干部进修班课题组：《“一带一路”战略面临的风险挑战及对策研究》，载《中国领导科学》2015年第8期。

陆经济一体化发展为支撑。“一带一路”倡议是以亚洲国家为重点，以构建陆上和海上经济合作走廊为形式，以运输通道为纽带，以互联互通为基础，以多元化合作机制为特征，以打造命运共同体为目标的区域合作安排。[1] 另一方面，它又表明了中国新的国际定位是全球性大国，不把自身利益局限于亚洲，而是在全球，尤其是亚洲、欧洲、非洲等，扩展其国际影响力，寻求全球范围的区域制度化合作。此外，鉴于中国地缘政治经济格局的既有困境，改善地缘政治环境的目标也是该倡议的既有之义，自然拓宽了原有地区合作机制局限于经济领域的狭隘。[2] 李向阳认为，“一带一路”是以古丝绸之路为纽带，以互联互通为前提，以多元化合作机制、义利观为特征，以命运共同体为目标的发展导向型区域经济合作机制。[3] 当前，“一带一路”倡议所体现的主要是一种较为灵活的地区经济合作模式，双边发展战略对接、多边自由贸易保障体系和投资保护体系正在尝试推进，规则性导向日趋明显，未来新型国际合作规则的协商与确定必不可少。“一带一路”倡议是中国通过陆海构建对外经济合作、实现亚太地区经济一体化的重要构想，是新形势下中国应对国内外困境、把握国际规则制定权、构建国际话语权体系的重要举措，与沿线国家共同探讨建立包括商品贸易、投资便利化、金融风险防范、经济发展互助、货币与汇率协调等方面在内的合作机制势在必行。[4]

第三，“一带一路”倡议是中国走进新时代的对外开放战略。1978 年至今，以开放和改革为主要路径，中国进入了经济社会全面发展的快车道，主动开启了融入国际体系的进程，成长为国际体系中合作性的、负责任的、建设性的、可预期的塑造者。可以说，对外开放是中国处理与世界关系的核心战略路径，它实质性地促成了中国与世界的良性互动，成为中国正在开创的和平发展道路的本质特征。[5] 将对外开放置于发展战略的核心地位让

[1] 马学礼：《“一带一路”倡议的规则性风险研究》，载《亚太经济》2015 年第 6 期。

[2] 周平：《“一带一路”面临的地缘政治风险及其管控》，载《探索与争鸣》2016 年第 1 期。

[3] 李向阳：《“一带一路”面临的突出问题和出路》，载《国际贸易》2017 年第 4 期。

[4] 陈明宝、陈平：《国际公共产品供给视角下“一带一路”的合作机制构建》，载《广东社会科学》2015 年第 5 期。

[5] 门洪华：《开放与国家战略体系》，人民出版社，2008，第 1 页。

中国获益良多，中国对外开放本身也有其复杂的历史背景和线性的发展脉络。中国的对外开放历程有其自身特点和发展逻辑，既是渐进主义式的演进，又是上台阶式的跨越；既是不断地积累的量变，又是显示部分的质变。[1] “一带一路”正是中国对外开放战略的上台阶之作。可以说，“一带一路”倡议的提出和落实，是实施更加主动的对外开放战略的客观需要。作为中国全方位主动对外开放战略的新型国际经济合作平台，“一带一路”倡议把战略对接作为具体的实施目标，推动形成以中国为中心、周边为腹地的全球开放型经济体系，体现了开放包容、灵活务实的东方智慧。[2-4]

第四，“一带一路”倡议体现了中国塑造国际规则体系的追求。2008 年金融危机爆发以来，国际规则进入重构期，国际合作的主导权之争、国际规则制定权之争激烈异常，中国不能置身事外。中国等新兴大国遭受的经贸壁垒和不利规则日益增多，急需加强地区经济合作参与全球经贸规则重塑，打破美欧等的区域规则限制，而“一带一路”倡议的提出和迅速发展恰好满足了这一需求。[5] 《中共中央关于全面推进依法治国若干重大问题的决定》明确指出：“积极参与国际规则制定，推动依法处理涉外经济、社会事务，增强我国在国际法律事务中的话语权和影响力，运用法律手段维护我国主权、安全、发展利益。”“一带一路”倡议是中国面临新的国际经贸规则重塑形势的现实选择，它为中国对外经贸交往提供了更多合作伙伴，也为增强中国对外经济影响力创造了可能，更为参与重塑适合中国利益的国际经贸规则提供了具体路径。与此同时，“一带一路”横跨亚欧非大陆，涉及地域与国家广泛，唯有塑造相对稳定的行为标准和共有规范，才能实现真正的“互联互通”。否则“一带一路”只能是单体合作项目的集合，难以实现跨区域的整体合作。[6] 作为“一带一路”倡导国，中国与沿线国家成功开展经济合作

[1] 胡鞍钢：《中国崛起与对外开放：从世界性开放大国到世界性开放强国》，载《学术月刊》2007 年第 9 期。
[2] 余晓葵：《“一带一路”：以东方智慧求解发展难题》，载《光明日报》2015 年 2 月 28 日，第 4 版。
[3] 金玲：《“一带一路”：中国的马歇尔计划？》，载《国际问题研究》2015 年第 1 期。
[4] 夏先良：《“一带一路”战略与新的世界经济体系》，载《学术前沿》2016 年第 9 期。
[5] 刘威：《“一带一路”倡议与中国参与国际经贸规则重塑》，载《学习与实践》2017 年第 9 期。
[6] 张超：《“一带一路”战略与国际制度体系的变革》，载《理论探索》2017 年第 3 期。

的新范式无疑将在未来全球经济规则制定中占有一席之地，有利于掌握规则制定的话语权与主动权。[1] 当前国际规则重构最突出的特点是美国、欧盟和中国这三个当今世界最大的经济体和贸易伙伴成为规则制定的最重要的主体。美国作为"二战"后国际经贸规则的主导者，仍然在尽最大的努力维持其主导地位；欧盟通过集中统一管辖各成员国对外投资的立法权，与美国、中国分别开展包括投资在内的国际经贸规则谈判；中国开始崭露头角，主导成立亚投行、金砖国家开发银行，提出"一带一路"倡议，渐进削弱欧美在国际经贸规则制定中的主导权，并尝试在新的全球治理理念的指导下，形成新的国际经贸规则制定模式。[2]

第五，"一带一路"倡议是中国迈向新型世界大国的理想追求与现实路径。"一带一路"是具有全球视野、蕴藏中国智慧、高屋建瓴、内涵深刻的长期战略，具有对外统领性质和深远历史意义。[3] "一带一路"倡议强调中国开放、地区合作、全球发展的有机结合，表明中国确定了走向综合性全球大国的路线图。[4] 中国通过"一带一路"，将沿线国家紧密联系在一起，通过建设基础设施实现互联互通，在此基础上开展金融、贸易、投资等各方面广泛合作，促进了沿线各国的发展，增进了各国间的相互联系，为世界经济复苏和强劲增长注入了强大动能。以此为基础，中国的全球战略定位进一步明确：国际体系的参与者、受益者、建设者、贡献者，国际合作的倡导者，和平发展的实践者、共同发展的推动者、多边贸易体制的维护者和全球经济治理的建设性参与者和积极引领者。[5] 中国呼吁共同推进构建人类命运共同体伟大进程，倡导新型国际关系建设。新型国际关系的基础是中国坚持和平发展道路选择，致力于成为新型大国，奉行具有中国特色的大国外交，并通过国际合作实现共赢，共同为一个更美好的世界而努力。

---

[1] 姜志达：《"一带一路"：以"空间"换"时间"的发展战略》，载《和平与发展》2015 年第 4 期。
[2] 张乃根：《"一带一路"倡议下的国际经贸规则之重构》，载《法学》2016 年第 5 期。
[3] 中共中央党校省部级干部进修班课题组：《"一带一路"战略面临的风险挑战及对策研究》，载《中国领导科学》2015 年第 8 期。
[4] 马昀：《"一带一路"：挑战、风险与应对》，载《经济研究参考》2015 年第 37 期。
[5] 门洪华：《应对全球治理危机与变革的中国方略》，载《中国社会科学》2017 年第 10 期。

二、“一带一路”建设与中国国际规则制定权

进入21世纪第二个10年，世界经济进入深刻转型过程之中，国家间、地区间围绕国际规则制定权、国际合作主导权展开新的竞争，尤其是诸大国围绕经济规则制定权的竞争异常激烈。RCEP和TPP、“一带一路”等在一定意义上均是上述竞争的产物。在美国等西方发达国家主导新一轮地区经济合作的潮流之下，以新兴大国为代表的发展中世界面临着巨大挑战，国际规则处在推陈出新的历史拐点，中国需要更加积极主动地参与规则构建。[1]

“一带一路”倡议赋予中国参与国际经济规则重塑的重大机遇，作为“一带一路”倡导国，中国与沿线国家成功开展经济合作的新范式无疑将在未来全球经济规则制定中占有一席之地，有利于掌握规则制定的话语权与主动权，而中国主导推行的亚投行建设等均可视为对现有全球治理规则体系的完善之举，弥补现有国际合作机制对发展中国家金融支持的缺失与不足，提升新兴大国在国际经贸规则重塑中的话语权和影响力。[2-3] “一带一路”是推动国际规则建设的重要抓手，其核心内容均与国际规则的重塑有关。正如习近平主席强调指出的，加强经济政策协调和发展战略对接，努力实现协同联动发展，通过“一带一路”建设开展国际合作，形成政策协调、规划对接的合力，支持构建开放型世界经济，推动自由贸易区建设，促进贸易和投资自由化便利化，围绕各自国家的发展战略以及国际和地区组织制定的合作规划加强有效对接，优势互补，协同并进。[4]

“一带一路”推行开放且非排他的合作模式。在“一带一路”倡议的框架下，中国不会直接挑战由美欧发达经济体主导的现有国际制度、规范和价值观，但会以“一带一路”沿线发展中国家的共同价值观、利益和经验为基础，

---

[1] 李锋：《“一带一路”推进过程中的投资规则构建》，载《经济体制改革》2017年第1期。
[2] 姜志达：《“一带一路”：以“空间”换“时间”的发展战略》，载《和平与发展》2015年第4期。
[3] 刘威：《“一带一路”倡议与中国参与国际经贸规则重塑》，载《学习与实践》2017年第9期。
[4] 习近平：《在“一带一路”国际合作高峰论坛圆桌峰会上的闭幕辞》，载《人民日报》2017年5月16日，第3版。

尝试创设地区秩序和制度安排，对既有国际制度进行适时的补充与改革。[1] 中国并不期望"独唱"，而是追求通过"合唱"的方式将达成共识的合作模式规范化，不断总结国际合作经验，在成熟的时机制定统一的国际规范，[2]并在其中把握国际规则制定权。不断完善的"一带一路"经贸规则将为国际经济规则投射新的智慧，同时"一带一路"倡议下繁荣的双边经贸关系和自贸区建设将促进经贸规则经由双边向多边发展，并最终贡献于国际经济规则一体化发展。[3]

"一带一路"倡议堪称提升中国在全球经济治理体系中的关键路径。现有国际经贸规则的重塑本质上仍是由发达国家主导，"一带一路"倡议以高度灵活性、极强操作性和广泛适用性的走廊模式吸引更多国家自愿参与、主动进行发展战略对接，有效避开美欧等高标准的区域贸易协定，制定适合新兴国家利益需求的区域经贸规则；在国际金融领域，亚投行、丝路基金等在资金支持、投票机制、业务运营机制等方面进行创新，可以储备必要的国际经验，对国际货币基金组织等的改革提供借鉴，主动迎接发达国家主导修订金融规则的挑战。与此同时，"一带一路"面对诸多争端解决机制的协调，其相关思考与解决方案有利于加强地区协调，深化共识，其经验教训有助于增强中国与其他国家和国际组织进行规则谈判的话语权。随着"一带一路"建设的推进，在设计、工程建设、运营管理等领域的中国规则和中国标准走出国门，走向周边和世界。推动中国标准的普及一方面有利于进一步提升我国企业的生产制造水平，另一方面也有利于为长久的合作共赢打下坚实的基础，是中国发挥自身优势参与全球治理的有效途径。[4] 此外，作为一种发展导向的国际合作倡议与实践，"一带一路"建设以开放包容的姿态协商和确定国际规则，有助于形成一个比较松散而有效的国际经济共同体。作

[1] Scott Kennedy, David Parker, *Building China's "One belt One, One Road"*, https://www.csis.org/analysis/building-china%E2%80%99s-%E2%80%9Cone-belt-one-road%E2%80%9D.

[2] 张超：《"一带一路"战略与国际制度体系的变革》，载《理论探索》2017年第3期。

[3] 曾文革、党庶枫：《"一带一路"战略下的国际经济规则创新》，载《国际商务研究》2016年第3期。

[4] 华中南、王雪莹：《"一带一路"面临的风险与对策》，载《企业管理》2017年第3期。

为一种规则导向的国际合作倡议与实践，推进贸易投资自由化与便利化是其战略实施的基本方向，中国可稳步推进与"一带一路"沿线国家的制度化合作。基于此，"一带一路"建设不仅需要现有各种多边和双边机制做保障，还需要制定和完善更多的机制，并将贸易、投资、产业、金融等领域的合作机制建设作为优先领域。

"一带一路"强调互利共赢的开放理念，"亲、诚、惠、容"的地区合作理念，强调通过政府间合作推动宏观政策协调和战略对接，重视政策和市场信息的共享，致力于通过双边合作与多边协调寻求共识的达成，强调市场导向、政府推动、企业主导的共同发展路径，打造软硬兼施的制度化约束模式，使得中国与沿线国家的合作既受制于制度化约束，又避免强制性羁绊，保持合作的规范性与灵活性，[1] 体现平等协商、互利共赢、和谐包容、市场运作、寻求利益契合点和合作最大公约数的合作原则。[2] 基于此，"一带一路"治理结构体现出多元化合作机制的特征，自由贸易区、次区域合作、经济走廊、产业园区等多元并存，共同推进。[3] 中国并未寻求建立一国主导的规则体系，而是体现出打造以合作共赢为核心的新型国际关系的决心，强调沿线各国在"一带一路"建设中平等协商、共同参与、利益共享。[4-5] 其间，中国政府在不同场合说明其开放包容、互利共赢的性质，强调中国是倡议者而不是主导者，不会通过规则制定来谋求自己的势力范围，并按照市场的逻辑加以推进。[6] 随着"一带一路"倡议的不断深入推进，在互联互通、共同发展基础上沿线国家的政策协调朝着制度化的方向发展，中国引领者的角色得到沿线各国的尊重与支持，一种新型的国际规则制定模式正在形成。

"一带一路"倡议秉承"共商、共建、共享"的原则，以亚洲国家为重点，以构建陆上和海上经济合作走廊为主要形式，以运输通道为纽带，以互联互通

---

[1] 张超:《"一带一路"战略与国际制度体系的变革》，载《理论探索》2017 年第 3 期。
[2] 《"一带一路"国际合作高峰论坛圆桌峰会联合公报》，载《人民日报》2017 年 5 月 16 日，第1 版。
[3] 李向阳:《"一带一路"面临的突出问题和出路》，载《国际贸易》2017 年第 4 期。
[4] 姜志达:《"一带一路"：以"空间"换"时间"的发展战略》，载《和平与发展》2015 年第 4 期。
[5] 王义桅:《错失"一带一路"，西方将来定会后悔》，载《环球时报》2018 年 2 月 24 日，第 7 版。
[6] 洪邮生、孙灿:《"一带一路"倡议与现行国际体系的变革——一种与"马歇尔计划"比较的视角》，载《南京大学学报》2016 年第 6 期。

为基础，以多元化合作机制为特征，以打造命运共同体为目标，体现了中国建立全球市场机制的长远战略目标。[1-2] 中国引领和主导推动着相关国际规则的制定，这主要体现在：

第一，积极利用现有的多边国际合作机制，体现出对既有全球性国际规则体系的倚重。以联合国为核心的全球性国际规则体系运行多年，相对成熟完备，为“一带一路”的规则建设提供了重要的制度性参照。中国强调对联合国体系的倚重和支持，以此为基础推动具体经贸领域的国际规则创新。另一方面，“一带一路”背景下的国际合作模式与此前有着较大的不同，既有的国际规则体系遭受着以西方国家为主导的现实挑战，我们更强调对传统国际规则体系的创新性采用。

第二，在基础设施建设、金融等中国有一定优势的领域主导筹建新的多边开发机制，致力于国际规则创新。“一带一路”倡议的国际规则建设在基础设施建设、融资领域不断发展，初步形成具有系统性的国际制度体系，亚投行、金砖国家开发银行、丝路基金、上海合作组织开发银行等均是中国为推动“一带一路”倡议而主导建立的金融合作机制，加上能源发展基金、中国-东盟投资合作基金、中国-中东欧投资合作基金等的侧翼支持，初步形成了在基础设施建设和融资领域的系统性制度安排。与国际货币基金组织、世界银行、亚洲开发银行以及欧洲复兴开发银行相比，上述治理制度在组建过程中具有平等、高效的特征，在制度特征上具有包容性、合法性强的特征，有效地体现了中国的倡议权、主导地位，并积极保障了发展中国家的话语权，弥补了西方国家因实力衰落而无法提供公共产品的不足，与世界银行、亚洲开发银行（ADB）等西方主导的国际制度并立而行，各有所长，相互激发。[3-4]

第三，在南北国家共同关心的自贸区领域积极探索。近年来，随着知

[1] 马学礼：《“一带一路”倡议的规则性风险研究》，载《亚太经济》2015 年第 6 期。
[2] 刘昌明、姚仕帆：《“一带一路”倡议下中国的欧亚一体化战略与大西洋主义》，载《太平洋学报》2016 年第 11 期。
[3] 王明国：《“一带一路”倡议的国际制度基础》，载《东北亚论坛》2015 年第 6 期。
[4] 刘昌明、姚仕帆：《“一带一路”倡议下中国的欧亚一体化战略与大西洋主义》，载《太平洋学报》2016 年第 11 期。

识产权、竞争政策、投资、环保法规、劳动市场保护、金融服务等“第二代”贸易政策越来越成为FTA谈判的核心议题，美欧发达国家通过TPP和TTIP等经贸安排的谈判，推动在环境治理、知识产权保护、竞争政策、国有企业、产业政策等领域制定更高、更严格的标准，力图继续把持国际规则制定的话语权和主导权，南北矛盾愈发突出。中国深刻认识到相关竞争的重要性，并着力进行相关战略部署。2013年11月党的十八届三中全会提出“要以周边为基础加快实施自由贸易区战略，形成面向全球的高标准自由贸易区网络”。2015年12月，国务院发布《国务院关于加快实施自由贸易区战略的若干意见》，明确指出，“我国的自由贸易区战略要立足周边，辐射一带一路国家”，提出积极推进“一带一路”沿线自由贸易账户体系（FTA），积极同“一带一路”沿线国家商建FTA，形成“一带一路”大市场，将“一带一路”打造成畅通、商贸和开放之路。中国与“一带一路”沿线国家所签署的FTA主要集中在周边，尚未辐射到中亚、中东欧地区，且这些FTA的一体化水平总体不高，主要集中在传统的货物贸易领域，服务贸易和投资领域开放水平较低，“第二代”贸易政策涉及不多。“一带一路”倡议实施以来，中国抓紧与相关国家修订和完善FTA规则，尤其是《中国-东盟自由贸易协定》升级版取得实质性进展，RCEP谈判深化了区域合作关系。[1] 不可否认，中国与东盟、中亚国家等进行的区域贸易谈判仍主要集中在货物贸易规则的统一，在服务贸易及非传统领域的规则谈判和统一上相对滞后，例如中国仅与RCEP谈判国实现了部分的货物贸易规则谈判，在服务贸易、贸易便利化、投资及环境等的规则谈判进展甚微，这些都需要中国与沿线国家在“一带一路”倡议下进行协调。[2] 当前，“一带一路”沿线国家之间的贸易安排整体水平较低，构建“一带一路”自由贸易区网络具有重要意义。另一方面，“一带一路”倡议以经济议题为主，但涉及政治、文化等众多议题，超出了传统FTA的内容，[3] 如何推动相关整体性谈判已成各方关注的重要议题。

[1] 张国军：《中国与“一带一路”沿线经济体自贸区建设现状及推进策略》，载《商业经济研究》2017年第10期。

[2] 刘威：《“一带一路”倡议与中国参与国际经贸规则重塑》，载《学习与实践》2017年第9期。

[3] 陈伟光、王燕：《共建“一带一路”：基于关系治理与规则治理的分析框架》，载《世界经济与政治》2016年第6期。

第四，加强国内保障机制建设，夯实积极参与国际规则制定的国内基础。中国通过成立中共中央“一带一路”建设工作领导小组、设立商务部欧亚司和“一带一路”PPP工作机制、推动出台“一带一路”对接方案等，完善了国内保障机制建设。中国同时提出“一带一路”倡议与设立中国（上海）自由贸易试验区，是深思熟虑的战略抉择。国务院《关于加快实施自由贸易区战略的若干意见》明确指出：“上海等自由贸易试验区是我国主动适应经济发展新趋势和国际经贸规则新变化，以开放促改革促发展的试验田。可把对外自由贸易区谈判中具有共性的难点、焦点问题，在上海等自由贸易试验区先行先试，通过在局部地区进行压力测试，积累防控和化解风险的经验，探索最佳开放模式，为对外谈判提供实践依据。”上海、天津、福建、广东等自贸试验区着力制度创新，逐步形成了以负面清单管理为核心的外商投资管理制度、以贸易便利化为重点的贸易监管制度、以资本项目可兑换和金融服务业开放为目标的金融创新制度、以政府职能转变为核心的事中事后监管制度，为积极参与国际规则谈判进行了扎实的理论与实践储备。[1]

上述举措和努力为中国积极参与国际规则制定、把握国际规则制定权奠定了较为坚实的基础。中国秉持的开放包容、合作共赢的理念得到了落实，在基础设施领域和金融合作机制领域的规则创新引起了国际社会的高度关注，体现出与美欧西方国家理念与规则的鲜明对照，形成了对现有国际经济规则的新突破，以及对贸易、投资、能源、金融以及争端解决等多领域进行规则创新的期待。[2] “一带一路”建设的低制度化安排也引起了国际社会的高度关注。“一带一路”建设没有形成统一的制度化安排，没有统一的常设机构进行管理，涉及的经济规则范围有限，规则标准和执行力较低。这种模式能够以合作内容的广泛性和最小限度的约束力确保合作的连续性，降低合作的交易成本，在各国均面临基础设施建设巨大资金缺口的时机推进比较迅速。“一带一路”倡议是在各国国情差别极大、社会基础设施不完善、法律法规不健全、区域整体性合作框架缺失的客观限制下展开的，这使

[1] 张乃根：《“一带一路”倡议下的国际经贸规则之重构》，载《法学》2016年第5期。
[2] 曾文革、党庶枫：《“一带一路”战略下的国际经济规则创新》，载《国际商务研究》2016年第3期。

得中国在处理与沿线国家的合作关系、管理日益密切的经贸往来、解决贸易投资争端等方面缺乏强有力的制度规则支撑，“一带一路”建设前期，可以不预先设定具体的制度规范体系，而致力于通过加强沟通合作逐步建立和完善国际合作规范，但当“一带一路”推进到需要加强国际规则建设以保障功能合作的果实时，经济规则低标准和软约束的特征将成为重要障碍。[1-2] 为此，中国必须未雨绸缪。

三、“一带一路”建设中国面对的质疑与挑战

“一带一路”倡议甫一提出，就引起国际社会的高度关注，质疑声随之而来。中国则将“一带一路”建设视为具有关键甚至决定性意义的优先外交任务，对“一带一路”的态度很大程度上成为中国衡量对象国与自己双边关系的标尺。[3] “一带一路”倡议提出之时，正值东海、南海岛屿争端激化，中国正当的维权行为被外界视为“咄咄逼人”，甚至认为中国要以实力改变现状，受到国际社会的误解。一方面，中国与世界主要大国，尤其是美国的关系摩擦不断；另一方面，中国与发展中国家的关系也面临着挑战，而后者通常被认为是中国外交的基石。中国希望通过支持相关沿途国家道路、机场、港口等基础设施开发，密切贸易和投资合作，促进“一带一路”沿线国家的经济社会发展，发展合作共赢的新型关系，缓解这些国家因中国经济快速发展和影响力扩大而产生的焦虑不安，消除“中国威胁论”产生的土壤。从这个意义上讲，“一带一路”倡议在一开始就具有解决问题的性质。[4] 鉴于此，我们有必要梳理中国在“一带一路”建设中面临的质疑与挑战，深入剖析中国积极作为的国际背景。

“一带一路”倡议提出后，中国反复阐释它是一个和平、合作、平等、包

[1] 马学礼：《“一带一路”倡议的规则性风险研究》，载《亚太经济》2015年第6期。

[2] 张超：《“一带一路”战略与国际制度体系的变革》，载《理论探索》2017年第3期。

[3] 叶海林：《莫迪政府对华“问题外交”策略研究——兼论该视角下印度对“一带一路”倡议的态度》，载《当代亚太》2017年第6期。

[4] 苗吉：《“一带一路”倡议：预期管理、风险规避及战略应对》，载《世界经济与政治论坛》2017年第3期。

容、共建、共享、共赢的倡议，但基于地缘政治、战略考量和现实利益等因素，仍有域内外国家对该倡议存有疑虑和不安。尤为典型的是，进入2018年，西方国家反制“一带一路”的言论不断。德国外长西格玛·加布里尔在第54届慕尼黑安全会议上宣称，中国利用“一带一路”投资宣扬与西方不同的价值观体系，抨击“一带一路”不利于民主自由。法国总理菲利普回应称，欧洲“不能把新丝绸之路的规则交由中国制定”，一时间风云四起、关注不断。

关于中国“一带一路”倡议的质疑，可概括为不同版本的“中国威胁论”。梳理相关质疑，“中国扩张论”“中国挑战论”与“中国霸权论”最有市场。有的西方国家将“一带一路”视为中国试图改变秩序规则、获得地区和全球主导权的国家战略，认为中国通过改写国际规则谋求霸权。一些国家将经济问题政治化，认为“一带一路”倡议是中国对外扩张的国家战略，是中国谋求过剩产能倾销、为中国企业寻求新市场新需求的重要载体，是挑衅西方主导的国际秩序的重要手段。有的美国学者将“一带一路”倡议与马歇尔计划相提并论，认为二者都是获取世界大国地位的手段与途径。[1] 有些日本学者认同这一说法，认为中国利用丰富的外汇资产和资本实现消化剩余生产能力和推进高科技技术的海外出口，实现人民币国际化，是“中国版马歇尔计划”。[2-3] 印度则把中国“一带一路”倡议视为战略挑战，认为这是中国将印度洋沿岸国家纳入其势力范围的战略举措，对印度在南亚的霸权地位和印度洋地区安全提供者的地位构成了直接挑战。[4-5] 有的西方人士认为，中国推行“一带一路”意在重构中国为“宗主国”、周边国家为“朝贡国”的现代版朝贡体系，是通过构建地区霸权寻求世界主导地位的跳板。这一说法在日

[1] 马建英：《美国对中国“一带一路”倡议的认知与反应》，载《世界经济与政治》2015年第10期。

[2] 亚州IR株式会社：《「21世紀版シルクロード経済圏構想」に注力、APECにらむ》，见 http://www.newsclip.be/article/2014/11/09/23757.html。

[3] 浦上早苗：《中国版マーシャルプランを提倡 AIIBと一带一路構想の両輪一中国メディア》，*Focus-Asia*，http://www.focus-asia.com/outline/400750/，转引自申来津、黄河：《日本对“一带一路”倡议的认知及其对中国的启示》，载《社会主义研究》2017年第2期。

[4] 林民旺：《印度对“一带一路”的认知及中国的政策选择》，载《世界经济与政治》2015年第5期。

[5] 张立、李坪：《印度对“一带一路”的认知与中国的应对》，载《南亚研究季刊》2016年第1期。

本最有市场。例如:高木诚一郎认为,"一带一路"倡议的核心是通过向发展中国家的基础设施建设提供资金,并由中国主导推动,构建以中国为中心的新地区秩序;山本吉宣认为,"一带一路"不仅构筑地区内基础设施网络,也通过政策协调、贸易畅通、货币稳定等手段试图构筑中国主导的国际秩序,同时要提升中国的国际地位和海外影响力,成为国际规则的制定者。[1] 对此,美国人士也多有论述。例如:美国海军战争学院霍姆斯认为,中国通过"一带一路"向邻国施展经济恩惠,以换取他们政治上的顺从,这是历史上中国王朝的常见做法。[2]

与此同时,"中国威胁论"有了诸多新说法和新版本,经济威胁、军事威胁、战略威胁等不一而足,而"价值观威胁论""国际规则威胁论"最为引人注目。就前者而言,德国外长加布里尔对中国的指责最为典型。就后者而言,相关论述日渐丰富。例如:布鲁金斯学会的研究员包道格和陈懋修认为,在现有国际秩序的许多重要方面,中国更接近于一个规则制定者,而非接受者。中国的主要目的不是直接彻底推翻管理现有贸易和主权国家关系的国际规则,而是以符合中国新地位、符合中国眼中的国际权力结构变化的方式,积极塑造中国的经济和安全环境。[3] 一些美国学者认为,亚投行将成为中国追求和捍卫其自身利益、争夺国际秩序话语权的重要工具,它将改革国际社会一些既有规则、机制,提升中国的议程设置能力,增强中国在现有国际机制及国际秩序中的影响力和权威,削弱美国的影响力,传播新的国际机构的原则、规则和规范,从而形成对抗竞争对手的基础。[4] 甚至很多西方人士认为,中国建设"一带一路"的主要目的是获取相关国家的能源资源、追求利润最大化,而不顾当地的环境保护和民众福利,威胁相关国家的生态安全和社会稳定,推行新殖民主义。

---

[1] 李成日:《中日战略博弈与安倍政府对"一带一路"的应对》,载《郑州大学学报》2017 年第 6 期。

[2] 李向阳:《"一带一路"面临的突出问题和出路》,载《国际贸易》2017 年第 4 期。

[3] 包道格,陈懋修:《"一带一路":与中国和亚洲合作的新愿景》,http://www.carnegietsinghua.org /2017/05/17/zh_pub_70031.

[4] 宋瑞琛:《美国对"一带一路"倡议的认知及中国的策略选择——基于对美国布鲁金斯学会和外交关系委员会学者观点的分析》,载《国际展望》2017 年第 6 期。

其间,“中美对抗论”为各国各界所高度关注。美国倾向于把“一带一路”倡议视为中国追求海权和陆权平衡的战略,中国通过加强互联互通、拓展经贸合作等方式扩展陆权,并超越西太平洋海域,向南深入南太平洋,向西开辟进入印度洋,对抗美国在这一海域的力量,与美国“亚太再平衡”战略相抗衡,是中国与美国争夺世界霸权的重要举措。中美各自在全球范围内提出各种倡议和安排,具体做法不同,反制对方的意味明显。[1-2] 有的美国人士认为,“一带一路”建设本质上就是在美国主导力缺乏、区域合作机制化程度较低的中亚、南亚等地区推行一体化战略,形成一个从东亚到西欧的经济和政治共同体,使中国倡导的相互尊重、相互信任成为主导原则,显示中国重新成为“中央王国”的雄心。[3] 有的美国学者认为,与美国争夺规则制定权和国际话语权是“一带一路”倡议的重要目标之一,亚投行与世界银行、亚洲开发银行的主要目标都是基础设施建设,议题范围重合,美国在亚洲基础设施建设方面的主导地位将发生动摇,对此,美国自然不愿接受,中美对抗自然不可避免。可以说,中美之间的秩序之争、模式之争、规则之争愈发明显,而规则之争作为核心要素体现了出来。

上述质疑,既是“一带一路”建设面临挑战的原因,也是相关挑战的直接结果。

其一,沿线国家对“一带一路”倡议存在担忧和战略摇摆,存在政治风险和政治挑战。沿线国家既希望从“一带一路”中获得实在的好处,又担忧对中国形成新的依赖关系,这种疑虑往往导致战略上的摇摆,影响“一带一路”倡议的顺利实施。沿线许多国家处于政治转型期,并具体表现为新旧体制转轨期、民主改造探索期和社会局势动荡期,政治不稳定因素有可能长期存在,对“一带一路”倡议构成系统性风险。沿线国家多是中小国家,对主权非常敏感,对外往往采取平衡外交政策,[4] 以制衡中国影响的扩大。有的

[1] 毛悦:《从印度对“一带一路”的认知与反应看印度外交思维模式》,载《国际论坛》2017 年第 1 期。

[2] 宋瑞琛:《美国对“一带一路”倡议的认知及中国的策略选择——基于对美国布鲁金斯学会和外交关系委员会学者观点的分析》,载《国际展望》2017 年第 6 期。

[3] Shannon Tiezzi, China's “New Silk Road” Vision Revealed, *The Diplomat*, 2014.

[4] 姜志达:《“一带一路”:以“空间”换“时间”的发展战略》,载《和平与发展》2015 年第 4 期。

国家担心中国商品大量涌入，中国企业冲击其相对落后的新兴产业，担心中国企业会重有形建设而轻技术共享，从而造成竞争环境的不公平。与中国有领土争端的东南亚国家，担心中国军事扩张与合作背后的战略意图，相关海洋纠纷、海权划分和岛屿争端构成长期障碍，往往秉持“两面下注”的心态，奉行经济上靠中国、安全上靠美国的摇摆战略，阻滞“一带一路”倡议的落地生根。[1]

其二，大国博弈与掣肘不断，导致地缘竞争升温，战略风险与战略挑战长期存在。“一带一路”倡议被视为中国谋求世界大国地位的大战略，世界诸大国的关注在所难免。“一带一路”途经世界自然资源的主要产区，历来是诸大国争夺的战略要冲。[2] 有鉴于此，大国博弈与大国掣肘长期存在，战略挑战势在必然。“一带一路”倡议关涉美国、俄罗斯、日本、德国、法国、印度等全球大国、地区关键大国的政治经济势力范围，这些大国对“一带一路”说三道四甚至公然反对都有其可能性，并引发相关沿线国家的担忧，对“一带一路”长期的顺利实施构成严峻挑战。如何成功化解与这些大国之间的正面冲突是“一带一路”能否顺利实施的重要条件。[3-4]

美国对中国的战略疑虑加深，密切关注中国实施“一带一路”倡议带来的国际规则体系挑战和地区影响力再平衡，把“一带一路”视为对其亚洲乃至世界主导地位的巨大挑战，故而从为日本、菲律宾、越南等国在东海、南海与中国挑起领土领海争端撑腰到直接走到前台，倡议“自由开放的印太战略”，其目标就是制约“一带一路”，对中国采取竞争性的立场。[5] 俄罗斯尽管积极推进欧亚联盟战略与“一带一路”倡议的对接，但对中国与中亚诸国的密切接触高度警惕。印度一直对“一带一路”倡议持消极态度，认为其实施将导致从地缘上、政治上对印度的战略包围，利用“季风计划”开展富有针

---

[1] 中共中央党校省部级干部进修班课题组:《“一带一路”战略面临的风险挑战及对策研究》，载《中国领导科学》2015 年第 8 期。

[2] 何茂春等:《“一带一路”战略面临的障碍与对策》，载《新疆师范大学学报》2015 年第 3 期。

[3] 姜志达:《“一带一路”:以“空间”换“时间”的发展战略》，载《和平与发展》2015 年第 4 期。

[4] 贺方彬:《沿线国家对“一带一路”倡议的认知及启示》，载《青海社会科学》2017 年第 4 期。

[5] 王志民:《“一带一路”战略推进中的多重互动关系分析》，载《中国高校社会科学》2015 年第 6 期。

对性的对抗策略，并在南亚地区和印度洋地区频繁给中国设置障碍。日本虽然转变了对“一带一路”的态度，表示加强合作的意愿，但战略上警惕和遏制中国的取向、经济上与中国竞争的态度不会改变。欧洲国家对“一带一路”的态度明显分化，中东欧和南欧的非欧盟成员国家态度积极，但某些西欧国家的态度转恶，担心“一带一路”倡议对欧洲投资制度和成员国之间的政治团结产生负面影响，开始强调中欧价值观上的分歧和战略上的竞争。上述因素导致欧亚非地缘竞争均有所升温，战略挑战长期存在。

其三，“一带一路”沿线有着较多安全风险，安全挑战持续存在。中国外部安全环境处于全球权力结构调整过程中的阵痛期、亚太地区多边机制变动过程中的紊乱期、周边邻国对中国崛起认识的集中反应期的特定阶段。[1] “一带一路”倡议带来机遇的同时，但基础设施建设项目多集中在不安全和政治不稳定地带，安全风险突出，这不仅包括大国地缘政治博弈，领土、岛屿争端、个别国家政局动荡等传统安全风险，也包括经济安全、金融安全、恐怖主义威胁、流行性疾病爆发、跨国有组织犯罪等日益凸显的非传统安全风险。[2-3] 尤其是，“一带一路”沿途所经区域形势复杂，一些地区长年动荡不安，恐怖主义、民族宗教纷争冲突不断。这些安全隐患将影响投资者信心和项目实施，利益分歧不断，有可能导致僵局。[4]

其四，“一带一路”沿线经济社会风险随处可见，不确定性较强。全球主要高风险国家均分布在“一带一路”沿线。“一带一路”沿线国家在经济体制、制度安排、文化特色、生活习惯、宗教信仰等方面各不相同，经济和社会发展水平参差不齐，协调难度较大，贸易和投资风险凸显。特别是，部分国家政局不稳，多为地缘政治的“破碎地带”，恐怖势力猖獗，使得投资环境面临重大挑战，威胁到该区域的经济安全，反映在国内就是可能造成投资的低回报，甚至是影响到国内经济安全。[5] “一带一路”倡议在多个高风险地带

[1] 胡俊超、王丹丹：《“一带一路”沿线国家国别风险研究》，载《经济问题》2016年第5期。
[2] 马昀：《“一带一路”：挑战、风险与应对》，载《经济研究参考》2015年第37期。
[3] 傅梦孜、徐刚：《“一带一路”：进展、挑战与应对》，载《国际问题研究》2017年第3期。
[4] 肖晞、马程：《“一带一路”中的风险与中国作为：一种社会网络的分析视角》，载《探索》2016年第2期。
[5] 李忠武，汪小英：《“一带一路”战略布局下风险规避分析》，载《商业时代》2017第9期。

深入推进，这些地带缺乏多边自由贸易安全体系和有效投资合作机制，区域内合作的深度和广度受到严重制约。一些沿线国家面临深刻的政治调整、经济转型和社会转轨，投资环境方面存在着不少中短期内难以解决的问题，市场波动风险、货币汇兑风险、劳资和公共关系风险、经营决策风险等时有展现。可以说，较差的运营环境、较低的地区发展水平和市场规模、滞后的经济一体化建设制约了各国的合作，反过来导致贸易往来存在较多壁垒和障碍，由于过度依赖外部市场，受区域外经济波动冲击的风险较大。此外，“一带一路”倡议在基建项目推进过程中，常常会面对经济景气变化、市场环境、地缘政治、宗教冲突乃至恐怖主义威胁等风险。为了尽可能地降低上述风险，中国在推进“一带一路”区域合作过程中需要贯彻“量力而行”原则，避免成为“沿线国的发改委加财政部”。[1]

上述诸多风险、挑战的应对与解决，有赖中国与“一带一路”沿线国家在合作规则上的协调与确定，通过规则制定预防和化解风险当为正途。

四、美国推进重大对外经济战略的经验、教训与启示

美国通过推进重大对外经济战略实现利益开拓成长为世界大国，其发展路径以及相关经验教训值得我们深入研究。

19 世纪中下叶，美国工业产值迅速提升，并成长为世界上规模最大的国内市场，成为当时唯一由国内市场支撑实现现代化的经济体。[2] 到 19 世纪末，其工业产值近世界的 1/3，将其工业发展的战略方向转向海外寻求市场和空间、扩大对外贸易势在必然，而当时美国的扩张方向是拉丁美洲和东亚。

美国扩张的第一步就是蚕食拉美，确定其地区霸权。美国向拉丁美洲的市场开拓以出让国内市场为前提，双方都对相互开放市场持有积极态度，美国顺利获得了拉美国家的国内支持，其国际市场开拓稳固而持续。

[1] 杨言洪、徐天鹏：《“一带一路”沿线国家经济社会发展比较分析》，载《北方民族大学学报》2016 年第 4 期。

[2] 周茂清：《不同类型国家对外开放政策的比较》，载《中国工业经济》2003 年第 10 期。

在第一次世界大战前的10年间，美国出口的工业品中，2/3以上产品都销往边缘市场。美国通过自身庞大的市场容量撬动了拉美市场。尤其对拉美北部国家而言，美国在第一次世界大战前出口到这些国家的商品占其进口商品总额的54.1%，而英国则跌落至12.3%。1913年，在洪都拉斯、海地等国家，美国产品占其进口额的比率接近70%，而在波多黎各则接近90%。[1] 美国在拉丁美洲的市场开拓，为其霸权提供了深厚的地区支撑。以此为基础，美国大力推动泛美合作。1889年12月2日，除多米尼加外，当时的17个拉美国家都派代表出席了第一届泛美会议，美国提出的泛美主义战略包括建立美洲关税同盟、货币联盟、统一度量衡、制定专利保护法律和建立解决美洲国家之间争端的仲裁法庭等，意在确立美国在拉美的贸易和财政的统治地位。[2] 其后，美洲共和国国际联盟（Commercial Bureau of American Republics）及其常设机构美洲共和国商务局（International Union of American Republics）得以成立，奠定了美洲国家组织（Organization of American States）的制度基础。此后，美洲国家间陆续召开了数次会议，在1910年将美洲共和国商务局更名为泛美联盟（Pan-American Union），并最终在1948年的第九届泛美会议上建立了当时制度化程度最高的地区组织“美洲国家组织”。[3]

从安全和外交上看，1898年是美洲体系建立具有决定性的一年，美国通过与西班牙等欧洲国家的战争夺取了后者在美洲和亚洲的殖民地，从而打响了争霸世界的第一枪。在一定意义上，美西战争是美国国际关系的分水岭，将孤立主义的19世纪与活跃于世界舞台的20世纪划分开来。[4] 之后，美国的争霸目标已经不仅局限于美洲一隅了。鉴于19世纪80年代以后美国军事力量在美洲的突出地位，美国在拉美地区的外交政策并不是为了寻求秩序与稳定，而是优先强调获得经济机会和战略立足点。[5] 因此，美

[1] 黄琪轩、李晨阳：《大国市场开拓的国际政治经济学——模式比较及对“一带一路”的启示》，载《世界经济与政治》2016年第5期。

[2] 福斯特：《美洲政治史纲》，三联书店，1959，第339页。

[3] 门洪华：《霸权之翼：美国国际制度战略》，北京大学出版社，2005，第226～229页。

[4] 罗伯特·帕斯特编《世纪之旅：七大国百年外交风云》，上海世纪出版集团，2001，第211页。

[5] 孔华润主编《剑桥美国对外关系史》（上），新华出版社，2004，第329页。

国通过各种方式包括渗透、经济乃至军事干预等力图将拉美诸国变成其潜在或实在的保护国。

第一次世界大战使得拉美国家进一步摆脱欧洲国家的影响，拉美国家对美国的依赖更重，但干涉和反干涉的矛盾却愈演愈烈，泛美体系危机不断。这种局面因 1933 年 3 月富兰克林·罗斯福上台执政而开始缓解。富兰克林·罗斯福在总统就职演说中宣布实行睦邻政策。4 月 12 日，罗斯福在泛美日纪念大会上提倡美国与拉美国家相互理解、合作互助，尊重各国的独立与正当权利，消除正常贸易发展的人为障碍。同年 12 月，在第七届泛美会议上，美国宣布放弃以武装干涉为中心的拉美政策，拉美国家也接受了美国提出的互惠贸易计划，从而为美拉关系的进一步发展扫清了政策障碍。

随着第二次世界大战的临近，美国加强了与拉美诸国的安全合作，美洲国家逐渐采取协调一致的安全政策。1938 年的第八届泛美会议通过了《关于美洲原则的宣言》，确定了战时美洲国家合作的框架。1939 年第一届美洲国家外长会议就美洲国家集体中立达成共识，为共同反对法西斯奠定了基础。1942 年的第三届美洲国家外长会议决定成立美洲国家防务委员会，并相互降低关税，从而为战后的美洲体系的建立奠定了基础。第二次世界大战期间，美洲所有国家都与美国确立了安全合作关系。战后，美国期望借此机会建立起独立的美洲体系，拉美国家普遍期望获得类似马歇尔计划的复兴援助，同时它们也愿意与美国合作建立一个新的国际组织，以作为对美国利益的限制。1948 年 3—5 月，第九届泛美会议举行，会议的主旨是改组泛美联盟、促进美洲国家的经济合作、共同对付共产主义的外来威胁等。会议的最终成果是将美洲共和国联盟改组为美洲国家组织，并通过了《美洲国家组织宪章》。美洲国家组织赋予美国特殊的国家优势及其行为的合法性，同时也成为其他国家尤其是小国借以约束其行为的工具。[1] 这是美国为称霸世界而建立的第一个区域性政治军事集团，其创立标志着美国孜孜以求的美洲体系终于形成，它完全排除了欧洲国家的影响，甚至成为美国向美洲

[1] Hal Klepark, "Power Multiplied or Power Restrained? The United States and Multilateral Institutions in the Americas," in Foot Rosemary et al, eds., *US Hegemony and International Organizations* (New York: Oxford University Press, 2003), p.244.

之外发动冷战的重要基地。[1]

美国在东亚采取的政策与拉美形成了鲜明的对照。美国是通过对外贸易与东亚结识的，而跟随在英、法等其他殖民主义国家之后以“利益均沾”为名攫取东亚的利益是美国在19世纪中后期的一般性战略。当然，美国偶尔也充当主角，如1853年迫使日本开国，以扩大在远东的势力范围。之后，尤其是南北战争结束以来，美国强调太平洋的战略意义，向太平洋和远东扩张成为美国的一贯战略目标。美西战争在美国的霸权史上具有里程碑意义，美国不仅展示了自己维护美洲体系的决心，而且通过占领菲律宾、攫取夏威夷和关岛获得了远征东亚尤其是中国的跳板。由于老牌帝国主义国家已经将世界瓜分完毕，美国于1899年9月6日、1900年7月3日和1900年10月22日先后三次发出所谓“门户开放”的照会，[2]强调不得干涉列强在中国任何所谓利益范围或租借地内的任何通商口岸或任何既得利益、列强在华贸易机会均等、呼吁保持中国领土和行政完整。门户开放政策的实质就是基于美国当时的实力地位，明确美国在东亚的根本利益，通过保持东亚地区的战略均势，防止英、日、俄任何一方在东亚称霸，并将美国扩展商业利益和影响力的图谋隐藏其中。[3] 它是美国争夺世界经济霸权的先声，代表着美国独立亚洲政策的形成。在一定意义上，门户开放政策也代表着美国建立东亚新秩序的尝试。尽管美国在中国的门户开放政策和在菲律宾的闭关政策同属于美国东亚战略的组成部分，但史家更加关注的却是门户开放政策的前瞻性及其包含的先进理念。

美国霸权是在欧洲霸权衰微之后得以确立的。第二次世界大战彻底削弱了欧洲的全球霸权，欧洲被迫退回到自己的大陆上，获胜的同盟军对整个欧洲的占领具有决定意义，美国自此成为欧洲大陆的成功干预者。[4] 第二次世界大战结束前后的美国是以确立全球霸权为核心的，然而东西方冷战

---

[1] 方连庆、刘金质、王炳元主编《战后国际关系史(1945—1995)》，北京大学出版社，1999，第75页。

[2] 董小川：《关于美国对华门户开放政策的几个问题》，载《美国研究》1998年第4期。

[3] Felix Gibert, “Bicentennial Reflections”, in New York University, ed., *Two Hundred Years of American Foreign Policy* (New York: New York University Press, 1977), p.15.

[4] 戈登·克雷格、亚历山大·乔治：《武力与治国方略——我们时代的外交问题》，商务印书馆，2004，第129页。

的爆发使得美国建立自由多边体系的努力失败。作为一个“被邀请的帝国”(An Empire by Invitation),对欧洲事务的介入越来越具有根本性的战略意义。[1] 以此为基础,大西洋联盟得以形成。大西洋联盟以北约为政治和安全领域的制度安排,承担防止苏联扩张的军事职能;以马歇尔计划为经济领域的制度安排,力求全面复兴西欧的经济和社会生活;美国接过英国伸出的禅让橄榄枝,公布杜鲁门主义,通过对希腊、土耳其的援助阻止了苏联对东地中海的威胁。美国的对立国苏联则通过与东欧各国、中国等签订友好合作互助条约、成立经济互助委员会、欧洲共产党和工人党情报局、华沙条约组织等构成了社会主义阵营。美苏两大制度体系的建立代表着欧洲的分裂和冷战的定格。

马歇尔计划是美国在经济上与欧洲形成联盟的重要步骤。战后初期,美国面临的紧迫问题并不是苏联对西欧的直接威胁,而是西欧各国经济社会状况的恶化和共产党势力的上升。这一政治经济情势与美国扩大国外市场、解决生产过剩矛盾的国内经济目标相结合,促成了 1947 年 6 月 5 日马歇尔计划的出台。马歇尔计划是催生欧洲联合和大西洋联盟的重要举措。马歇尔指出,美国竭尽所能帮助世界恢复正常的经济状况,从而“使自由制度赖以存在的政治和社会条件能够实现”,他呼吁欧洲国家首先提出倡议,且该倡议“必须是联合性质的,假使不能商得所有欧洲国家的同意,也应商得一部分国家的同意”。[2] 马歇尔计划得到西欧国家的积极响应。与此同时,马歇尔计划作为美国对外援助的典型案例,有着显著的政治前提和政治附加条件,以意识形态划线。马歇尔在哈佛大学发表演说时提出:“我们政策的目的是恢复世界上行之有效的经济制度,从而使自由制度赖以生存的政治和社会条件能够出现。……任何愿意协助完成恢复工作的政府都将得到美国政府的充分合作。任何图谋阻挠别国复兴的政府,都不能指望我们的援助。”[3] 在苏联明确退出协商之后,西欧国家于 1947 年 7 月召开巴黎

[1] G. John Ikenberry, "Rethinking the Origins of American Hegemony," *Political Science Quarterly*, Vol.104, No.2(1989):375-400.

[2] 方连庆、刘金质、王炳元主编《战后国际关系史(1945—1995)》,北京大学出版社,2006,第 60 页。

[3] 哈里·杜鲁门:《杜鲁门回忆录》(第 2 卷),三联书店,1974,第 289 页。

经济会议，成立了欧洲经济合作委员会，联合向美国提出了援助请求。美国以西欧国家必须购买一定数量的美国商品、尽快撤除关税壁垒、为美国提供生产所需要的战略物资、允许美国对内部预算进行某种程度的控制、限制同苏东的贸易等为条件，在四年内向欧洲提供了131.5亿美元的援助。马歇尔计划帮助西欧度过了战后的艰难岁月，巩固了西欧资本主义制度，促进了西欧的战后复兴，但它同时也加速了欧洲的分裂。作为美国迄今最成功的对外援助计划，它促进了美国的对外资本和商品输出，为美国采用经济手段介入和控制西欧铺平了道路。同时，它也促进了西欧资本主义国家的联合，为大西洋政治军事联盟的建立提供了经济基础。

1947年6月5日马歇尔计划提出之后，美国旋即与西欧主要国家进行密切磋商协调，成立欧洲经济合作委员会统筹马歇尔计划的落实。在该计划的内容和实施方式上西欧国家与美国的想法并不一致，但美国政府采取务实的态度做出了重要让步。1948年4月2日，美国国会通过《经济合作法案》，美国政府据此设立独立于国务院、直接向总统负责的经济合作总署(ECA)，负责管理马歇尔计划的实施；4月16日，西欧参与国签订《欧洲经济合作公约》，并建立了执行机构欧洲经济合作组织。至此，实施马歇尔计划的法律和组织安排程序完成。根据西欧复兴任务的轻重缓急，马歇尔计划按照进口紧缺物资、投资制造业部门、提高生产效率进行分阶段具体实施，并由受援国政府设立“对应基金”(Counterpart Fund)以保证美国提供的资金的合理分配和使用效率。马歇尔计划于1948年4月启动，持续四个财政年度，西欧各国通过参加欧洲经济合作组织(Organization for European Economic Cooperation, OEEC)接受了美国包括金融、技术、设备等各种形式的援助。马歇尔计划使西方世界暂时放弃了相互间的竞争、猜忌和博弈，第一次采用一种全新的和平合作方式来发展经济。马歇尔计划的实施不仅使美国成为西方阵营的领导者，而且也在很大程度上构建了以美欧日为主体的全球经济秩序和规则。OEEC后来发展成为经济合作与发展组织(Orgnization for Economic Cooperation and Development, OECD)，对战后国际货币基金组织、世界贸易组织和世界银行的建立起了重要的作用，使得发达国家长期主导国际经济秩序和规则，牢牢掌控着全球经济治理的话语权。[1]

美国的海外利益拓展之路对中国有着重要的启示意义，从地区大国成长为世界大国，美国依托其深厚的经济基础和广阔的国内市场，从周边和地区拓展开始，通过对外贸易和投资，辅之以政治协调和安全手段，稳步推进，抓住机会进行制度建设，成为利益提供者、合作倡议者、规则制定者。马歇尔计划被视为美国的经典之作，诸多学者将其与"一带一路"倡议相提并论，比较研究甚多。但在笔者看来，美国在拉美和东亚的拓展也值得我们深入研究。"一带一路"倡议即以亚洲为重心，尤以陆路和海路并行的方式进行周边合作的拓展，又将其触角延伸至欧洲和非洲，从而具有了全球的视野，而美国从拉美到东亚和西欧的霸权之路显然有着重要的启示意义。

目前，政策研究界多把"一带一路"视为"中国版的马歇尔计划"。实际上，二者有着根本差别，前者以共同发展为根本属性，以平等互利为原则，以务实合作为导向；后者本质上是一项政治与安全战略，美国通过附加条件的援助，开始了与苏联的冷战进程。与马歇尔计划相比，"一带一路"倡议的实施将面临更多的挑战，不仅需要应对沿线国家多样化的利益诉求、更加复杂的政治和安全环境，还面临诸多域外因素的干扰。[2] 马歇尔计划可资借鉴的经验在于，中国可以根据沿线不同地区和国家的经济需要和特点，进行周密的筹划，制定符合其利益诉求和市场需求的计划和政策；根据条件成熟程度，有重点、分阶段地加以推进；在整体计划之下，争取建立双边合作机制以提高合作的成效，同时充分利用现有的多边合作机制和机构。[3] 当然，我们需要汲取的教训是，马歇尔计划通过制度安排、规则制定谋求对欧洲事务的主导和美国霸权，这一方案受到欧洲精英的反感和抵制，激发了欧洲的联合自强，促成了日后的美欧战略竞争。与此相对照，中国应坚持推进新型国际关系，以合作共赢为目标，积极促成命运共同体意识的落地生根。

---

[1] 王海峰：《推进"一带一路"倡议的国际经验比较》，载《国际贸易》2016 年第 6 期。

[2] 金玲：《"一带一路"：中国的马歇尔计划？》，载《国际问题研究》2015 年第 1 期。

[3] 洪邮生、孙灿：《"一带一路"倡议与现行国际体系的变革——一种与"马歇尔计划"比较的视角》，载《南京大学学报》2016 年第 6 期。

五、抓好“一带一路”规则制定权、牢牢把握话语权的政策建议

“一带一路”建设与中国的国际规则制定权密切相关。习近平主席指出，“一带一路”建设对于挖掘新的经济增长点、增强各国内生发展动力、促进全球经济增长具有重要意义，有利于推动经济全球化向包容普惠方向发展。[1] 其主要路径就是：打造开放型合作平台，维护和发展开放型世界经济，共同创造有利于开放发展的环境，推动构建公正、合理、透明的经贸投资规则体系。[2] 在推进“一带一路”国际规则体系建设的过程中，中国应强调公正合理、包容透明、开放共赢的原则，在规则制定过程中担当倡议者、引领者的角色，潜在或显在地发挥主动和主导作用，抓好国际规则的制定权和话语权。

第一，提炼和丰富中国国际合作理论，保持理念创新和战略引领。“一带一路”体现了中国国际合作理论诉求，而后者以中国战略思想创新为基础。当前，中国正在构建以融入—变革—塑造为核心的和平发展战略框架，如何通过和平、发展、合作、共赢的方式塑造世界的未来，成为中国超越和平崛起、丰富和平发展、规划崛起之后的战略着眼点。以习近平同志为核心的中央领导集体深刻认识到中国崛起给世界带来的震撼，秉承“达则兼济天下”的胸怀，坚持互利共赢的战略思路，强调与各国在利益汇合点的基础上开展合作，积极在力所能及范围内承担更多国际责任，与各国建立和发展利益共同体、责任共同体、命运共同体。中国倡导“命运共同体”的理念，提出构建新型大国关系、共建“一带一路”等新倡议，大力弘扬正确义利观，主张对发展中国家义利并举、义重于利，把本国发展战略与周边国家、发展中国家相对接，深化各国之间的互信合作。[3-4] 中国的国际合作思想以变革自

---

[1] 习近平：《在“一带一路”国际合作高峰论坛圆桌峰会上的闭幕辞》，载《人民日报》2017 年 5 月 16 日，第 3 版。

[2] 习近平：《习近平谈治国理政》第二卷，学习出版社，2017，第 512～513 页。

[3] 门洪华：《构建新型国际关系：中国的责任与担当》，载《世界经济与政治》2016 年第 3 期。

[4] 门洪华：《党中央治国理政新理念新思想新战略：一项国际研究议程》，载《世界经济与政治》2017 年第 1 期。

身为基础，以融入国际社会为路径，以渐进为核心方式，以内外兼修推动国际合作的展开与深入，体现出后来者应有的谨慎和大国应有的气度。中国国际合作理论以命运共同体为指向、以共同利益为前提、以共赢为目标、以积极承担大国责任为重要条件。中国深刻认识到中国崛起对全球震动，申明走和平发展道路的坚定意愿，提出欢迎其他国家搭乘中国发展列车的倡议，致力于发展与世界各国的友好合作关系，强调合作者的地位平等，并致力于分享发展红利，适当让渡非战略性利益，积极承担大国责任。“一带一路”建设是中国提出的推进国际合作、实现互利共赢的重大倡议，以各国政策与规划的对接实现发展的国际协同，以合作路径与方式的创新推进经济全球化。[1] 我们要以“一带一路”为抓手，推动具有中国元素、彰显中国智慧的新一轮全球化，继续保持理念创新和战略引领，吸引世界各国广泛参与。同时要把关注的重点落在自身和倡议沿线国家共同增长问题上，更重视自身和周边国家未来的共同发展，推进内生性的发展战略，[2] 确保各国之间的合作与协调。其间，要注重将中国特色的发展理念纳入其中，推动“一带一路”治理体系建设，形成中国特色的“一带一路”话语体系。

第二，以国际规则协商制定为切入口，妥善应对各种风险，积极进行制度建设，为打造命运共同体而努力。“一带一路”国际规则的协商制定，以风险应对为起点，以制度建设为路径，以打造命运共同体为目标。我们必须关注一系列显在或潜在的风险，必须未雨绸缪，通过创新合作机制，化解可能出现的风险，夯实合作的基础。“一带一路”持续运行离不开国际制度建设，而中国对“一带一路”建设的制度构建将基于沿途现有国际合作框架，充分发挥现存的合作平台，并根据“一带一路”建设的实际需要，以制度创新的方式对现有制度进行补充，通过创新国际制度，推动地区治理朝着公正、合理、透明的方向发展。[3] 探索建立以发展为导向的国际规则体系，是“一

[1] 张幼文：《“一带一路”建设：国际发展协同与全球治理创新》，载《毛泽东邓小平理论研究》2017年第5期。

[2] 黄海波、刘振原：《“一带一路”的战略方向与实践路径：中美的比较》，载《东南学术》2017年第2期。

[3] 肖晞、马程：《“一带一路”中的风险与中国作为：一种社会网络的分析视角》，载《探索》2016年第2期。

带一路"的重要使命。我们不否认发展中国家在"一带一路"的主体地位，但其规则走向却必须基于具有普遍共识，秉持开放包容的品质。习近平对全球治理的观点对"一带一路"建设颇有启示：以平等为基础，更好反映经济格局新现实，增加新兴市场国家和发展中国家代表性和发言权，确保各国在国际经济合作中权利平等、机会平等、规则平等；应该以开放为导向，坚持理念、政策、机制开放，适应形势变化，广纳良言，充分听取社会各界建议和诉求，鼓励各方积极参与和融入，不搞排他性安排，防止治理机制封闭化和规则碎片化；应该以合作为动力，各国要加强沟通和协调，照顾彼此利益关切，共商规则，共建机制，共迎挑战；应该以共享为目标，提倡所有人参与，所有人受益，寻求利益共享，实现共赢目标。[1]

在"一带一路"倡议下，中国正在成为区域经贸规则修订的主导方，争取与其他国家公平、公正、合理地统一内部经贸规则，吸引更多国家修改和遵守统一规则，进而参与全球经贸规则重塑。为了避免与发达国家组成的区域经济组织出现对抗，中国需要选择重点领域进行域内规则修订，而非对规则的全面重塑，应首先实现"一带一路"沿线国家的某些领域的域内规则统一，以此为基础加大对全球经贸规则的重塑力度。"一带一路"国家在政治、经济、文化和民族等方面均存在一定差异，对规则修订的接受度不同。因此在提升区域内经贸标准的同时关注各国实际困难，是"一带一路"域内规则重塑成功的关键。[2] 中国与"一带一路"沿线国家合作机制的建设是一项系统工程，需精心设计。短期内应注重软机制的建设，重点在各国敏感度低、见效快的领域开展合作；中期来看，应秉持合作共赢原则，加快自贸区的建设，搭建中国与沿线各国贸易的平台；长期来看，应建立涵盖各领域的全方位合作机制，注重格局秩序的建设，完成由区域层面到格局秩序层面的飞跃。[3]

当前，自由贸易区协定谈判如火如荼展开。中国可通过突破自贸区建

[1] 习近平：《中国发展新起点全球增长新蓝图——在二十国集团工商峰会开幕式上的主旨演讲》，载《人民日报》2016 年 9 月 4 日，第 1 版。

[2] 刘威：《"一带一路"倡议与中国参与国际经贸规则重塑》，载《学习与实践》2017 年第 9 期。

[3] 黄庆波：《"一带一路" 倡议下我国与沿线国家的贸易格局重构分析》，载《国际贸易》2017 年第 1 期。

设点对点的局限，构建与"一带一路"沿线国家双边、多边和区域、次区域高标准自贸区网络，能够有效减少双多边贸易投资壁垒，并由点到线、由线到面扩大利益汇合点，探索制定符合发展中国家利益的经贸合作规则，取得参与全球经贸规则制定的制度权力。[1] 中国应启动中国与欧盟的自贸区谈判，加快实施以市场为导向的自贸区战略，促进中欧合作由贸易向投资、研发等领域的转移；推进中国-东盟、中国-海湾合作委员会、中日韩以及中澳等区域自由贸易区建设，争取尽快达成中国与斯里兰卡的自贸协定，为实现整个亚太自由贸易区建设奠定良好基础。加强国内自由贸易区建设，推动上海、天津、福建、广东自由贸易区先行先试，以及彼此之间的合作协调机制。[2] 其间，上海自由贸易区在以贸易便利化为内容的贸易监管、以金融服务业开放为基础的金融合作、以负面清单为核心的外商投资管理上积累了大量成功经验，可以进行与"一带一路"国家的内外规则对接，将其应用在"一带一路"的区域经贸规则重塑之中。推动"一带一路"自由贸易区建设，应采取全面推进、重点突破、多层次融合的战略，逐步形成布局合理、覆盖全面、呈放射状形态分布的区域一体化网络。[3]

与此同时，以金融规则重塑为突破口，逐步实现"一带一路"域内规则统一。亚投行确立兼顾中国影响力和成员方发言权的投票机制和"协商一致"的谈判方式，其决策规则相比 IMF 的美国"一票否决权"规则更显公平性，极大增强了中国在国际金融规则制定中的影响力和话语权，初步突破了国际货币基金组织和世界银行主导的现行国际金融规则限制。中国应以此为契机，继续推进亚投行在多边金融治理规则上的创新，为未来新兴国家参与和发达国家竞争国际金融规则重塑主导权打下基础。[4]

此外，还要致力于确立适应新兴国家实际需求的争端解决机制。"一带

[1] 卢伟、李大伟：《"一带一路"背景下大国崛起的差异化发展策略》，载《中国软科学》2016 年第 10 期。

[2] 孙乾坤、李大夜、寇埻：《"一带一路"国家的开放战略及对我国的启示》，载《现代管理科学》2016 年第 9 期。

[3] 张晓君：《"一带一路"战略下自由贸易区网络构建的挑战与对策》，载《法学杂志》2016 年第 1 期。

[4] 刘威：《"一带一路"倡议与中国参与国际经贸规则重塑》，载《学习与实践》2017 年第 9 期。

一路”倡议沿线65个国家和地区，且多数是发展中国家，承担外部经济冲击能力普遍较弱，国内受宗教和民族因素影响较深，法律建设相对落后且与中国差异较大，极易造成沿线国家的国内法与国际法冲突，最终影响中国与这些国家的长期合作。有鉴于此，应重点筹建“一带一路”规则争端仲裁机构，确定统一的争端解决机制及规则，为“一带一路”经贸规则的制定和实施保驾护航。

第三，以战略对接为切入点，妥善处理好大国关系。大国竞争长期存在，加强战略对接，形成良性互动，促进良性共振，防止恶性竞争、避免联合遏制是我们处理大国关系的总方针。美日欧在“一带一路”相关国家的投资历史悠久，我们需要理性看待与传统强国的关系，以竞争促进自身战略完善，以合作求多方共赢。“一带一路”建设离不开关键大国的认可、支持和参与，尤其是需要在“一带一路”沿线有重大利益关切大国的支持和参与。因此，在深入实施“一带一路”倡议的过程中，中国需要积极争取与一些关键大国所主导的战略计划相对接，通过对接找到彼此的利益契合点，并给予对方一定的知情权、发言权、决策权，有效减小“一带一路”的多边阻力和政治风险。与此同时，保障“一带一路”倡议实施的相关机制也需要与一些关键大国主导的国际机制相协调，避免恶性竞争。[1] 中国应以建设性态度欢迎其他大国参加“一带一路”建设，协调战略冲突，推动务实合作，实现利益共享，促使中国成长为所有大国的利益攸关者。

中国可以“一带一路”与“欧亚经济联盟”的对接为范本，促成大国关系的优化。中俄互为最主要、最重要的战略协作伙伴，深化中俄全面战略协作伙伴关系在两国外交全局和对外关系中都占据优先的战略地位。习近平指出：“中俄关系是世界上最重要的一组双边关系，更是最好的一组大国关系。一个高水平、强有力的中俄关系，不仅符合中俄双方利益，也是维护国际战略平衡和世界和平稳定的重要保障。”[2] 颇具开创性的是，2015年5月中俄共同发表《关于丝绸之路经济带建设和欧亚经济联盟建设对接合作的联合

[1] 贺方彬：《海外视域下的“一带一路”倡议研究》，载《当代世界与社会主义》2017年第3期。
[2] 习近平：《顺应时代前进潮流　促进世界和平发展——在莫斯科国际关系学院的演讲》，载《人民日报》2013年3月24日，第2版。

声明》和中俄两国《关于深化全面战略协作伙伴关系、倡导合作共赢的联合声明》,积极推动两国发展战略对接,使彼此合作更具实质意义。把中俄战略对接作为样板推进具有重要启示价值。通过中国与相关国家的双边、多边机制和现有的各种合作平台,推动"丝绸之路经济带"与欧亚经济联盟和上合组织的对接合作,使"丝绸之路经济带"成为强化与欧亚经济联盟和上合组织合作、实现联动发展的新基础。[1]

第四,牢牢把握规则制定的话语权,讲好中国故事,引导对"一带一路"的客观认识与理性支持。在当代国际关系中,一个国家在国际领域的话语权和话语体系成为学界和政界的研究重点,并逐渐上升为一种国家战略。话语权包括一个国家对国际舆论的主导力、参与制定国际规则的决定权、主导国际制度的能力、影响国际价值观的能力和全球利益分配的决定能力等,是国家执政能力和价值观国际影响力的体现。[2] "一带一路"是我国塑造国际话语权的重要平台,而中国的国际观念在此得到了全面而精彩的展现。讲好中国故事,主动回应国际社会的质疑与挑战,帮助国际社会认识"一带一路"的战略价值,促使国际社会积极回应"一带一路"的战略诉求,是中国把握"一带一路"话语权的重要内容,也是中国抓好"一带一路"规则制定权的重要条件。中国不仅要恰如其分地讲好中国故事、合适得体地发出中国声音,有所侧重地阐明"一带一路"倡议的内涵与实质、目标与价值,从互利共生的角度引导沿线各国正确理解"一带一路"倡议的深远意义,还要积极回应沿线国家对"一带一路"倡议的疑虑,主动澄清国际社会对"一带一路"倡议的误解与误读,强化国际传播过程中的良性互动,减少国际社会对"一带一路"倡议误读和猜测的空间,破解国际舆论中对"一带一路"倡议的成见、偏见,让沿线国家和国际社会真正能读懂"一带一路"的中国故事、理解"一带一路"的中国方略、接纳"一带一路"的中国方案。[3] 关于"一带一

[1] 唐朱昌:《差异定位与联动发展——"丝绸之路经济带"、欧亚经济联盟、上合组织合作关系研究》,载《社会科学》2016 年第 4 期。

[2] 刘再起、王蔓莉:《"一带一路"战略与中国参与全球治理研究——以话语权和话语体系为视角》,载《学习与实践》2016 年第 4 期。

[3] 申来津、黄河:《日本对"一带一路"倡议的认知及其对中国的启示》,载《社会主义研究》2017 年第 2 期。

路”的国际话语权，不能只靠中国自身的努力，而要联合在“一带一路”建设过程中有着重要利益的相关国家去共同争取，对“一带一路”进行多主体、多维度的表述和阐释，避免过于政治化的解读。[1] 中国“一带一路”话语体系的构建，要超越对自身利益的关注，而着眼于沿线国家的利益关切和理念认同，面向21世纪的全球关切，以此为基础制定客观理性的“一带一路”传播方案，全面把握“一带一路”的话语权，积极应对“中国威胁论”“中国霸权论”“中国扩张论”，着力诠释“中国机遇论”“中国贡献论”“中国责任论”，通过寻求对中国提出的开放、包容、合作、共赢等价值理念的认同，引导对中国方案的正确理解，引导对“一带一路”的深入研究和理性支持。

[1] 周方银：《“一带一路”面临的风险挑战及其应对》，载《国际观察》2015年第4期。

"一带一路"软环境建设研究

郭 锐*

改革开放的40年里，中国实现了非常快速的经济增长，得益于对发达经济体出口和外商直接投资(FDI)的急剧增长，目前中国已经发展成为世界上最大的制造业和贸易国家，然而，中国现在正面临着巨大的挑战——国内经济放缓和贸易量减少。[1] 为应对这一挑战，2016 年 3 月，中国政府发布了"道路和基础设施行动倡议"，旨在"一带一路"沿线国家改善和重新配置物流和交通网络，使互联互通达到新的层级。在这一倡议下，中国将通过"丝绸之路经济带"和"海上丝绸之路"实现与欧亚国家的全方位对接，通过基础设施走出去和贸易互联互通，传播自身发展的经验，来增强国际影响力，为国际经济架构做出贡献。

软环境是"一带一路"投资环境的重要组成部分，相对于铁路、公路等基础设施而言是一种体制和精神状况的总和，作为经济发展的外部条件，可以被人为干预并且对区域发展具有重要意义。当软环境的各种指标符合经济发展的客观规律时，整个体系呈现稳定性以及与行为体实现良性互动。但软环境发展如果违背经济运行规律或者某一要素指标被人为破坏，便会对总体经济态势产生消极影响，造成经济损失等不良后果。"一带一路"软环境是容纳经济、社会、法律、投资等要素的系统性存在，按照自身运行规律对经济发展施加直接和间接的影响，直接影响主要指利用行为体的利益属性

* 郭锐，吉林大学行政学院教授、同济大学中国战略研究院博士后。

[1] According to a report compiled by wallstreetcn.com, Capital Economics, Citibank, Conference Board and Lombard Street, respectively, estimated China's first-quarter GDP growth in 2015 at 4.9%, 4.6%, 4.0% and 3.8% (http://wallstreetcn.com/node/218370).

对经济动态调节，间接影响则指一系列文化、制度、规则的约束作用，使各经济主体都能遵守市场规则，实现投入与产出的良性循环。“丝绸之路经济带”和“21 世纪海上丝绸之路”是一个包含 65 个国家和地区，44 亿人口的大市场，各种经济主体在其中实现自身利益最大化，体现了经济人的理性原则，但如果没有制度管束，会导致整个利益群体的非理性，进而损害公平的市场竞争环境，沿线国家进行经济合作的过程中，会出现制度设计、制度衔接等问题，需要国家通过宏观调控，促进资源的优化配置，充分利用国内和国际两个市场，达到物质效益和社会效益的有机统一。

一、“一带一路”软环境的概念界定

“一带一路”倡议自 2013 年提出至今，已经在基础设施建设、制度对接、人文交流方面取得了丰硕成果，软环境建设也在不断积累经验，从而为项目的推进提供有力保障。但是，目前学界对软环境概念的系统归纳、总结还处于起步阶段，导致这一概念界限不甚明晰，从而制约了政策层面的顶层设计和科学规划。所以，从基本概念入手，对软环境概念的内涵和外延进行科学界定就显得尤为迫切和必要。

软环境是与硬环境相对应的一种环境，是指与生产经营活动密切相关的非物质条件，即非物质要素的集合。马克思认为：“人是社会关系的总和。”同样，软环境从产生之初就带有鲜明的人类文化以及社会习俗的烙印，受到人的观念、制度、道德等支配。“一带一路”软环境是一个复杂的系统，涉及法制软环境、政策软环境、地缘政治软环境、投资软环境等若干子系统。其中，法制软环境主要指构建符合不同国家国情的“软法律”，提升法律的适应性和透明性，政策软环境主要指加快政府职能创新，提升政策的落实效率以及规范化水平，从而引导各国经济合作实现良性互动；地缘政治软环境需要有关部门针对沿线国家不同的经济、社会、文化特点，做好舆情的分析研判，对于可能出现的政治风险进行评估预判，同时，合理关照当地人民的关切，降低企业和个人的投资风险；投资软环境是指运用规则、制度等约束条件，优化本国相关的投资准入条件，为外资进入创造方便。各个子系统相互联系、相互制约,成为推动区域经济发展和互联互通的重要内在力量。“一带一路”软环境是由诸多要素组成的复杂系统工程,相对于基础设施建设、技术输出、人才出口等有形环境建设,“一带一路”软环境更多被赋予了制度改良与创新、地缘政治风险管控、民心相通等无形成分,经验证明,这些“无形的系统工程”会对区域经济合作产生持续的正向推动力,也将对新时期中国政府职能的转变提供有益的启示。

目前,学术界对软环境概念虽有不同的解释,但大都指向经济发展中除“硬建设”外的“软建设”,对于软环境概念具体评价指标却存在分歧,而且大都集中于政务环境、市场环境、地缘环境等单一维度,缺乏改革开放 40 年来中国软环境建设实践的系统归纳,制约了软环境理论的科学性。从具体构成看,制度要素是软环境建设的重要组成部分,包括健全的法制、完善的经济、政治体制和优质的服务等,若以中国东部经济发展为例,认为环境对经济发展质量起着基础性作用,而健全软环境需要发挥正确观念的引导作用,必须要营造良好的人才环境,大力进行制度创新、机制创新、观念创新、服务创新。而以对武汉市的调研,则提出软环境建设是经济发展的催化剂,武汉市下大力气开展宣传教育,动员企业、机关工作人员和群众参与软环境建设,政府进行机制创新,设立企业、居民办事服务中心,合并单一职能部门,大大提高了行政审批效率,方便了企业投资,对影响软环境建设的“乱作为”“不作为”风气严肃整改,取得了积极成果,2016 年实现社会生产总值和消费品零售总额的持续增长。

二、“一带一路”软环境的总体特性

“一带一路”软环境是区域经济合作中各种非物质条件的集合,其组织、协调的优劣程度是影响投资者的成本和收益以及经济合作深度和广度的重要因素,区域软环境建设能够为不同经济主体提供包括法律法规、政务效率、地缘安全、投资风险等信息数据,从而营造一种既符合地区发展实际,又能降低各种风险成本,造福地区人民的良好经济和社会文化氛围。

(一) 战略性

“一带一路”软环境是区域经济合作带有长期性、全局性、根本性的问题，是中国21世纪从大国迈向强国的关键部分，将成为促进国家间战略协作，承载丝绸之路文明印记的新合作场域。“一带一路”倡议将促进沿线国家的产业合作、贸易联通、民心相通作为实施目标，软环境建设将使沿线国家和人民的需求层次达到前所未有的新高度，不仅满足当地经济社会发展的物质需求，还要通过打造人文交流平台塑造区域发展的精神氛围，这就决定了“一带一路”软环境建设将谋求发展速度和质量的统一，实现经济合作短期目标、长期目标相结合，注重局部经济利益和整体社会效益相协调。

“一带一路”前期建设的实践证明，健全的软环境将为保障地区经济、社会合作，提升国家经济宏观调控、社会统筹协调、公共产品供给以及国民整体素质等注入不竭动力。新航路的开辟标志着人类开始由分散走向整体，也正式拉开了全球化的序幕，但是几百年的全球化主要是西方海权国家主导的，它们依靠优越的地理位置以及强大的海上军事实力，控制了世界主要的水道和航路，从而为原料掠夺、资本输出提供了保障，导致了“东方从属于西方”以及内陆国家落后于沿海国家等不平衡现象出现。“一带一路”倡议就是要充分利用中国比较优势产业，推动中西部以及内陆国家的开发、开放，打破经济合作的地缘限制，对于推动建立均衡、普惠、共同繁荣的世界新秩序具有战略意义。

(二) 综合性

“一带一路”软环境是由诸多要素组成的复合体，其各构成要素相互联系且多元化，在许多领域具有交叉性，所以其实施内容、手段具有高度的复杂性。“软环境”作为经济发展的外部环境，其研究对象跨越多个学科门类，是一切新制度、新技术、新思想产生的必要条件，所包含的法制、政策、政务、地缘等子系统会对母系统产生重要作用，子系统之间协作良好，可以保障软环境整体的运作顺畅，而其中某子系统发生变化或与经济发展趋势相背离，则会使整体失去平衡。由于经济发展的综合性特征，软环境子系统的建设必须将其他要素统筹起来分析，例如，构建法制软环境需要制定健全、可操作性强的法规制度，还必须充分考虑执法人员素质、行政监督等政务软环境方面的内容。所以软环境综合性关键在于"统筹"，将诸多相关要素汇集起来，依托企业、高校、政府等大型设施群，努力探索和筛选"一带一路"区域合作的相关要素，实现各子系统的优化组合和良性发展。

建设"21 世纪海上丝绸之路"是一项具有综合性、包容性的倡议，着眼从印度洋至北冰洋的广袤海域，充分利用海洋文明的巨大优势，对于促进不同国家的交流互鉴，实现共同繁荣具有重要意义。海洋作为中国与世界联系的枢纽，承载着中华民族伟大复兴以及改善全球治理体系的意涵，应该看到，由于复杂的自然地理环境，"海上丝绸之路"沿线国家经常受到台风、泥石流等自然灾害侵袭，制约了当地宝贵资源的开发和经济项目的推进。为此，建设"一带一路"软环境必须充分利用大数据以及综合性信息平台的作用，加强海洋数据的收集，依托地理信息系统等大数据平台。整合海洋观测、资源勘查、工程设计等信息情报，为"一带一路"倡议的科学实施提供辅助决策，使国家在制定政策时能兼顾本国和域外国家的诉求和实际情况，提升中国对沿线国家的掌控能力和认知水平，为中国企业走出去以及经济合作的顺利开展提供保障。[1]

（三）系统性

"一带一路"软环境以组成其系统的各要素为研究对象，要求运用系统和工程的理论方法，使各类要素在一定时间和空间内相互联系，密切配合，形成一个有机系统。软环境作为经济发展的外部环境，其运行也受到国内和国际经济、政治形势的影响和约束，随着其发展变化而不断调整各要素之间的性质和功能。"一带一路"沿线国家具有复杂自然和社会背景，各国经济发展水平的巨大差异性决定了软环境建设必须针对性地研究各构成要素，探索不同要素之间相互作用的规律，从区域发展的整体优化出发，以经济全球化和第三次科技革命为抓手，面对不同层面的问题制定带有全局性的政策和战略，在具体项目规划和实施中，拟定涵盖科技、经济、社会的总体

[1] 郑崇伟等，《经略"21 世纪海上丝绸之路"：综合应用平台建设》，载《海洋开发与管理》2017 年第 2 期。

建设目标，统筹各方面的资源，利用好两个市场，与国家总体利益相一致，以适应不同地区发展实际。

表 1 “一带一路”重大工程项目清单[1]

国内项目		国际项目	
综合	宝马生产电动 MINI 工厂项目	乌干达	乌干达工业园区项目
香港	香港综合废物处理设施第一期项目	阿联酋	阿联酋 AYKON 城大厦项目
陕西	美投资煤质合成气项目	埃及	埃及 3 个多功能体育馆项目
山东	环渤海潍烟高铁项目	伊朗	亚美尼亚伊朗铁路工程
江苏	“一带一路”科技产业基地暨高档生活用纸项目	阿曼	阿曼太阳能光伏项目

“一带一路”沿线国家众多，经济合作的广度和深度也是前所未有，由于历史、文化、社会等方面原因，沿线国家在项目推进、资金使用等流程会出现系统性风险，主要表现为一些金融机构和企业出现资金链断裂，在建的基础设施项目受到所在国政局动荡的影响被迫中止或转让以及信贷结构不合理导致的国家还贷风险增加等情况。为此，必须树立系统性、可持续的合作理念，破除旧的体制机制障碍，提高对不同风险的认识和预判水平，从本质上讲，经济合作的系统性风险是由软环境建设的缺失引起的，所以必须从宏观层面加强对风险的管控水平，制定严格的措施，规范各种经济行为，本着效益优先，质量至上的原则，转变项目建设中粗放式的运营模式，最终实现内涵式的可持续发展，从而提高企业对抗系统性风险的能力和水平。

（四）动态性

环境的动态性是衡量环境内部不同要素变化程度和速度的重要指标。从本质上说，软环境是包含输入和输出的系统性存在，技术的变革、体制的优化，以及人员素质的提升会产生新的需求要素并输入外部环境中去，在系统中重新进行优化组合，进而输出到不同生产实体，生产经营主体按照需求改进生产方式，提高生产效率，最终促进整个产业社会生产力的进步。“一带一路”软环境是连接供给和需求的纽带，也是实现技术变革，体制创新的

[1] 笔者根据官方发布的“一带一路”投资数据整理而成。

重要平台，由于沿线不同国家的资金、产品、技术的需求在一段时间内具有波动性，所以不同生产主体将内部资源和外部环境匹配的过程中，会产生动态效应。[1] 当企业自身的技术水平不足以满足顾客需求时，会自发进行生产要素的创造性破坏，不断建立生产要素之间的最佳联系，提升自己对外部经济环境、政策环境、社会环境的感知能力，学习能力、反馈能力，最终实现内部经营与外部环境的一致性，降低生产的成本和风险，提高企业绩效。

"一带一路"软环境的动态性是基于系统性之上的变化反应，具有纵向时间性和横向空间性的特点，沿线国家的跨国公司开展国际化经营往往对投资环境以及服务水平有着更高的要求，所以必须适时调整相关政策法规。随着"一带一路"经济合作的不断深化，一些旧有的指标体系已经不能适应区域联通、产业对接的要求。比如，改革开放初期，软环境曾经被概括为"三通一平"即水通、电通、气通和土地平整，到后来发展出"服务一条龙"等招商引资口号，但是国际经济大变革以及经济全球化使人们对于建设软环境的认知水平也在不断提升，已经从原来的政策优惠、硬件支持转变为降低企业的经营风险，维护公平的竞争秩序等无形的精神层面，涉及政治、经济、文化、社会等诸多方面。

（五）公用性

"一带一路"软环境是汇集沿线 65 个国家和地区的公共服务平台，各国在其中实现资金、技术、人员的往来和联系，获取利益，实现从物质到文化的互联互通。机制和政策作为沟通各国经济合作的管道，在具体项目的实施过程中扮演着重要角色，不会出现偏袒一国而损害另一国利益的事情发生，并且在一定时期和阶段内适应不同国家的发展阶段和水平，为企业提供标准参考和评价依据。打造"一带一路"政策软环境首先需要达成广泛共识，尊重各国由于经济发展、历史文化、政治体制差异而形成的不同发展道路和发展方式。中国作为"一带一路"倡议的提出者，必须倾听各方意见，不搞政

[1] 刘刚、刘静：《动态能力对企业绩效影响的实证研究——基于环境动态性的视角》，载《经济理论与经济管理》2013 年第 3 期。

策输出和"一言堂",需要打破国家间的政策壁垒,塑造符合不同利益诉求的公用性体制环境,使各国都能最大程度集中优势资源,调动各方积极性,从而为建设"一带一路"大市场提供有力支撑。

三、推动"一带一路"软环境建设的重大意义

"一带一路"倡议是新时代提升中国全方位开放水平的重要举措,其核心是以欧亚大陆广袤的市场和丰富的资源为载体,拓展与沿线国家合作的新场域。党的十九大以来,中国持续深化的经济、行政体制改革已经进入攻坚阶段,目前,中国经济正在加快供给侧结构性改革,提升发展的质量和效益,发展方式面临由高速增长到中高速增长的"换挡期",结构性调整短期内必然会伴随一部分传统产业遭受淘汰的"阵痛",这是经济体制改革的必然要求,也是客观规律所决定的。习近平总书记在党的十九大提出中国已经进入中国特色社会主义新时代,"一带一路"倡议就是立足当前中国发展阶段这个实际,努力破除改革开放40年来积累的深层次矛盾问题,树立"发展仍然是解决一切问题的核心"的宗旨,坚持全方位改革,在与沿线国家的交流合作中,合理利用国内、国际两种资源、两个市场,寻求新的经济增长点,努力打破阻碍经济发展的壁垒,发挥体制变革的牵引作用,推动生产关系与生产力,上层建筑与经济基础相适应,最终实现绿色发展、可持续发展。依托"一带一路"倡议,中国西部的新疆、青海,西南部的云南、四川等重要节点省份得到了开发开放,同时,其他省份也可打造符合自身实际的政策对接与沿线国家的合作,从而从宏观层面将中国不同层面的发展战略统筹起来,提升了合作的有效性和针对性;东北亚、东南亚、中亚、中东欧国家在对接"一带一路"倡议时,充分发挥自身比较优势,加强了与中国的地缘政治经济联系,最终实现通过区域经济合作增加各国之间的信任,推动构建人类命运共同体,从而打破以"零和博弈""霸权至上"的传统地缘政治思维,构建以合作共赢的全球治理新格局贡献中国方案、中国智慧。[1]

[1] 张伟:《"一带一路"建设的地缘战略研究》,博士学位论文,吉林大学国际政治专业,2017年。

(一) 促进经济增长的内在因素

"一带一路"覆盖沿线约44亿人口,年对外贸易总额近7万亿美元,要利用好这一庞大的市场,需要持续的制度创新拉动投资,激活各国制造业转型升级。沿线国家的经济发展离不开投资的拉动,马克思从资本原始积累理论出发,提出要将再生产的资本用于投资,从而不断实现再生产的扩大,"一带一路"顺应经济全球化的浪潮,建立"亚洲基础设施投资银行"和"丝路基金",为地区的社会化再生产提供资金支持。但是,目前由国家主导的金融机构所提供的贷款和金融产品远远不能满足沿线国家庞大的基础设施建设、贸易联通的资金需求,这些国家正处于发展的起步或关键阶段,国内硬环境建设需要资金、技术、人才的支撑。新制度经济学的代表人物诺斯认为,一国新的组织形式及制度安排作为经济发展重要的无形要素,能够产生经济发展的规模效应,把外部风险和交易成本降到最小,这种"新的安排"就是制度创新,当生产的预期收益小于预期成本时,制度创新的动力就被激发出来。[1] 因此,制度是经济发展的决定因素之一,改革沿线国家内部的财税、审批制度,为海外资本营造良好的投资软环境,才能顺应资本国际化的大趋势,促进经济可持续发展。

(二) 维护市场秩序的可靠保障

"一带一路"项目建设的持续推进需要良好的市场秩序作为保障,现代市场经济明确了各类主体在经济运行中的财产所有关系,即产权。由于产权的明晰性、法律性为人们的创新成果提供安全保护,所以它可以作为激发人们创造活力的有效手段。"一带一路"的经济技术合作需要企业不断提升自主创新能力,从而满足消费者对产品更新换代和优质服务的需求,健全的产权制度不仅是稳定市场秩序的条件,更是促使企业改进生产技术,获得国际竞争比较优势的驱动因素。企业的创新来源于构思、设计、生产流程等诸多方面,现代产权制度的重要内容就是创新激励制度,使经营主体在外部风险较大情况下给予其内在刺激,使其对自主创新行为有更高的市场预期,所

[1] Daft R, Sormunen J, Parks D. Chief executive scanning, environmental characteristics, and company performance: An empirical study, *Strategic Management Journal*, 2(1988):123-139.

以完善的激励制度可以扩大企业创新规模，加快企业创新速率并最终使企业获得更高的创新回报。

应该看到，资金短缺普遍制约沿线国家的发展水平，资本稀缺的固有属性决定了“一带一路”经济合作需要大力吸引投资，从而带动当地就业，提升本土企业国际竞争力，实现互利共赢，企业在沿线选择投资区位时，往往将健全的市场秩序视作评判风险大小的重要因素。由于市场按照价格机制配置资源的盲目性，极易引发垄断和失信等道德风险问题，所以，建设“一带一路”软环境就是通过一系列的规则、制度对不同经济主体的行为进行约束，提升他们的法律意识、道德意识、社会意识，最终营造一个开放、有序的市场环境，为各国的经济合作奠定良好基础。

（三）弥补和平赤字的必要条件

第二次世界大战结束以来，以美国为首的西方国家依靠自身强大的经济实力，建立起以美元为主要结算货币的自由主义世界秩序，而一系列不公正的国际制度和规则使发展中国家面临长期被支配和掠夺的不公平地位，没有享受到第三次科技革命和经济全球化带来的红利，在国际竞争中的话语权不断下降，处于边缘化的不利境地。“一带一路”沿线国家内部大都面临贫富差距扩大、民族宗教冲突升级、政权不稳等矛盾问题，恐怖主义和极端民族主义依然侵蚀着中亚地区。叙利亚内战自2013年爆发以来由于大国的介入而更加复杂化，和平进程依旧困难重重。在当今各国相互依存的背景下，任何一国都不可实现独自发展，“一带一路”软环境就是为弥补发展中国家长期不平衡增长和国内动乱而造成的与发达国家的差距，缩小“数字鸿沟”和“信息鸿沟”，充分利用沿线国家的比较优势和丰富市场资源，建立信息共享机制，以交通、基础设施、能源、通信等行业为立足点，逐步实现从人到物的全方位互联互通，最终达到各国民心相通，携手共建人类命运共同体的效果。

（四）为实现地区持久和平与繁荣做出贡献

由于沿线国家大多处于经济发展的起步阶段，长期的不平衡增长导致社会矛盾丛生，暴力恐怖主义、民族分裂主义、宗教极端主义依然困扰着中亚国家。发端于伊拉克的"伊斯兰国"组织(ISIS)正威胁着整个亚欧国家的主权和人民生命安全;叙利亚的战乱已经吞噬了数以万计的生命,和解进程依旧遥遥无期;乌克兰危机自爆发以来,由于大国的介入而面临争端的长期化。在今天各国相互联系、高度依存的背景下,任何一个国家都不能置身事外,建设"一带一路"软环境就是为了整合各国的经济要素和优势资源,形成各国共同发展的合力,直面地区和全球挑战,促进人类共同问题的解决,从而推动人类和平与发展。

(五) 为构建人类命运共同体提供解决方案

自第二次世界大战以来的国际秩序是由美国等西方发达国家主导的,借助世界贸易组织、国际货币基金组织、世界银行等机构确立了对世界的经济、金融领导权,发展中国家近年来虽取得一定的话语权,但无法从根本上摆脱被发达国家支配的地位。"一带一路"倡议提出建立基础设施投资银行和丝路基金,不是与西方主导的经济秩序进行对抗,而是本着开放、包容的心态,积极参与全球治理,探寻中国的解决方案。软环境建设则为中国企业参与地区合作提供良好平台,也为他国企业的海外投资消除障碍,促进人员的交流和沟通,为各国的体制机制对接创造条件,在这一过程中,中国始终坚持国家不分大小,一律平等,尊重国家自主选择发展道路的权利,最终实现构建惠及地区和世界的命运共同体。

四、推动"一带一路"软环境建设的主要进展

"一带一路"倡议自提出以来,得到世界100多个国家和国际组织的响应和支持,2017年5月,全球100多个国家元首和政府首脑齐聚北京,在"一带一路"合作高峰论坛共商"合作共赢发展大计",建设"一带一路"软环境使这一倡议具有了世界意义,随着中国产品、中国技术、中国装备不断走出去,"合作、共商、共建"的地区合作理念正在广泛传播,带有中国符号的"一带一路"文化公共产品正在为软环境建设发挥独特作用。

(一) 文化公共产品传播

国家理念、政治制度、外交设计是国家软实力的重要组成部分,也是"一

带一路”软环境建设面临的挑战。“一带一路”不仅仅是经济发展规划，而是一个综合影响力全面提高的过程，伴随着中国技术、中国装备、中国产品走出去，中国标准、中国设计、中国印象这些无形的文化产品也需要赢得沿线国家的认可，所以“一带一路”倡议还具有中华文化走出去的象征意义。为落实《推动共建丝绸之路经济带和21世纪海上丝绸之路的愿景与行动》，文化部于2016年12月19日颁布《文化部“一带一路”文化发展行动计划(2016—2020年)》，旨在打造以政府为主导，社会力量积极参与的“一带一路”文化发展长效机制，加强沿线地区的民心相通，文明互鉴。[1] 同年11月23日在北京举办的“一带一路”文化产业建设与发展暨世界非物质文化遗产昆曲论坛，签署了多项文化合作协议，首度发起组建昆曲运营模式，传播中华文化；云南、内蒙古等少数民族地区也在建设文化交流博览会，吸引沿线国家投资；新疆正在打造“丝路品牌”带动文化产品走出去，从而与东北亚、中东欧和南亚共建文化合作走廊，形成与沿线国家人民常态化、持续化的交流机制。习近平提倡的构建人类命运共同体和建设地区利益共同体正在包容更多的文化意象，使不同文明交流互鉴，谋求共同发展。

如今，中国正在借鉴历史的经验，依托“一带一路”机遇，向世界传播“和谐”“和平”“合作”等文化理念。专家、学者作为社会科学研究的主体，承担着向沿线国家传播中国文化、外交理念、政策法规的使命和提供沿线国家政治生态、社会现状、经济发展等数据资料的重任。目前，中国国务院新闻办公室与柬埔寨外交与国际合作部、文莱外交与贸易部政策与战略研究所、以色列外交部、巴勒斯坦外交部、阿尔巴尼亚外交部签署《智库合作促进计划谅解备忘录》并且设立“一带一路”专项奖学金，鼓励民间智库和科研院所大力开展“一带一路”相关研究，深入挖掘“一带一路”历史遗产，[2] 将有力支撑国家文化走出去步伐，为沿线国家理解中国国情，积累民意奠定基础。

[1] 文化部:《“一带一路”文化发展行动计划(2016—2020年)》，中国政府网:http://www.gov.cn/gongbao/content/2017/content_5216447.htm，最后访问日期:2016年12月29日。

[2] 范周、周洁:《“一带一路”战略背景下的中国文化软实力建设研究》，载《同济大学学报(社会科学版)》2017年第5期。

(二)民族地区投资环境改善

目前,西方第三次工业革命正在影响传统产业部门,促使制造业新一轮升级,在经济全球化深刻影响中国的大背景下,民族地区如何对接"一带一路"发展战略,改善投资环境,辐射区域协同发展,成为重要的增长命题。民族地区正在依托《中国—斯里兰卡关于促进投资与经济合作框架协议》《中国—格鲁吉亚自贸协定文件》《中国—阿富汗政府签署关于海关事务的合作与互助协定》等贸易合作文件,[1]发挥比较优势,加大对外开放力度,实现自身跨越式发展。中国的新疆、广西、云南、四川是少数民族聚居地区,也是"一带一路"重要的节点和枢纽,中国与周边11个国家有2.2万千米的陆上边界线,其中1.9万千米处在民族地区。新疆、广西作为陆上和海上丝绸之路的核心区域,是欧亚大陆桥以及中国-东盟区域体系中的纽带;蒙古国位于陆上丝绸之路的北轴支点,是中阿经贸合作以及联通中俄蒙经济走廊的关键中转区域;云南是联通东南亚、印度洋的陆上贸易口岸,在澜湄区域一体化以及中、老、缅、泰四国经济合作中发挥重要作用,在"互联互通"中可以支撑国家边疆发展战略,开拓对外交流新场域,从而发挥民族地区自身比较优势,实现跨越式发展。基础设施是民族地区吸引外资的"硬环境",也是区域协作的重要连接,可以带动国内、国际市场的转型升级,优化资源配置,扩大外资企业的集聚效应。中国铁路总公司已经与有关国家铁路公司签署《中国、白俄罗斯、德国、哈萨克斯坦、蒙古国、波兰、俄罗斯铁路关于深化中欧班列合作协议》,将建设横贯欧亚的货物联运枢纽工程[2],此外,云南的湄公河大动脉项目、广西西江黄金水道扩容工程、内河集装箱转运项目在分步实施,乌鲁木齐铁路集装箱中心站建设,将依托丝绸之路经济带,与全国18个铁路集装箱中心站形成联通,此外,新疆博州蒙古自治州与哈萨克斯坦达成铁路宽窄轨对接协议,将修建西部货物运输复线工程,提升路网通达级别,实现西部运输路网的完善,对带动欧亚大陆桥的国际运输具有重要意义。

---

[1] 《"一带一路"国际合作高峰论坛成果清单(全文)》,http://www.beltandroadforum.org/n100/2017/0516/c24-422.html,最后访问日期:2017年5月16日。

[2] 同上。

(三) 中国外交理念传播

发源于西汉的古丝绸之路最早由瑞典探险家斯文·赫定(Sven Hedin)引入西方,其核心意旨就是在新航路开辟之前,中国与西亚的贸易路、草原路、文化路、外交路。基础设施建设是“一带一路”倡议的一个组成部分,但“一带一路”倡议更为全面,涉及政策对话、基础设施互联互通、贸易畅通、资金支持和人文交流等领域。[1] 由于“一带一路”沿线国家所处的复杂国际环境,中国所提倡的新安全观、新义利观以及新合作观将为地区发展注入不竭动力,也将成为国际社会公认的国际关系理念,习近平主席在国际场合多次强调中国将始终走和平发展道路,不称霸也反对任何干涉他国发展的行为,中国建设公正合理国际秩序的努力正在得到越来越多国家的认可。

近年来,中国举办了多场双边和多边外交活动,进一步扩大了“一带一路”倡议的国际影响力,有助于加强中国与周边国家的外交互动。2017 年 5 月,在北京举行的“一带一路”合作高峰论坛体现了中国愿意承担更多国际责任的意愿,也反映世界正在接受中国的新外交理念,推动建设公正合理的新型国际秩序。中国作为现有国际秩序的参与者和变革者,可以向世界传递中国经验、中国方法,比如中国致力于交通基础设施建设的经验正在被“一带一路”沿线国家接受,因此,中国政府通过新成立的亚投行和“丝路基金”,在重塑全球治理体系方面发挥更重要的作用。中国强调通过国家之间的共同协商确定各自的发展道路、发展模式,遵循“共商、共建、共享”的合作理念,最终实现“以点带面”“全局贯通”的区域合作新模式,从而赢得了周边国家特别是中小国家的拥护。

五、推动“一带一路”软环境建设面临的问题

“一带一路”建设面临沿线国家复杂的政治、社会状况,域外国家的竞争和围堵,域内相关国家的战略观望是阻碍经济合作可持续性的重要因素。

---

[1] Yiping Huang, “Understanding China's Belt & Road Initiative: Motivation, framework and assessment,” *China Economic Review*(2016):314-321.

此外，部分国家内部还面临廉政建设、投资道德风险。不同法律、标准适用性以及政策连贯性带来的利益协调困难也是“一带一路”软环境建设的重要挑战。

（一）地缘政治风险问题

1. 美日的战略争夺与围堵

早在奥巴马政府时期，时任美国国务卿的希拉里在访问缅甸时就提出“新丝绸之路”倡议，通过复兴西汉“古丝绸之路”，打造联通西欧和中亚的经济纽带，为美国的剩余产品进入中亚创造条件。[1] 其实质是把中国周边国家纳入以美国为主导的全球资本体系，利用经济分化中国与周边国家的关系，而日本主导建立的亚洲开发银行则是以金融为武器，构筑对中国的金融包围网。[2] 中国主导建立的亚洲基础设施投资银行引起美、日的强烈反对，美国国务卿克里公开宣称不希望澳大利亚加入亚投行，这就使中、美、日在地区战略上形成了战略竞争关系。从奥巴马政府时期的“亚太再平衡”到特朗普政府时期的新亚太战略，都是利用军事、政治手段强化与盟国的关系，遏制中国的崛起，美、日不断在各种场合抹黑、唱衰“一带一路”倡议，宣称这是中国版的“马歇尔计划”，并且不断制造地区争端，干扰沿线国家的合作进程。

2016 年初，日本获得了达卡的批准，开始在孟加拉国东南海岸的巴里建造一个 60 英尺(约 18.29 米)深的港口，与此同时，中国和孟加拉国仍在继续协商批准建设索迪亚深水港口，该港口距马里仅 15 英里(约 24 千米)。[3] 通过支持将南海争端国际化以及鼓吹南海航行自由来分化中国与东盟的关系。

2. 俄印的战略观望和猜疑

苏联解体后，俄罗斯一直把中亚地区视为自己的势力范围，对于北约东

---

[1] Charles William Maynes, “America Discovers Central Asia,” *Foreign Affairs*, Vol. 82, No. 2 (2003): 120-132.

[2] S. Neil Mac Farlane, “The United States and Regionalism in Central Asia International Affairs (Royal Institute of International Affairs 1944—)”, *Regionalism and the Changing International Order in Central Eurasia*, Vol. 80, No. 3, (2004): 447-461.

[3] Miao Lu, “One Belt, One Road: Risks and Countermeasures for Chinese Companies,” *ECONOMY China*, (2016).

扩、美国渗透等行为采取强烈抵制措施，建立了集体安全组织和欧亚经济联盟等政府间合作机制。俄罗斯一直在加强与白俄罗斯、哈萨克斯坦的经济联系，不仅在 2011 年签署《欧亚经济一体化宣言》，成立了关税同盟，还在推动地区经济一体化建设，希望建立一个类似于欧盟的区域合作组织。"一带一路"倡导建立欧亚经济走廊，实现中亚与中国新疆互联互通，对于俄罗斯也是重要的发展机遇，但是一部分俄罗斯学者担心"一带一路"带有"硬机制"，即中国的能源、机械、技术走出去带有政治目的，会挤压俄罗斯的势力范围，损害俄罗斯的地缘政治利益，挑战其在中亚的主导权地位。

印度学者认为，中国正在利用其雄厚的资金实力掀起一场全球范围内的基础设施建设浪潮，与"一带一路"倡议相关的数百个项目包括：老挝境内的铁路、希腊的港口、土库曼斯坦的石油和天然气管道，以及巴基斯坦的发电厂。作为世界上第二大发展中国家，印度政府不断指责中国罔顾国际准则，为毫无戒心的国家制造危险的债务陷阱，可能损害环境，破坏国家主权。印度不仅拒绝加入该倡议，而且还质疑那些签署协议的国家，其中一个担忧是领土主权。印度担心，耗资 460 亿美元的中巴经济走廊可能会稀释其对巴基斯坦长期控制领土的主权声索。[1-2] 印度在南亚地区具有传统的地缘优势，但是中国实施海上丝绸之路以及建设大湄公河次区域合作体系打破了地区原有力量平衡，中巴经济走廊的建立以及中国在巴基斯坦修建瓜达尔港都加深了印度的深层次不安全感。中国与巴基斯坦、阿富汗加强经济联系将会在地缘上形成对印度的包围，打破由于历史、地理等因素形成的印度南亚贸易圈，印度这种担心力量天平被倾斜的心理势必会为域外国家介入该地区提供契机，也为地区合作尤其是基础设施互联互通增加了负面影响。

3. 中亚国家政权不稳、利益协调困难

中亚是连接欧亚的战略枢纽地区，地缘政治格局复杂，大部分国家属于苏联加盟共和国，经济增长乏力，需要外部投资提振，"一带一路"可以为这

[1] Dhume, Sadanand, "One Belt, One Road, One Boycott; India's fear of China's Belt and Road Initiative may be over blown." *Wall Street Journal* (Online); New York, N.Y., 2017.

[2] Leszek Buszynski, "Russia's New Role in Central Asia," *Asian Survey*, Vol. 45, No. 4 (2005):546-565.

些国家提供市场、资金、技术，使其融入区域发展体系，从而造福当地人民。中亚国家普遍希望摆脱俄、美的依赖，独立发展民族经济，但是由于一系列条约和多边组织的存在，这些国家的现实外交行动会受到外部力量的干扰。冷战结束后，美国一直借助利用意识形态工具，弱化中亚国家的苏联色彩，并拉拢中亚五国作为反对俄罗斯的前哨阵地，挤压俄罗斯的生存空间，美国在2014年之前一直在吉尔吉斯斯坦拥有军事基地，并且不断通过经济援助增强其国内的亲美派力量。

目前，中亚国家普遍受到泛伊斯兰主义以及宗教极端势力的影响，2014年在叙利亚兴起的“伊斯兰国”组织（ISIS）在中亚地区招募圣战分子，绑架人质、制造恐怖袭击并间接威胁到我国新疆等地区安全。还逐渐形成中亚恐怖活动策源地，干扰了中亚国家政权更迭，破坏了国家政治稳定，使“一带一路”建议有被搁置的风险。地缘利益方面，中亚国家围绕里海的石油、天然气资源，以及该地区两条河流——阿姆河、锡尔河，争夺也不断加剧，干扰了他们在“一带一路”框架下进行经济合作的意愿。

（二）投资环境风险问题投资

1. 安全风险呈地区化差异

据有关数据测算，2016年“一带一路”沿线65个国家和地区的基础设施投资需求高达4999亿美元，涉及钢铁、煤炭、铁路、公路、管道等许多行业，在沿线国家的金融风险格局中，呈现西低东高的特点。在哈萨克斯坦、巴基斯坦等中东欧地区，由于大部分属于发展中国家，资本市场发展不完善，外汇币种流通性差，且在国际信用评级处于低水平，影响投资者的信心。这些国家经济结构单一，又受到宗教极端主义和恐怖主义等政治风险的干扰，普遍具有较高的通货膨胀率，比如伊朗2017年的通胀率就达11.2%，所以投资安全性较低。白俄罗斯、捷克、波兰等中东欧国家以及马来西亚、新加坡等东南亚国家，资本市场相对健全，抵御次贷危机的经验更加丰富，手段也更加多样化，投资风险就较低。在资金来源方面，目前亚投行和丝路基金都是依靠政府融资，不可能满足这些国家的资金缺口，而私人部门和境外资本又受到制度门槛的诸多限制，成为影响“一带一路”投资的重要风险之一。

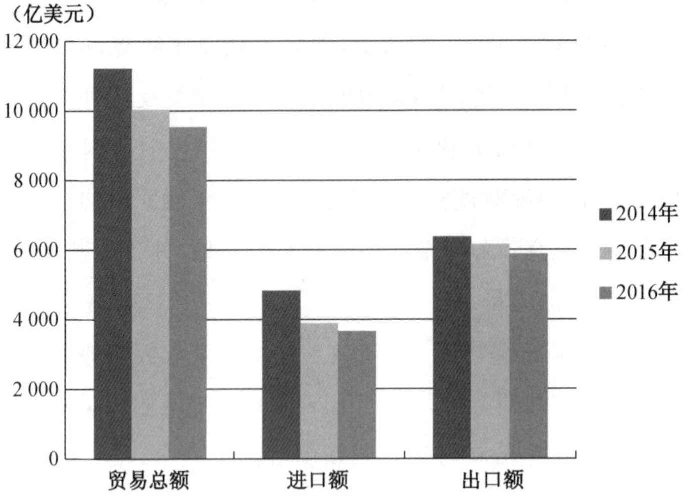

图 1　2014—2016 年中国与"一带一路"沿线国家和地区的贸易情况统计[1]

2. 法律法规风险影响投资安全

一方面,法律、法规的标准适用问题。"一带一路"沿线国家和地区具有不同的经济、社会环境,同样法制环境也千差万别,不同国家分属大陆法系和英美法系。按照"丝绸之路经济带"的地缘涵盖范围,蒙古国、韩国、日本以及除阿富汗之外的中亚国家,以及英法德等大部分欧洲国家都属于大陆法系;北非的坦桑尼亚、肯尼亚,南亚的印度、巴基斯坦,以及西欧的爱尔兰、英国属于英美法系。不同法系的条文设计、庭审模式、适用原则、量刑标准等各异,大大削弱了法律的同一性,其中的信息不对称也会使投资者做出错误的选择判断。[2] "一带一路"个别沿线国家和地区尚未加入世界贸易组织,世界贸易组织的法律、制度不能对其国内的法律形成很好的制约,贸易实施细则比如技术进口、检验检疫、反倾销等方面与世界贸易组织章程存在很大差异,导致存在一定程度的贸易壁垒。

另一方面,由于沿线一些国家和地区的立法基础薄弱,缺乏与国际贸易法律接轨的条件和能力,在市场准入、劳工政策、知识产权界定等方面欠缺

[1] 数据根据中华人民共和国商务部统计资料整理。
[2] 李玉璧、王兰:《"一带一路"建设中的法律风险识别及应对策略》,载《国家行政学院学报》2017 年第 2 期。

成熟的机制作为保障，法治还没有完全取代人治，导致外国投资的风险大大增加，尤其是在一些国家发生极特殊的政治事件，会导致外国投资被强制国有化，出现主权信用危机。

3. 政策环境风险问题

各部门之间不能形成统一的政策导向，导致政策过于冗杂，且不同部门出于利益考量，存在权力寻租和利益交换。各省市下辖的县市为完成上级布置的指标，盲目自定优惠政策，如土地出让、资金使用等，由于与国家层面的顶层设计存在矛盾冲突，政策目标难以最终实现，使外商选择投资对象时耗费大量时间、金钱，影响了省市的投资形象。以内蒙古赤峰市为例，该市为吸引外资企业投资本地基础设施、高端装备制造业，不断制定各种税收减免和土地优惠政策。同为内蒙古的包头市也相继出台多项扶持外来投资的政策措施，导致“优惠政策”的不良竞争，以致加重了优惠的信息、时间成本，对软环境建设起到消极影响。

另外，政策上的“歧视性待遇”问题。改革开放提升了中国的经济开放水平和投资便利化程度，但是外国资本在中国进行投资时的政策导向性越来越弱，更多是根据区位优势选择理论，进行更加理性、科学的比较、分析。另一方面，由于中国民营企业实力日渐壮大，民营资本不断积累，在投资主体中扮演越来越重要的作用，但是市场经济条件下的“国民待遇原则”使政策对民营资本的影响上升，对象国往往优先将优惠政策向外资以及发达省份的民营企业倾斜，干扰了民营企业在市场公平竞争的机会和可能。

4. 廉政及道德危机蔓延

“一带一路”沿线国家众多，政府信誉及廉政指数是影响国家间合作乃至推进项目实施的重要因素，大国间利益争夺、区域国家间的主权争端、国家内部政治变迁，极易相互交织，从不同方面使国家的信誉受到侵蚀。

中国国有企业在海外普遍处于亏损状态，一是由于其“走出去”的信息掌握不充分使其不能准确判断沿线国家的政治发展趋势；二是由于沿线国家在语言、社会、经济等方面相较于中国拥有比较优势，但是企业制度、监管体系设置不合理导致企业层面的信誉难以保证。由于沿线国家大部分处于竞争性的政党体制，党派斗争、政权更迭使个人层面引发道德危机，例如：中国在斯里兰卡的海港项目就因其党政领导人突然下台而陷入停滞，严重制约了中资企业在海外投资的质量和效率。

“一带一路”是推进中国与域内他国进行政府、企业、个人交往的全方位平台，国内“腐败”也易走出国门，影响“一带一路”软环境建设，在经贸、金融、投资等领域出现的权钱交易、利益交换、部门行贿以及使用项目公款吃喝等不良风气正在逐渐蔓延。有些海外工程甚至会牵涉一批官员的落马，而跨国企业公关部门的行贿、私相授受也给中国海外投资带来严峻的挑战。中国企业的风险防控机制存在一定程度的欠缺，在前期审核和后期评价以及中期实施阶段还没有形成一个闭合的体系，关键节点上容易出现漏洞，企业作为遵循“经济理性”的法人，必须遵循成本最小和效益最大的原则，建立全面且完善的预算管理体系。中国海外企业的预算还没有形成统一的计划时间表，对资金的管理和使用还没有形成精细、可操作化且透明的流程，导致海外资金容易出现缺位和挪用情况出现，使“一带一路”廉政建设出现风险。

5. 社会监管措施不到位

目前，“一带一路”的对外投资已经发展到新阶段，相关鼓励、扶持企业走出去的政策也已经出台。近年来，中国深化行政司法体制改革，监管体系已经取得了长足发展，但是中国正处在全面建成小康社会的新时期，经济全球化和对外开放的复杂性和深刻性决定了政府需要处理更多复杂、棘手的社会矛盾和问题。在对于海南省三亚市政府的调查采访中发现，无论是当地旅游行业还是木材、水泥等建材行业，政府的监管手段比较单一，执法人员素质普遍不高，针对出现的“宰客事件”等负面新闻处理不及时，面对不良商家的违法经营行为，政策指令不完善，处罚力度不够，导致一系列投诉事件不断发生，耗费了大量的人力、物力和财力严重影响了政府的公信力。

再有，监管机制设置不合理。与西方发达国家还有一定的差距，独立行使监督、处罚的权力受到很大程度的制约。监管全过程还没有完全脱离人治、人情政治。以食品安全监管为例，发达国家已经建立了从农田到餐桌的全流程、一体化的监管，中国在具体实施中还有部门利益交错，职能重复乃至权责不明等问题，严重阻止了政府公信力和行政效率的提高。

再次是行业准入门槛过高，根植于计划经济和改革开放初期的旧观念还没有被打破。以广东东莞为例，在银行、保险、政权、化工等80多个关键领域，国有资本进入的有72个，外资资本控制的有56个，允许民间资本进入的只有41个。[1] 政府对于民营企业进入持消极态度，地方保护主义和歧视性政策加重了行业的门槛，虽然中国在行业监管机制上采取了一些改革措施，比如召开价格听证会，但是很多都流于形式，会议议程设置不合理，听证代表产生也没有科学性，致使不能准确反映各方的意见和建议，违反了社会主义市场经济要求的“经济机会平等”和“共同富裕”的 原则，给“一带一路”软环境建设带来不利影响。

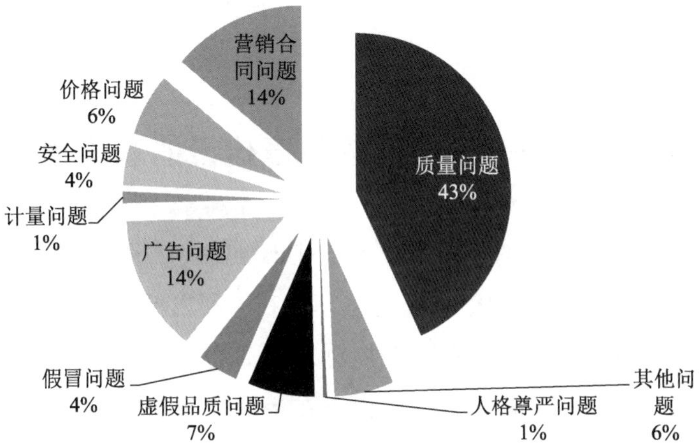

图2 全国消协受理投诉问题比例图[2]

6. 宗教、民族隐患加剧

宗教问题本质是阶级问题，产生于国家暴力机器对人民的极端统治而产生的具有异化和反抗文明的文化样式。在社会主义国家，由于阶级关系被打破，所以宗教问题已经转化为人民内部矛盾问题。美国当代著名的国际政治理论家亨廷顿认为，文明冲突将是21世纪国家间冲突的主要样式，各文明包括西方文明、中华文明、日本文明、伊斯兰文明、印度文明之间存在断层线，未来冲突将发生在文明交汇最明显的地方。“一带一路”沿线国家和

[1] 孟华强：《民间资本参与国有企业改制重组的途径》，载《经济研究参考》2011年第36期。

[2] 资料来源：《2016年第三季度全国消协组织受理投诉情况分析》，http://www.cca.org.cnl-weblxfxx/picShowjsp? id=45391。

地区宗教情况复杂,甚至同一国家内部分成不同的宗教派系。以土耳其为例,不断世俗化的土耳其就与传统的伊斯兰教义构成了严重冲突,多党制与军政府的分分合合使土耳其面临民族宗教跨国的现象,极易引发暴力恐怖主义和宗教极端主义势力的滋生。目前,以上海合作组织为框架,中国与中亚国家在安全领域的合作日益深入,"一带一路"倡议也加快了中国对域内国家的投资步伐,然而,围绕"东突""疆独""达赖"等民族分裂势力,依旧是横亘在中国与这些国家间的梗阻。2009 年,新疆发生的打砸抢烧严重暴力犯罪事件,引起了印度、尼泊尔、土耳其的强烈抗议,并一度引发中国与这些国家的外交风波,应该说,宗教民族问题正在成为"一带一路"建设中的敏感和风险问题。

六、推动"一带一路"软环境建设的基本思路

"一带一路"软环境的外延本质上是基于"经济人"假设,即承认社会主义市场经济条件下,"经济人"具有有限理性和趋利属性,坚持以马克思主义的基本原理为指导,把政策安排、制度创新作为切入点,延展对区域经济合作中无形要素的整理、分类和归纳,由于在市场经济条件下,软环境建设是衡量各类经济主体能否最大程度追求利益,降低风险和成本的重要评价维度,并且是规范其经营行为的理论依据,所以软环境建设就是探索各子系统的运行规律和相互约束、相互联系的机理。[1]

(一) 地缘政治软环境

根植于西汉的古丝绸之路历史和文化,如今的"一带一路"倡议正在被赋予更多的地缘政治内涵,开辟更为广阔的地缘政治思维空间。从传统地缘政治视角审视欧亚经济合作,中亚五国作为欧洲、亚洲两大心脏地带的重要连接枢纽,是贸易、人文互联互通的重要边缘地带。[2] 哈萨克斯坦

[1] Kembayev Z, "Implementing the Silk Road Economic Belt: from the Shanghai Cooperation Organization to the Silk Road Union?", *Asian Europe Journal*, Vol 16, (2018):37-50.

[2] Alfred T. Mahan, *The Influence of Sea Power up on the French Revolution and* 1793—1812, (Sampson Low, Marston & Co. 2010), pp.118-119.

正在成为欧亚高速铁路的转运节点；乌兹别克斯坦从内陆农业国演变为中国—中亚—西亚天然管线的要冲国；蒙古国在建设中蒙俄经济走廊中扮演重要角色；乌克兰在中东欧国家率先与中国达成“中欧班列”实施倡议，这些都反映了经济全球化和和平与发展的时代诉求。如何继续提升对外开放的广度和深度，在国际舞台明确自身定位，掌握更多话语权，以一个负责任大国的形象参与全球治理，使国际关系朝着更加均衡、普惠的方向发展，最终实现中华民族伟大复兴，才是中国领导层在全球化大背景下提出“一带一路”倡议的驱动因素。“一带一路”软环境有着扎实的政治基础和深厚的人文积淀，沿线国家自然资源丰富，与中国的经济互补性强，依托与俄罗斯、中亚五国的战略伙伴关系，中国已经发展成为土库曼斯坦、吉尔吉斯斯坦、俄罗斯的第一大贸易伙伴，在叙利亚危机以及美国重返中东等新一轮地缘政治博弈的大背景下，建设丝绸之路经济带无疑将极大改善中亚、中东欧的地缘政治环境，打破地缘“安全困境”，最终打造持久稳定的政治关系纽带。

“一带一路”倡议的提出，反映了中国文化软实力的提升。作为一个地缘政治概念，“一带一路”必然会引起西方学者的注意，但是如果按照传统地缘政治学观点来解释“一带一路”倡议，必然要回归权力对抗、大国博弈的老路。按照美国学者的观点，中国的“一带一路”倡议是缓解美国重返亚太给中国东部造成的巨大压力以及稳定西部的新疆、西藏等地区，从而加强对中亚国家的控制，以获取其丰富的资源和能源以支撑中国的经济发展。[1] 这种解读明显还停留在争夺权力和财富的零和思维中，其基本落脚点依然是维护以美国为主导的自由世界体系，反对现有国际秩序的有益变革，所以注定不能解释“一带一路”倡议的广阔政治意涵和无限发展潜力。“一带一路”正在打破西方古典地缘政治思维的框架，以合作共赢代替权力争夺，在交流中增进共识和理解。陆权论代表人物麦金德认为，基础设施是一国与另一国对抗的工具，但是中国却将基础设施建设作为实现欧亚地区互联互

[1] Theresa Fallon, “The New Silk Road: Xi Jinping's Grand Strategy for Eurasia,” *American Foreign Policy Interests*, Vol.37, No.3(2015):140-147.

通，提升中国与中亚、中东欧地区贸易水平以及造福沿线人民的桥梁和纽带。[1]

"一带一路"倡议自2013年提出以来，得到越来越多国家的响应，政策沟通、设施联通、贸易畅通、资金融通、民心相通正在深刻影响沿线国家和人民。"一带一路"通过打造命运共同体，使各国的经济发展实现优势互补，习近平主席在出席2017年瑞士日内瓦总部举办的世界发展大会中强调："世界已经成为一个密不可分的整体，任何国家和个人都不可能实现单独的发展，各国经济的联动增长，是人类发展的必然要求，为此，各国要树立命运共同体意识，在竞争中合作，在合作中实现共同发展。"在目前全球经济增长乏力，逆全球化以及民粹主义给全球合作带来不确定性的大背景下，"一带一路"倡议提出深化区域经济合作，无疑高擎发展合作的大旗，顺应了时代发展的潮流，在建设联通欧亚的新经济联系方面为各国互利合作提供了新的路径和范本。

（二）法律法规软环境

法制环境是保护公司及各类经营主体的生产活动、营销行为，确保国家制定的各项法律制度能够顺畅运行和公司之间的契约得以正常履行的各种法律总和。"一带一路"法制环境主要包括宪法、一般法律、行政法规和地方法规。一般性法律主要涉及经济运行的某一方面，如投资领域、金融领域，可以作为政府依法管理和企业科学运营的重要依据。"一带一路"经济合作需要永续性，所谓永续性就是要求相关方始终坚持道义第一，利益第二的原则，树立亲、诚、惠、荣的合作观，以马克思主义和科学发展观为指导，实现生产进步和生态良好的有机统一，从而造福沿线国家和人民。要实现合作的永续性，不仅需要我国制定切实可行的政策，还需要健全的法制环境作为保障。

法制环境是以法制文化作为内在基础，并且受到本国一定时期经济发展及政治制度的影响，反映其社会导向。以东南亚国家为例，缅甸和泰国虽

[1] Paul Routledge, "Anti-Geopolitics," in John Agnew, Katharyne Mitchell and Gearoid 6 Tuathail, eds., *A Companion to Political Geography*(Malden: Blackwell Publishers), 2003, pp.236-237.

然都经历了军人执政及民主化浪潮，但其法律体系却带有明显的英国殖民色彩，而由于不同的宗教、历史、文化发展水平，两国法制体系的完善程度也具有较大差异。随着“21世纪海上丝绸之路”的建设，在东南亚的贸易和投资必将快速增长，但是无论规模较大的企业还是中小企业，在对象国投资时，会面临陌生的法律环境以及法律不能执行的情况。[1] 这时候，就要求相关部门做好法律条文的适应性研究，及时与对象国进行沟通，促进母国与当地法律的“软连通”。同时要关注国际权威机构的法律风险评估，做好风险的评判及预警，当遇到政局不稳导致的法制执行风险时，及时转移资产，以提高投资的效益。构建“一带一路”法制软环境必须坚持以人为本的理念，没有人这个最基本的原子，经济、文化合作就无法推进，更谈不上高效完备的法制，必须把一切工作的重心都放到最广大人民的利益上来，只有充分考察沿线不同国家的民情民意，尊重不同主体的诉求，不同群体的价值和尊严，才能创制出反映各方利益的现代法律。

（三）政策软环境

“一带一路”项目的实施离不开政策引导，政策环境的优化决定着外商投资的规模、水平和印象。“一带一路”政策软环境既包括宏观政策，也包括微观政策以及在制定、执行和评价过程中各种要素之间的互动关系，体现在各种规章、细则、制度、标准和意见中。政策软环境具有普适性和实效性，相比于法律制定需要一系列复杂的程序，政策的制定和执行则大为简化，能够在遵循WTO具体宗旨和原则的基础上，针对宏观经济运行中出现的问题，尽快出台相关补救和扶持措施，从而既可以规范跨国公司的投资行为，便利其准入手续，也能够保护和扶植本国民族企业的发展，维护公平、开放的市场秩序，所以是政府职能转变的重要内容。推进“一带一路”经济合作需要辅以高效、灵活的政策，市场固有的自发性和趋利性使一部分掌握优势资源的企业通过联合、兼并等手段处于垄断地位，违背了公平竞争的宗旨。

政策软环境是分析社会价值分配的形成机制，并在此基础上提出解决措施的具体预测、实施、评估过程。针对一些可能对公共利益和公共资源产

---

[1] 张曦月：《缅甸投资法律环境研究》，硕士毕业论文，云南大学国际法学专业，2016年。

生消极负面影响的政策、规章进行论证和改进，在制度层面落实这些改进措施并使之科学化，从而与经济发展相适应。“一带一路”政策软环境区别于国内某一具体建设项目的实施细则，其制定、实施和评价对象既聚焦宏观层面也着眼微观层面。宏观层面表现为与沿线国家经济合作的顶层设计、路线方针以及战略规划；微观层面既包括国家内部的法律、规章、条理，也包含具体项目实施过程中的细则办法、操作流程。协调两个层面的政策软环境建设，实现制度层面形成对经济、社会、自然可持续发展产生不利影响的约束机制，防止在推进“一带一路”经济合作中出现资源浪费、权力寻租、环境破坏等问题，从而在时间层面、空间层面保证合作的质量和效益。[1]

(四) 政务软环境

政务是国家及地方行政部门履行行政管理职能的一系列工作的总称，具体包括政务内部事务、安全事务、社会服务、党务活动等。政务环境就是以经济为中心的所有与政治管理有关的所有外部条件，是政府工作人员在履行具体经济和社会职能中自发形成的，在一定时间阶段内具有静态性和动态性相统一的特点。除了确保项目建设顺利进行而制定的法律规章、政策措施以及从外部对政府进行监管的体制机制外，动态的人为活动也是政务环境的重要组成部分。政策的执行离不开行政人员的工作行为，建设一支清廉、高效、公平、公正的高素质行政队伍对于提升“一带一路”政务环境的建设水平具有重要意义。从历史上讲，政府是统治阶级意志的代理机构，随着经济、社会的发展变化，政府的内涵、职能、性质也都发生了变化。现代政府是国家行政机关，主要负责执行国家大政方针，管理社会公共事务，政府在宪法和法律允许的范围内进行科学行政和依法行政，是经济社会稳定运行的重要保障。

“一带一路”政务环境的水平直接关系到行政办事人员的工作效率，企业审批的便利化程度以及经济的持续、健康运行。在中国当前深化行政体制改革的大背景下，有助于理清管理和服务之间的关系，解决政务部门在实

[1] 任格格:《公共政策环境影响评价制度研究》，硕士学位论文，西北农林科技大学环境与资源保护法专业，2013年。

际工作中遇到的矛盾和问题，对于为沿线国家的经济合作提供方便、快捷的政务服务，提升"互联互通"水平具有重要意义。[1] 打造清廉高效的政务环境，必须转变施政观念，破除单一的指令性模式，树立政府与人民的均衡观念，在行使党赋予的各项权力的同时，提升责任意识和服务能力，为"一带一路"沿线国家和企业的经济活动提供更多便利。根据古典经济学家亚当·斯密的观点，政府应当扮演好"守夜人"的角色，明确自身职责定位，要始终坚持市场需求为导向，积极履行宏观调控和社会监管职能，实现有效施政。建设政务软环境要处理好政府与社会、政府与人民这两个关系，提升"公仆意识"，从职能设置、工作流程、办事制度等方面入手，降低行政成本，鼓励和引导社会各方面参与到"一带一路"政务环境建设中来，加快建设"阳光政务"，推进信息渠道畅通，在进行科学行政的同时也要完善监督机制建设，通过社会公众和舆论以及政府内部的司法机关实施有效的监控，防范"寻租"和腐败行为发生。

（五）社会软环境

社会环境作为"一带一路"软环境建设的重要组成部分，是一个复杂的系统，包括文化传统、意识形态、宗教习俗、社会秩序等内容。马克思主义认为，物质资料的生产是社会的基本存在要件，社会是人们以共同的物质生产活动为基础而组成的一切关系的总和。而随着生产力不断发展形成与之相适应的生产关系总和则构成社会的经济基础，上层建筑则是与一定经济基础相适应并且建立在其之上，所以社会环境作为与上层建筑密切联系的有机体，决定了一定时期文化风俗、社会习惯，是社会健康、稳定发展的先决条件，也为经济发展的其他软环境要件提供了必要的社会氛围。

社会环境不是自发形成的，而是人类长期从事生产经营活动中所出现的各种人与人联系的集合，具有协调性的特点。社会环境自身也是一个包含硬环境和软环境的复杂系统，它不断吸纳人类新形成的社会联系，并以规则、机制的方式加以落实，久而久之便出现了一定时间和空间内的社会组织、文化习俗，同时社会环境还淘汰不符合经济发展客观规律的旧的社会关

[1] 黄莉：《工业园区政务环境优化研究》，硕士学位论文，湘潭大学公共管理专业，2014 年。

系,使之重新在人类的生产活动中进行改造。社会环境对企业明确自身职责和行为具有重要意义。首先,作为企业生存发展的外部条件,不同空间区域内的社会环境存在差异性,一个组织良好的社会环境不仅能直接影响企业的经营获利,还可以凸显其社会属性,促进其积极履行社会义务。[1] 依照社会契约论的观点,企业是在一定契约基础上建立的社会组织,企业的合法性源于契约所规定的社会责任。随着历史的变化,企业与社会也在不断博弈,所达成契约的形式和内容不断发展,其中所包含的社会责任也随之赋予新的内涵。具体表现为企业的行为和动机受到制度和文化两方面的约束,完善的法规制度、历史文化的认知都会对企业履行社会责任产生影响,而制度和文化则是构成社会环境的重要部分。

社会制度是人类生产实践中创制的规则总和,不仅包括社会总体规则,马克思称为社会基本形态,还特指在某一具体社会领域的制度范式,如教育制度、卫生制度、科技制度以及人们一定的行为模式和办事程序,如奖惩制度、审批程序、通关流程等。不同层次社会制度具有不同的作用,社会总体规则决定社会的组织方式,如社会主义文化制度、资本主义经济制度,而具体的社会操作规则和行为模式则通过明确一定主体的权利和义务的方式,为其提供正确的社会导向,如诚实守信、尊老爱幼等,使其通过自身良好的社会行为赢得尊重,提升社会价值,避免互相之间的矛盾和冲突。

(六)投融资软环境

投资环境又称投资效应系统,是经济项目建设所需的主客观条件综合,反映了某一区位所拥有的保证经济健康运行的各种要素,是衡量其吸收和消化资本能力的重要评价维度。"一带一路"标志着中国对外开放进入了一个新的阶段,企业"走出去"的水平也不断提高,中资企业在为沿线国家修建公路、桥梁等基础设施的过程中展示出自身履行社会责任的能力。投资环境是企业进行区位选择和权衡的重要参考,涉及政策准入、标准制定以及相互保障协定等子系统的相互关系。目前,中国投资行业主要集中于交通、水

[1] 代妮:《企业财务绩效、地区社会环境与企业社会责任》,硕士学位论文,北京交通大学经济管理学院,2016 年。

电、金融等领域,根据对东南亚、中亚以及东欧的区位要素分析,合理布局投资规模,开展符合当地实际情况的投资活动是建设"一带一路"投资软环境的重要目标。虽然中资企业在选择投资对象国时是基于不同的战略目标,但是普遍面临当地经济水平、产业结构、劳动力水平以及信息水平的制约,甚至会与原住民在宗教、文化上产生隔阂,这就需要构建以政府主导的信息渠道联络机制,为企业提供咨询和建议,降低企业的投资风险。企业也努力提升投资的多元化水平,做好舆情的分析研判,储备具有国际经营经验的战略性人才,从而为规范"一带一路"投资环境,促进国际合作奠定基础。

投资环境作为区位发展的外部条件,是一个不断变化的要素集合,是纵向时间性和横向空间性的交汇点,从时间维度看,投资环境是对某一区位历史、现状信息的记录,包括自然资源禀赋和社会人文特点,投资者根据该地现有环境信息做出综合的评估判断,从而选择是否作为未来的投资目标。[1] 从空间层面看,区域投资环境是与周围其他地区的经济、政治、社会要素密切联系的整体,并且与自身所处的地理方位、地形地貌等信息互相影响。[2] 科斯和克鲁格曼为代表的新制度经济学派认识到空间性对区域发展的重要性,以运输成本和收益递增的关系为切入点,科斯描绘了一个投资比较优势在空间范围展开的模型,更好地阐述了专业化生产以及贸易分工对经济的作用。[3]

七、推动"一带一路"软环境建设的战略举措

"一带一路"软环境建设需要以中国特色大国外交为背景,以"古丝绸之路"的文明印记为纽带,讲好中国故事,传播中国声音,促进国家间合作机制建设,依托前期建设成果,针对沿线国家的实际情况做好社情调查和数据采

[1] 赵坚:《引人空间维度的经济学分析——新古典经济学理论批判》,载《中国工业经济》2009年第7期。

[2] Peter Dicken, Peter Lloyd, *Location in Space: Theoretical Perspectives in Economic Geography*, Harper Row Publisher, 1990.

[3] David Wheeler, Ashoka Mody. International Investment location Decision: the Case of U. S. firm. *Journal of International Economics*, 1992(8):89-103.

集，提升涉外中资企业履行社会责任的能力，加快人民币走出去的步伐，逐步消除制约投融资的体制机制障碍，加强民间友好往来，播撒和平、合作的种子，为“一带一路”话语体系的确立奠定基础。

（一）扎实做好基础设施建设规划

“一带一路”是一项惠及60多亿人口的区域发展倡议，其核心是互联互通，2014年11月，习近平主席在“加强互联互通”伙伴关系对话会上，强调科学规划“一带一路”必须实现制度规章、基础设施、人员交流三者的有机统一。其中，基础设施是联系沿岸国家的重要桥梁和纽带，也是实现不同文明交流互鉴的重要载体，所以“一带一路”建设要提高基础设施建设水平，在公路、铁路、航空、海运、管道等多个领域加强调查研究，进行合理规划。

一是积累“一带一路”建设的民意基础。民众是“一带一路”软环境的重要组成部分，也是进行基础设施建设的前提和基础。沿线国家由于地理、制度、宗教、民族差异，具有不同的风土人情，各国民众对于“一带一路”建设的看法可能各不相同。要了解和掌握沿线国家民众对于基础设施建设的合理关切，做好相关规划的宣传和推广工作，消除当地民众的疑虑。在规划过程中，要树立“民意优先”“人民至上”的工作原则，企业在参与项目建设中，要积极履行社会责任，保护当地生态环境，制定严格的施工标准，同时妥善处理当地民众的合理诉求，防止有损中方企业形象和双边关系的事件发生，为“一带一路”建设积累民心和民意，最终造福沿线国家的人民。

二是做好“一带一路”沿线地理普查和地质勘探。“一带一路”建设横跨欧亚两个大洲，涉及的地理范围广阔，不同国家的地质地貌特征复杂，水文气象条件也各不相同，进行基础设施建设之前必须对沿线国家的地形、地貌、水文展开实地调研，进行科学普查勘探，为后续建设积累数据信息。相关部门要积极与沿线国家沟通，阐明勘探工作对“一带一路”建设的重要作用和实际意义，取得对方国家的信任，合力开展地质勘探。要依托高校技术优势，采用部门＋高校＋企业的合作模式，与沿线国家权威机构成立联合工作组，确保勘探工作顺利完成。

三是布局“一带一路”沿线路网建设，打造立体交通圈。2014年11月，中国政府在北京 APEC 会议期间宣布将组建亚洲基础设施投资银行和丝路基金,为"一带一路"沿线国家基础设施建设提供资金支持。这在一定程度上能够缓解沿线国家在基础设施建设中的资金困难问题,帮助沿线国家进行资金融通,但基础设施建设周期长,利润回报率低,且不确定性较大,需要持续性的资金投入。为了避免盲目建设和重复施工,避免浪费宝贵的资源,必须与沿线国家相关部门进行合理沟通,同时科学评估当地运输需求和能力,节约建设成本,引导当地企业和政府参与工程项目,尽最大可能减少"只想搭车、不想买票"的行为,要提高建设效率,确保基础设施高效运转。在掌握沿线国家民意、水文和地质情况,并对运输需求进行科学评估的基础上,才能着手进行基础设施建设规划。对沿线国家的交通网络进行科学布局,精确规划干线和支线的关系,妥善处理交通枢纽的方位和具体功能要求,同时明确一般节点的建设数量、标准等细节,围绕经济型和实用性,打造立体交通网络,在主要交通节点要引导企业科学布局,降低物流成本,提高运输附加值,实现基础设施建设的经济目标和社会目标。

(二)完善金融体系内部运行机制和风险管控手段

其一,提升亚洲基础设施投资银行、丝路基金的科学化管理水平。亚投行、丝路基金是"一带一路"的重要物质载体,也是目前亚洲最大的基础设施投资平台,对于促进中国-东盟自由贸易区建设,创新外汇储备使用方式,推动区域经济一体化,继而带动人民币跨境结算具有重要意义。受到金融危机的后续影响,亚洲多国经济普遍复苏乏力,继续基建投资拉动需求,带动制造业升级。据相关测算,2010—2020 年间,亚洲国家大约有 8 万亿美元的基础设施融资缺口,每年需要近 8 000 亿美元。中国作为这两个金融机构的倡导建立者,应在创建思路、实施方案、行动路线图等方面展开可行性研究,并鼓励沿线国家展开政府间磋商,就出资比例、机构设置、人员往来以及风险管控等问题进行积极沟通,形成统一且满足各方利益的规则章程,运用现代企业制度进行科学化管理,设立董事会和监事会等机构,并且两个机构独立运营,自负盈亏。明确仲裁会、业务部等机构的职能定位。共同拟定两个机构的运营章程。吸引民间资本参与资金募集,提高亚投行的开放性和专业化程度,在人才培训、培养方面与各国展开积极合作,打造一支既精通金融业务知识又具有良好业务能力的高素质团队,积极借鉴世界银行、亚洲开发银行等国际金融机构的成功经验,就人才培养、管理运营、投融资项目等具体问题展开合作,提升亚投行的国际化水平。

其二,建立"一带一路"沿线金融风险预警和防控管理机制。基础设施投资规模大,效益回收周期长且伴随着较大信贷风险,必须研究建立风险预警和管理机制,以应对可能出现的呆账坏账以及违约风险。根据国际信用评级机构穆迪的数据,目前东南亚国家的主要信用评级都为B级以下,有些国家甚至未进入评级,这就为亚投行的投资选择带来了一定的不确定性。应该看到,亚投行是一个营利性的国际金融机构,在其中拥有绝对主导权的中国必须转变思维观念,对于可能出现的借贷风险要有充分的评估,避免出现大量呆坏账和需要持续注资的局面。积极学习外资银行在问题资产重组,流动性风险控制等方面的成功经验,完善金融信息披露、风控杠杆化的制度建设,积极拓展业务渠道,研究并了解东道国的政治、经济和文化环境,就可能出现的信用风险积极沟通,最大可能降低跨过经营中的金融风险和政治风险。

其三,建立"一带一路"沿线投融资保险制度。目前西方发达国家如美国、日本、德国都建立了完善的海外投资保险制度,尤其以美国的单边模式最为明显,可以有效鼓励私人海外投资,并且提高了风险补偿的能力和水平。中国应该在现有单边政府主导的基础上,采用混合模式,即与对象国签订双边投资协定,有效保障投资人的权益。在管理权限上,要审批权和经营权分离,给予金融风险部门更大的权力,使亚投行更加符合公司的身份,在不良资产清查,险种确定等方面积极展开国际合作,保证"一带一路"金融体系安全、持续运行。

(三) 积极推广人民币结算业务

第一,积极推广境外人民币贸易结算业务。"一带一路"为人民币国际化提供了历史机遇,依托在境外进行人民币跨境结算业务的成功经验,继续在沿线国家推广使用人民币作为主要结算货币,针对不同国家的实际情况,制定分步实施、稳步推进的路线图,努力提升沿线国家投资者对人民币的信心。借鉴美元、欧元跨境清算系统的做法，完善我国跨境清算的方案设计，同时增加人民币的海外存量，发挥人民币在投融资中的货币功能，保持人民币的币值相对稳定，最终实现人民币的国际化。

第二，加快国有股份制商业银行“走出去”步伐。海外并购是中资银行走出去的重要路径，也是顺应中外贸易增长的必然选择，可以整合优势资源，实现规模化经营。从效益来看，国有银行开辟新的市场，吸收当地存款并发放贷款，可拓展业务领域，意味着营业网点的增加，客户群体的扩大，在所在国培育品牌价值，对提高母国的软实力有重要作用。目前金融危机依然深度影响全球主要经济实体，中国的海外企业对国有银行的依赖日益加大，从前期政策实践来看，中央倾向选择国有股份制商业银行在境外的分支机构充当海外人民币清算行。因此，非常有必要加快工、农、中、建行四大国有股份制商业银行“走出去”的步伐。“一带一路”沿线国家和地区由于地理、文化与中国的关联性以及巨大的投融资潜力，可以作为国有银行走出去的首选市场，这样既可降低经营风险，节约业务成本，亦可积累跨国经营的经验，有助于为下一阶段打开西亚、欧洲的市场奠定基础。目前，工商银行已经在马来西亚、荷兰鹿特丹设立分支子公司，推广符合对象国客户需求的金融产品以及服务于当地华侨、华人和留学生群体。要加强政府间磋商，帮助上述银行尽早在“一带一路”沿线国家和地区的中心城市设立分支机构，为进一步推进跨境贸易和投资人民币结算奠定基础。

第三，把人民币作为亚洲基础设施投资银行和丝路基金的主要结算货币。截至 2017 年，中国的经济体量已达到 11.9 万亿美元，稳居世界第二位，外汇储备超过 3 亿美元，这就为人民币国际化提供了很好的保障。可以根据沿线国家政治、社会环境，分阶段推进人民币跨境结算，第一阶段可以在与中国经贸关系密切的国家试点，比如巴基斯坦、泰国、缅甸；第二阶段再逐步扩大到伊朗、伊拉克等国际结算需求较大的国家，最后，逐步覆盖欧洲国家。人民币国际化需要实现服务实体经济的目标，要充分借助中国发起成立亚洲基础设施投资银行和丝路基金的有利契机，通过制定章程，将人民币作为两个机构的主要结算货币，以两个机构的贷款业务为渠道，努力在境外基础设施建设领域大规模推广人民币结算，进而为扩大人民币在沿线国家中的影响力和市场份额奠定基础。

第四,加强规则制定,统一行为标准。习近平主席在互联互通重要论述中强调规则和规范的重要意义,是"一带一路"规划能够顺利实施的保证。新制度主义认为规则是合作的润滑剂,必须加强软环境的规则建设,主要包括基础设施的设计和施工标准,行业的技术规范以及通关的制度流程。其一,制定切实可行的基础设施设计和施工标准。"一带一路"沿线国家和地区复杂的地理、社会环境决定了基础设施必须建立统一的施工标准。由于沿线国家的交通基础设施标准不同,这就给施工带来了难度,比如中国与世界绝大多数国家一样都是用标准铁路路轨,而在俄罗斯、蒙古国则使用宽轨,马来西亚使用窄轨。必须加强政府间沟通,协调各国的基础设施设计方案,形成统一的施工标准,基建企业要加强标准的研究,提升制造的质量和技术水平,保证双边货物、人员的顺畅流通以及互联互通的早日实现。其二,完善统一的行业技术标准认证体系。目前,中国的钢铁、煤炭、机械等重工业普遍存在产能过剩的现象,"一带一路"为这些行业走出去,提升海外市场占有率,优化经营结构提供了契机。相关部门要制定完善的行业标准,用标准带动中国技术、装备走出去,实现中国标准国际化,帮助有实力的大企业"走出去",降低他们的经营风险。要积极探索建立丝绸之路品牌,"一带一路"标准数据库等大数据基础设施,实现中国标准与中国制造的深度融合。基础设施联通需要以数据、信息的对接作为基础,达到中国与沿线国家标准对接的效果,使"软联通"保障"硬联通的顺畅、高效运行,从而提升中国标准的国际影响力,中国的相关科研企业和科技工作者要积极参与国际标准的研发,吸收借鉴西方同类标准的长处,从而为完善中国标准并为推向全球市场奠定基础。目前,中国主导研发的数字音频编码技术已经在老挝、斯里兰卡、吉尔吉斯斯坦等海外市场获得认可,并将进一步提升国际占有率,为中国数字电视标准走向世界奠定基础。依托中巴经济走廊、新亚欧大陆桥等基础设施建设平台,以陆海空交通为枢纽,信息高速公路为骨架,深化标准的国际合作,推动中国标准与外国标准进行互认,寻求建立长效化的标准制定、跟踪、反馈机制,以中巴、中蒙俄、新亚欧大陆桥等经济走廊为引领,结合中国在海外工程建设的经验,推动中国标准的国际化水平,加强中国标准的人才队伍建设，培训一批专业化的标准制定和管理人才，积极进行中国标准外文版翻译工作，派遣一批权威专家赴“一带一路”沿线国家，支持当地标准化能力建设。其三，统一清关流程和标准。“一带一路”的重要内容是统筹国内经济发展和国际经济合作，利用好两个市场、两种资源，打造陆上经济走廊和陆海联运经济圈，提高货物和人员跨境流通的效率，就需要优化通关环境，简化审批手续，使进出口企业可以根据市场变化灵活调整销售渠道。各地海关要在信息互换、标准互认、执法互助方面展开合作，联合打击跨境走私等危害国家安全的行为，降低通关成本，提升通关能力。

表 2 “一带一路”跨境基础设施工程[1]

高速交通路网	石油、天然气管线	通信、输变电工程
欧亚高速铁路（始发伦敦，终至莫斯科，经过柏林、华沙、基辅，有两条分支，一条终至哈萨克斯坦，另一条经过俄罗斯远东到达中国东北）	中亚天然气管线（途径哈萨克斯坦、乌兹别克斯坦等国家）	中国—巴基斯坦跨境输变电工程 中国—缅甸 4G 通信线路
中亚高速铁路（始发中国乌鲁木齐，经过乌兹别克斯坦、土库曼斯坦、伊朗、土耳其，终至德国）	中国—俄罗斯远东石油管线	柬埔寨华能桑河二级水电工程

结　　语

从“丝绸之路经济带倡议”到“合作高峰论坛”，“一带一路”软环境建设正在深刻影响中国和世界，意味着中国外交理念的转型和中国合作理念向世界传递，中国正在通过“一带一路”平台，由长期的外交被动应对向主动谋划转变。无论世界贸易组织还是国际货币基金组织，都是建立在美国等西

[1] 资料来源：Dong Yang, Kai Pan, Shuaian Wang. “On service network improvement for shipping lines under the one belt one road initiative of China”. Transportation Research Part E 2017.

方国家主导的经济规则之上，经过几十年的高速发展，中国已经有能力向世界提供公共产品，而且不附带任何政治条件，使世界游戏规则朝着更加公平、合理的方向发展，这是中国软实力提升的表现，也是中国参与全球治理体系做出的贡献，顺应了世界人民对中国的信任和期待，在精神层面打破了西方所谓的"道义优势"。[1] "一带一路"完全摒弃博弈和制度优劣思想，以"和平合作、开放包容、互学互鉴、互利共赢"的"丝路精神"，聚焦各国最核心、最关心的问题——发展权。中国一再强调，发展才是硬道理，合作共赢才是相处之道。构建中美"不冲突、不对抗、相互尊重、合作共赢"的新型大国关系，建设以合作共赢为中心的人类命运共同体，提出"共同、综合、合作、可持续"的亚洲新安全观，提出"开放、包容、联动、创新"的新全球治理新思想。中国发起成立的亚洲基础设施投资银行聚焦沿线国家发展诉求，拉近了中国与世界人民的距离，汇集世界60%人口，对世界经济贡献率达30%的基础设施建设、贸易往来、民心相通正在使"一带一路"由共商到共建转变，一系列中国规则、中国标准正在与世界对接，彰显中国软环境建设的巨大成果。

建设好"一带一路"软环境，必须始终秉持和平发展、开放包容的理念，充分考虑和确保对象国的安全与稳定，各国要通力协作，提升各文明交流互鉴的能力和水平。"大道之行也，天下为公"，历史实践充分证明，稳定繁荣的地区环境，是绵延不绝的商路延续几千年的保证。面对合作中的利益分歧，相关国家必须求同存异，寻找利益最大公约数，利用好现有合作、交流和对话机制，实现短期利益与长期利益的兼顾，充分发挥各方主观能动性，在经济利益和文化发展方面相得益彰，各尽其能，这样才能使各方的智慧和创意得到充分挖掘和释放。软环境建设，文化先行，沿岸国家由于国内复杂政治舆情可能会导致道德风险，这是否会影响"一带一路"软环境和合作机制构建，值得进一步研究。但是只有讲好中国故事，传播中国声音，让世界近距离感知中国的发展，才能真正实现各国利益充分包容，实现人类文明永续发展。

---

[1] 李自国：《"一带一路"——新时代、新挑战、新任务》，载《中国经济报告》2017年第5期。

贸易撬动战略:“海丝”建设的战略规划与风险控制研究

葛天任*

经过艰苦卓绝、波澜壮阔的40年改革开放,中国在国际政治经济体系中的地位已经今非昔比。中国比以往任何时刻都需要更加认真地审视这一地位变化所带来的地缘和国际政治的影响并慎重地发挥自身影响力。2013年,中国提出了“一带一路”倡议,这一倡议包括两个重要组成部分:“丝绸之路经济带”和“21世纪海上丝绸之路”(以下简称“海丝”)。从风险角度看,前者深入欧亚大陆国家的传统战略腹地,地缘政治风险复杂,后者则连接东南亚和南亚诸国,直通地中海和非洲国家,更是关涉中国的海洋战略和交通命脉。可以说,如何在既有的国际经贸体系和规则下通过“一带一路”建设为中国自身经济转型营造更为有利的外部环境,不仅需要大的战略眼光,也需要严谨而务实的系统规划。

正是在这一背景下,本文聚焦“海丝”贸易体系的建设和发展问题。“海丝”贸易体系对中国长期的经济发展具有至关重要的地缘战略价值,在中国与全球贸易交往中处于十分关键的枢纽地位。截至2018年3月,根据官方公布数据,“海丝”国家涉及东盟10国,包括新加坡、马来西亚、印度尼西亚、缅甸、泰国、老挝、柬埔寨、越南、文莱和菲律宾,南亚8国,包括印度、巴基斯坦,孟加拉国,阿富汗、斯里兰卡、马尔代夫、尼泊尔和不丹,以及西亚北非地中海地区的索马里、沙特阿拉伯、意大利、土耳其等国家。这些国家

* 葛天任,同济大学政治与国际关系学院助理教授。

除了与中国开展各个层次的经贸合作,各个国家之间也展开了广泛而深入的贸易往来,形成了一个复杂而互动的贸易体系。那么,这一贸易体系具有怎样的结构特征?中国在其中处于怎样的地位?应该扮演怎么样的角色并发挥怎样的作用?这些问题是本文研究的主要问题。

从以往研究来看,大量研究对"海丝"建设的战略意义、价值和定位以及具体举措进行了深入分析,为本文建构分析框架提供了有益的帮助。这些研究总体上认为,作为中国新国际经济发展政策,建设"21世纪海上丝绸之路"是新兴发展中大国在既有世界体系中构建新型贸易网络的一次尝试,但目前对这一政策所构建的贸易体系的结构性特征尚有待进一步深化。本研究参考国际贸易体系和世界体系理论,将"海丝"沿线国家看作一个互联互通的贸易体系,尝试分析处于不同结构位置的经济体的贸易依存度和经济依存度,进而分析其影响力与重要性分布情况。这一方面丰富了世界体系理论针对特定区域贸易体系的理解,同时也增加了对经济影响力分析的新维度或新角度。本文突出学科交叉,在研究方法上采取了运用社会网络分析方法(SNA)解决上述研究问题,构建了以"海丝"20国贸易数据为基础的贸易体系模型。主要的研究发现是:从发展视角看,中国在当前"海丝"贸易网络体系中处于绝对优势地位,东南亚国家应成为发展"海丝"贸易体系的战略重心,而东南亚国家中尤以新加坡最为重要。从风险视角看,新加坡、印度的战略地位值得重视,而越南、马来西亚和印度尼西亚对整个体系的潜在影响力值得高度关注;中国应该聚焦"海丝"贸易体系的关键中心节点国家和具有潜在影响力的次中心节点国家,通过加强经贸合作撬动整个"海丝"贸易体系的互联互通,进而实现中国的战略意图并规避潜在战略风险。

一、文献回顾:"海丝"战略研究

从文献追溯的角度看,我国关于海上丝绸之路的研究始于20世纪20年代,但作为"一带一路"倡议的重要组成部分,"建设21世纪海上丝绸之路"是国家主席习近平在2013年10月于东南亚国家系列会议中提出的一个具有国家战略意义的政策概念。[1] "海上丝绸之路"首先是一个国际经济发展政策群，其提出与中国经济对外开放、向外输出优势产能的总体背景高度相关，同时又是实践先行、政策规划推进的一种具有中国特色治理经验的政策选择。从具体路线上看，从南中国海到西亚、中亚的海上交通线，是通过港口基础设施建设和港口货运能力的提升，将港口和内陆腹地连接，强调港口与港口之间的经济合作，港口与腹地的经济对接，建设的核心是港口、海上交通线和腹地的连接以点带面，从线到片，逐步形成区域大合作。[2]

从已有文献上看，大量学者总体提炼了"建设 21 世纪海上丝绸之路"的战略意义与战略价值。"海丝"是新时期促进国内经济转型发展，扩大、优化对外开放格局的又一动力源，是中国国家发展战略的两个重要支撑，[3] "海丝"是深化全球发展区域化，建立国际经济政治新秩序的重大战略部署，体现了中国的海上经贸发展战略。[4] "海丝"是中国海洋强国大战略的重要组成部分，是对海洋发展轨迹的再认识，[5-6] 有助于途经海域交通要道畅通，维护中国的海洋权益，[7] 尤其是在南海区域，"海上丝绸之路"从地理位置、资源保护与开发、海洋经济繁荣与发展、地区安全稳定和国家海洋战略等方面对南海权益的维护产生了积极影响。周边国家和地区寻求共同利益，建立共同愿景，增强文化认同感，为南海问题的和平解决提供了一个良好契机。[8-9] "海上丝绸之路"具有深厚的带动力，既可以为中美两国创造合

[1] 王爱虎：《从海上丝绸之路的发展史和文献研究看新海上丝绸之路建设的价值和意义》，载《华南理工大学学报（社会科学版）》2015 年第 2 期。

[2] 刘保奎：《21 世纪海上丝绸之路对中国沿海城市的影响》，载《景观设计学》2017 年第 8 期。

[3] 张勇：《略论 21 世纪海上丝绸之路的国家发展战略意义》，载《中国海洋大学学报（社会科学版）》2014 年第 9 期。

[4] 陈柯、于艳英：《借助新海上丝绸之路 重塑中国城市形象》，载《海南大学学报（人文社会科学版）》2018 年第 1 期。

[5] 段明伟：《"海权"与 21 世纪"海上丝绸之路"》，载《牡丹江大学学报》2016 年第 3 期。

[6] 李皖南：《中国建设"21 世纪海上丝绸之路"的机遇、挑战及对策思考》，载《中国周边外交学刊》2015 年第 6 期。

[7] 张中泽：《21 世纪海上丝绸之路与中国海洋权益维护》，载《山西社会主义学院学报》2016 年第 12 期。

[8] 南文龙、张争胜、赵亮：《"21 世纪海上丝绸之路"建设对我国南海地区的影响分析》，载《海洋开发与管理》2016 年第 7 期。

[9] 邹立刚：《中国-东盟共建南海海上丝绸之路的战略思考》，载《海南大学学报（人文社会科学版）》2014 年第 4 期。

作共赢的机遇,又可以为沿线中低收入国家创造福利。[1] 作为"一带一路"倡议的提出国,中国有能力,也有意愿提供地区公共产品,推动沿线各国发展战略的对接,促进区域合作,形成一个以中国为中心节点的合作体系网。[2] "21 世纪海上丝绸之路"既传承并发扬着传统既有的海上丝绸之路的价值,又在现代经贸科技发展的环境中,赋予其现代社会的现实意义与价值期待。

"海丝"建设的战略定位和战略规划是目前相关政策研究领域所关注的一个重要问题。从战略实施的角度来看,加强顶层设计和整体联动,推进区域交通运输、基础设施建设等层面的互联互通,推动政策、制度和规则层面的务实合作,降低区域交易成本,加强区域认同与战略捆绑,提升区域合作的战略效应与经济绩效,建构区域合作新格局与区域治理新机制。[3] 从具体战略规划设计上,主要是从战略节点国家、沿线港口建设和贸易互联机制、合作机制和经济发展政策对接等方面展开讨论,强调中国与沿线国家通过发挥各自的比较优势开展相互间的合作,通过共商来达成合作共识,通过共建来形成合力。[4] 中国要实施"21 世纪海上丝绸之路"倡议,需要沿线国家的战略支撑。要成为"21 世纪海上丝绸之路"战略支点国家,必须同时满足三个条件:一是必须拥有对"21 世纪海上丝绸之路"而言至关重要的战略资产;二是必须与中国拥有重要的共同利益,同时不能存在结构性的冲突和矛盾;三是必须拥有相对稳定的国内政治环境,不能存在严重的国内分裂和制度缺陷。[5] 在战略重心方面,已有研究将东盟作为合作重点,加大资源整合和投入力度,促进基础设施互联互通,加强与东盟国家在港口码头、物流园区和集散基地等方面合作的广度和深度,实现产业优势互补,推进区域经济一体化和中国与东盟的共同发展。

[1] 钟飞腾:《"一带一路"、新型全球化与大国关系》,载《外交评论(外交学院学报)》2017 年第3 期。
[2] 黄河:《公共产品视角下的"一带一路"》,载《世界经济与政治》2015 年第 6 期。
[3] 陈伟光:《论 21 世纪海上丝绸之路合作机制的联动》,载《国际经贸探索》2015 年第 3 期。
[4] 朱翠萍:《"21 世纪海上丝绸之路"的建设能力与战略思考》,载《东南亚南亚研究》2016 年第 3 期。
[5] 韦红:《"21 世纪海上丝绸之路"东南亚战略支点国家的选择》,载《社会主义研究》2017 年第 12 期。

建设“21 世纪海上丝绸之路”面临诸多风险和挑战：投资收益率低，资金安全面临挑战；美国、日本、印度等大国的战略竞争；南海诸岛等领土纠纷问题悬而未决，东盟国家担忧中国崛起会打破地区平衡；沿线国家政局变幻及经济结构脆弱可能引发投资风险；沿线国家的内部风险；地区冲突外溢与非传统安全挑战；等等。各个国家对“21 世纪海上丝绸之路”的反应可分为三种类型：高度积极、积极而有所保留，以及态度中立或者说模棱两可。这主要受到经济利益、国内政治环境以及地区地缘政治的影响。[1-5] 海上丝绸之路的建设不仅要考虑传统安全议题，还应将非传统安全纳入战略设计范畴。在推进过程中，面临海盗和海上恐怖主义、海洋自然灾害和生态恶化、区域金融危机、非法移民和毒品走私等非传统安全问题的威胁。

从应对的角度看，在“一带一路”国家关系网络中，中国具有参与者和维持者两种身份，中国要一方面促进社会资源的有效流动，另一方面则要推动现有制度改革和新制度建立，促进社会网络机制化。[6] 机制建设是海上丝绸之路推进的重点，[7] 东北亚地区应该成为海上丝绸之路的起点，以推动中蒙俄朝韩次区域合作为主攻方向；中国沿海地区应以两岸三地之间的区域经济合作框架为核心；在东南亚地区打造中国-东盟自贸区的升级版为基础；在南亚地区，以正在构建的孟中印缅经济走廊与中巴经济走廊为突破口；延伸到西亚，应加快中国海合会自贸区的谈判进程。在中美层面，美国的“亚太再平衡战略”释放了其在东亚的海洋战略意图、介入东亚海洋权益的国家意志以及维护海洋合作意愿等多重信号。美国的东亚海权战略对中

[1] 林庆:《对海上丝绸之路倡议的地区回应——出于经济需要、国内问题和地缘政治考量》,载《中国周边外交学刊》2016 年第 6 期。
[2] 赵青海:《建设 21 世纪海上丝绸之路:挑战与应对》,载《中国周边外交学刊》2015 年第 12 期。
[3] 楼春豪:《21 世纪海上丝绸之路的风险与挑战》,载《印度洋经济体研究》2014 年第 10 期。
[4] 于光胜:《打造 21 世纪海上丝绸之路的障碍与路径》,载《理论月刊》2017 年第 5 期。
[5] 张明:《直面“一带一路”的六大风险》,载《国际经济评论》2015 年第 4 期。
[6] 肖晞:《“一带一路”中的风险与中国作为:一种社会网络的分析视角》,载《探索》2016 年第 9 期。
[7] 李向阳:《论海上丝绸之路的多元化合作机制》,载《世界经济与政治》2014 年第 11 期。

国“21 世纪海上丝绸之路”建设的外溢效应有多重可能，未来中国海上丝绸之路建设的可持续发展，有赖于中美两国能否构建互信、稳定及可预期的新型大国海洋关系。[1]

回顾相关研究，对于“海丝”建设战略问题的研究主要集中在战略意义、战略规划与设计、战略风险与应对，还有战略选择以及政策工具等方面，已经取得了相当程度的知识积累，搭建了较好的研究框架，触及了有关“海丝”之路战略研究的主要议题。这些研究总体上强调了“海丝”之路的多层次战略意义，在战略上更加重视南海和东南亚国家在海丝之路建设上的重要节点性作用；在战略合作上以经贸关系为主要合作机制并辅助以人文交流、政策对接、法律对接、货币一体化等软环境建设；在战略路径的选择上以港口建设和路径联通为依托，推动战略规划和设计的深化；从战略风险上来看，海丝建设将触动地缘战略关系的调整，大国政治博弈所产生的风险较为突出，传统安全风险和非传统安全风险都需要纳入“海丝”之路建设的分析框架之中，其地缘政治和全球治理上的风险有待进一步研究和探索。尽管目前研究已经取得了相当程度的进展，但是仍然存在着较大的推进空间。一方面，已有研究主要集中于宏观层面的分析，缺少中观和微观研究；另一方面，已有研究强调了将海丝贸易看作一个动态系统，进而从系统性观点提出中国所应采取的战略对策，但对这个系统的结构性分析仍有待进一步深入。为此，本研究利用社会网络分析对这一问题进行分析，以期推动相关研究的深入进展。

二、研究方法和数据说明

社会网络分析在分析贸易网络结构方面具有独特的优势，且已经积累了一定的研究经验。社会网络分析起源于 20 世纪 30 年代，该领域的探讨起源于物理学中的适应性网络并从 20 世纪 70 年代开始在社会学、心理

[1] 刘雨辰：《美国东亚海权战略与中国海上丝绸之路建设：基于战略外溢效应视角的分析》，《山东大学学报(哲学社会科学版)》2015 年第 11 期。

学、人类学、数学、通信科学等领域逐步得到运用。加拿大著名社会网络分析家 Wellman 指出，"网络分析是探究隐藏在复杂的社会系统表面之下的一定的网络模式"[1]。社会网络分析的核心观点认为社会现象都可以通过旨在揭示基本社会结构的方法得到最好的研究，社会网络的实质是社会存在的一般形式而非具体内容，关注"网络关系数据"而非"行动者属性数据"，并将关系属性视为社会结构的主要特性，认为在网络中行动者的任何行动都是相互关联的，而非孤立的，它们之间所形成的关系纽带，是信息和资源传递的渠道，网络关系结构也决定着他们的行动机会及其结果。[2]

自 20 世纪 50 年代以来，有不少研究将社会网络分析方法引入国际贸易体系的结构分析。本文对"海上丝绸之路"国家的贸易网络的分析主要从网络的解释机制维度，即通过关系数据得到"海上丝绸之路"国家的网络关系，并分析在这一贸易网络中的国家之间相互联系的特征、不同国家在网络中的位置等，从而探讨不同国家在国家协作网络中的作用和地位。本文以海上丝绸之路国家之间的贸易联系构建社会网络模型。

国家之间的贸易关系可以用有向图 $G=(V,\ E)$ 表示。令 G 为有向网络，其中，节点V_n 表示某国家，$V=\{v_1,\ v_2,\ v_3,\ \cdots,\ v_n\}$ 是贸易网络中所有国家的集合，边 E_m 表示两个部门之间的协同关系，$E=\{e_1,\ e_2,\ e_3,\ \cdots,\ e_m\}$ 且 $E\subseteq V\times V$ 是网络中所有部门间协同关系的集合。设 G 的 n 阶邻接矩阵 $H=[h_{ij}]$ 中h_{ij} 所表示国家 i 和国家 j 的关系如下：

$$H=\begin{cases}0\text{，国家 } i \text{ 与国家 } j \text{ 之间没有贸易关系}\\ h_{ij}\text{，国家 } i \text{ 出口至国家 } j \text{ 的贸易额为} h_{ij}\end{cases}$$

该有向网络 G 也可以通过$n\times n$ 的矩阵展现(表 1)。通过本研究建立的社会网络模型，可以直观地反映出"海上丝绸之路"国家之间的贸易关系，并进一步分析各国家在贸易网络中的结构地位。

网络中心度是社会网络分析中的重要指标之一，主要用于反应节点在

[1] Wellman Barry, S D Berkowitz. *Social Structures: A Network Approach*, New York: Cambridge University Press, 1988, 130.

[2] 林聚任:《社会网络分析:理论、方法与应用》,北京师范大学出版社,2009,第 1～5 页。

网络中的地位。节点越接近网络的中心位置，其中心度越高，也代表其影响力越大。因此对于节点所处位置的中心程度，即网络中心度，是本研究度量国家在网络中结构地位的主要指标。在网络结构中，与某一节点直接相连的点被称为该节点的邻点，一个节点拥有的"邻点"的数量（或加权数量）被称为该节点的度（degree），一般记作 $d(i)$ 。在有向图中，度可以分为"出度"，即从某个节点发散出去"边"的度数，以及"入度"，即进入某个节点的边的度数。"点度中心度"（point centrality）这一测度指标认为，如果一个节点度数越高，则该点对其他节点就拥有越大的影响力，处于中心地位。不同的网络的规模对节点的度数会产生很大的影响，为了避免网络规模的干扰，一般采用"相对测度方法"，即将所测点的度数与网络中的点最大可能度数作比以避免干扰，本文即采取了这种做法。

具体而言，本研究通过"点度中心度"分析，不仅衡量了贸易网络结构中的中心度分布，还衡量了贸易依存度、经济依存度的分布。运用了进出口额与总进出口额之比来衡量贸易依赖度/依存度，其占比越高，依存度越高，同理，占比越低，依存度越低。为了便于可视化，我们用节点大小代表出口依存度，用红线代表较高的影响力程度，用蓝线代表较低的影响力程度。如果说"海丝"国家对"海丝"贸易体系的贸易依存度仅仅是商品货物贸易方面的依存关系，那么"海丝"贸易体系对沿线国家的经济影响力则反映了"海丝"沿线国家在经济方面的依存关系。我们用单位 GDP 的出口（进口）贸易额来衡量"海丝"国家间贸易对其经济的影响力，其中，网络中心度代表某个国家在整个体系中的出口（进口）经济影响力，用节点大小来表示，各国的连接线代表经济影响力["海丝"国家对海丝国家的出口额（或进口额）/GDP 数值]而非绝对值，颜色代表了出口额（进口额）/GDP 的大小，连接线为红色的表示出口额（进口额）占国家 GDP 的比重比较高，蓝色代表很低。同样，我们用图中节点大小代表"出度中心度"（出口经济依存度），也就是某个国家的出口经济依赖度，节点较大的国家说明其出口贸易占其本国 GDP 的比重很高，也就是对"海丝"贸易网络体系的经济依赖度很高，相反则较低。

在数据方面，本研究的数据来源主要是联合国国际贸易统计数据库（UN Comtrade：International Trade Statistics Database）中的涉及 20 个海丝沿线国家的进出口商品贸易数据。“海丝”沿线国家的GDP数据主要来源于世界银行数据库统计(World Bank Database)服务贸易统计数据。由于相关国家的数据缺失值较多,难以分析,故采取分析商品贸易数据,且这一分析不会影响结论。为了构建“海丝”贸易体系的系统分析模型,我们分别用进口商品贸易数据和出口贸易数据构建了基础性的数据矩阵。

三、“海丝”贸易的非对称依存结构

(一)“海丝”贸易体系的结构特征与中心度分布

“海丝”国家间的贸易网络结构关系是怎样的?这个问题是从系统性角度分析“海丝”建设的战略规划的前提。根据2017年底官方对“海丝”沿线国家的界定,“海丝”沿线国家的地理跨度较大,分布多元化。从地缘上看,沿线国家遍及东亚、东南亚、南亚、西亚、北非、欧洲。从经济发达程度角度看,有发达国家、发展中国家以及极度落后的非洲国家。从经济体量(依据GDP规模)看,“海丝”国家之间的差异也较大(如图1所示,节点大小表示GDP体量,红线代表影响力高,蓝线代表影响力较低)。

基于“海丝”国家间贸易网络的描述与分析,海丝沿线国家间的经济贸易关系较为紧密,网络密度较高,这意味着大多数国家之间均有贸易往来,但也可以看出部分地区联系相对较弱,例如:西亚、北非与东南亚之间。[1]具体而言,如图1所示,“海丝”贸易网络的特征如下:①贸易关系紧密,但出现明显的地缘组团结构特征,除中国外,“海丝”贸易进/出口集团主要分布在东南亚、南亚、西亚、北非和欧洲地中海国家;②大国经济影响力明显,重点国家影响力巨大,这些国家的经济规模对“海丝”贸易网络的密度和结构产生了十分重要的影响,例如:印度、新加坡、马来尼西亚、泰国等国家在所在地缘经济关系中发挥了十分关键的影响等;③中国作为“海丝”贸易中的“大国”,影响力处于绝对支配地位,中国自身成为“海丝”国家之间的最大贸易交汇点。

---

[1] 目前只计算了国家之间,如果两个地区比较可以考虑加总补充支撑数据。

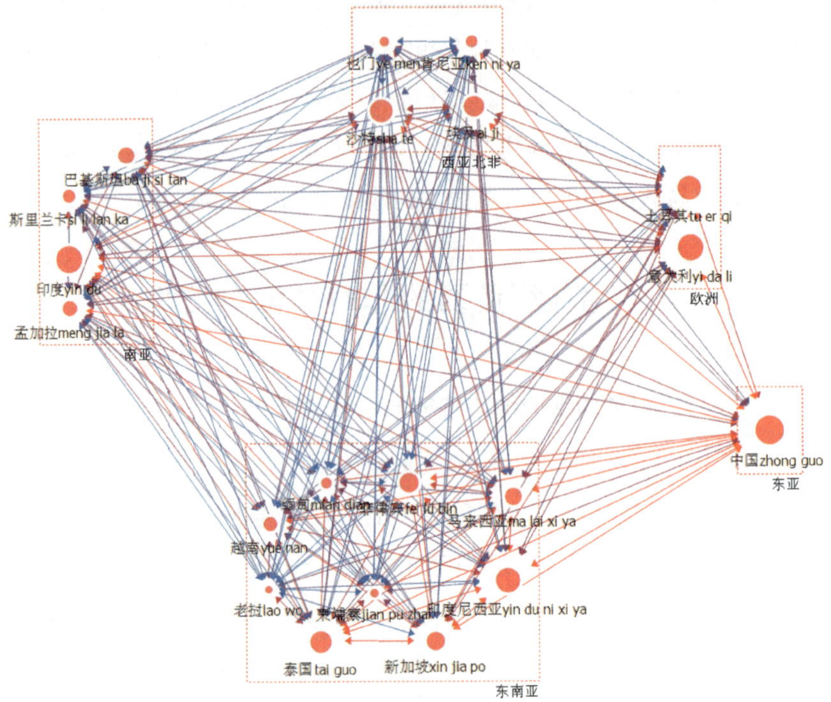

图 1　海丝国家贸易网络结构关系[1]

谁是“海丝”贸易网络结构中的支配者？其他国家处于怎样的结构位置？这两个问题对于分析“海丝”之路的战略取向和路径至关重要。我们发现中国处于绝对支配地位，印度、新加坡位列进口第二梯队，马来西亚位列出口第二梯队，上述国家在“海丝”网络中处于核心位置。在国际政治经济体系理论中，如果一个国家处于贸易中心位置，这个国家实际上是整个贸易系统中不可断绝的贸易枢纽，也就处于整个贸易系统的支配地位。需要说明的是，如果服务贸易的进出口统计数字绝对符合客观事实，那么只需要计算各个国家的进口额贸易就可以分析整个贸易系统的结构关系。但是，实际情况是各个国家的进口与出口贸易统计数字常常与实际情况有出入，因而由于统计误差导致分析准确性有误。因此，为了避免分析失误，我们不仅计算了国家间进口贸易情况，也计算了出口贸易情况，从而更加精准地分析

[1] 数据来源：联合国服务贸易数据库 UN Comtrade。

网络结构关系的中心度情况。根据分析,“海丝”贸易体系可以分成三个梯队。从“入度中心度”(根据进口贸易额计算)来看,得分较高的国家是:中国、印度、新加坡、越南、泰国、马来西亚。这意味着这些国家在进口贸易中处于较为核心的地位,或者说这些国家的进口对“海丝”的贸易网络体系影响较大。其中,中国为绝对的首要核心地位,超出第 2 名约 1 倍。其次,印度和新加坡较为接近,为第二梯队。泰国、马来西亚和印尼等 3 个国家较为接近,是为第三梯队(图 2)。

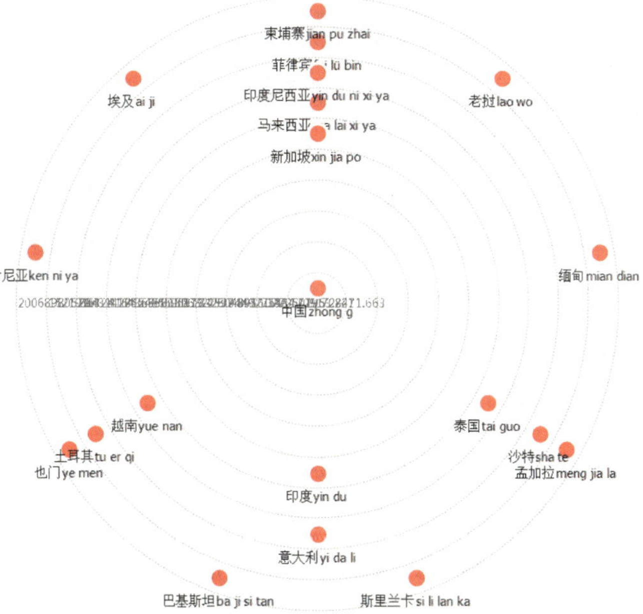

图 2 “海丝”国家贸易网络的中心度分析(入度)[1]

在“海丝”贸易结构中,那些最有影响力的国家是进口和出口都占据中心位置的国家。尽管印度在进口贸易中处于中心地位,但是在出口贸易中相对薄弱,[2] 因此犹如跛足的巨人,印度在“海丝”贸易网络中的影响力或者说重要性因而大大下降。

[1] 数据来源:联合国服务贸易数据库 UN Comtrade,根据入度计算。

[2] 可能印度的服务贸易出口份额相对较高,但是海丝沿线国家中的服务贸易影响度相对较弱,服务贸易缺失数据较多,因而难以进行 SNA 分析。

进一步分析，我们可以得出这样的分析性结论：第一，中国处于绝对支配的核心地位，而且出口的优势更加明显，这种优势可以帮助中国在整个“海丝”网络结构中处于十分有利的战略位置，拥有十分从容的战略空间；第二，除中国外，进出口均有较大优势的国家是新加坡、马来西亚、泰国，这些国家均为东南亚国家，这意味着东南亚地区尤其是新加坡对于中国有效实施“海丝”的战略意义得到凸显。另外，越南、印度尼西亚的排名靠前，这除了进一步说明东南亚国家在“海丝”中的地位非常重要之外，越南作为较为特殊的政治经济体，以及与中国毗邻、复杂而伴有冲突风险的战略位置，值得特别重视和关注。第三，尼度尼西亚的重要性低于越南。

根据以上分析，中国完全可以通过有效的经济策略主导和支配“海丝”贸易网络体系并发挥更为积极有效的战略导向作用，但这样的战略实施离不开作为关键位置的东南亚国家的支持，尤其是新加坡、马来西亚、泰国的支持，同时也不能完全忽视越南、印尼在“海丝”贸易体系中所可能发挥的潜在影响力。可以说，中国具有绝对支配权力，东南亚国家在“海丝”建设中具有结构性战略价值。

(二) “海丝”国家对贸易体系的贸易依存度分析

在分析了“海丝”国家贸易体系的结构特征和中心度分布之后，一个最为重要的问题，即“海丝”贸易体系究竟对沿线国家意味着什么？换句话说，这些国家对“海丝”贸易体系的依存度有多大？通过 SNA 分析，可以发现：①总体而言地中海国家对“海丝”贸易体系的依存度最低，而东南亚国家对“海丝”贸易的依存度最高。这一方面可以归结为东南亚国家的产业结构因素的重要影响，同时也可以反映出，地中海国家的产业结构尚未与“海丝”贸易体系充分互动。②中国是所有“海丝”国家中贸易依存度最低的，因此也最具有影响力的国家，中国在“海丝”贸易方面具有从容的战略主动权。

如图 3 所示，出口依存度方面，对“海丝”贸易体系依存度最高的是老挝、缅甸、马来西亚、印度尼西亚；对“海丝”贸易体系依存度最小的国家是意大利、土耳其、孟加拉国、斯里兰卡。如图 4 所示，进口依存度方面，对“海丝”贸易体系依存度最高的是老挝、斯里兰卡、缅甸；对“海丝”贸易体系依存度最小的国家是意大利、土耳其、中国。

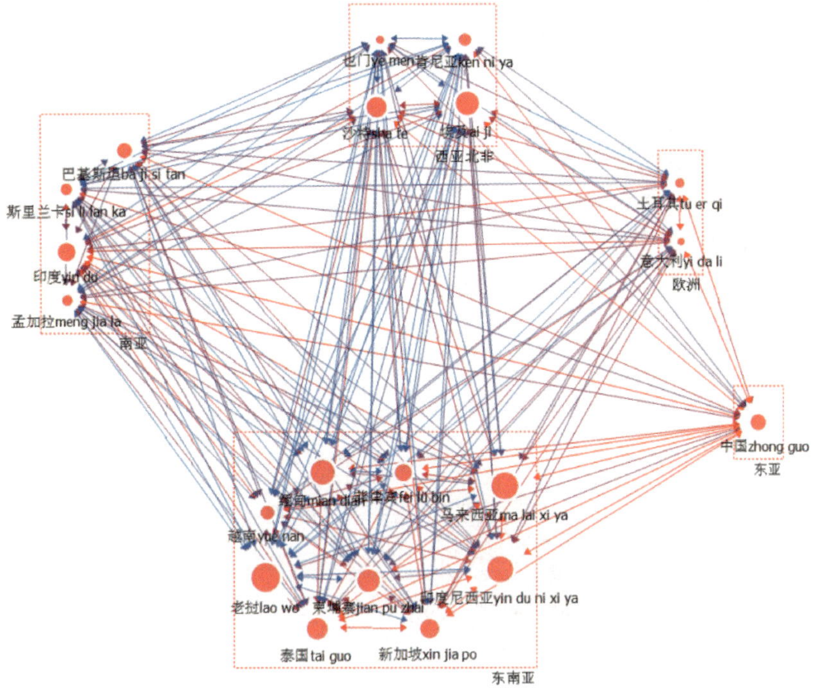

图 3 "海丝"国家间贸易的依赖关系分析(出口依存度)[1]

虽然,中国在"海丝"贸易体系中处于核心的绝对支配地位,但是对"海丝"贸易体系的进出口依存度并不高,特别是出口,依存度非常低。这也意味着,中国的主要出口国家并不在"海丝"贸易网络体系之中,而中国的进口相对出口来说较高则说明中国从"海丝"贸易体系中的进口比例远高于出口比例。也就是说,"海丝"贸易体系对中国而言并非构成主要影响,而相反中国对"海丝"贸易体系至关重要。另一方面,地中海国家,主要是意大利和土耳其的贸易依存度非常低,无论是进口还是出口方面都表现出了这一特点。这说明,"海丝"贸易体系目前对于地中海国家的进出口贸易而言分量很轻。总的来说,东南亚国家表现出了非常高的贸易依存度,特别是马来西亚、印度尼西亚、老挝、缅甸等国家依存度最高,这意味着东南亚国家的国际贸易非常依赖"海丝"贸易网络,东南亚国家的进出口贸易更为容易地会受制于"海丝"贸易体系。

[1] 数据来源:联合国服务贸易数据库 UN Comtrade。

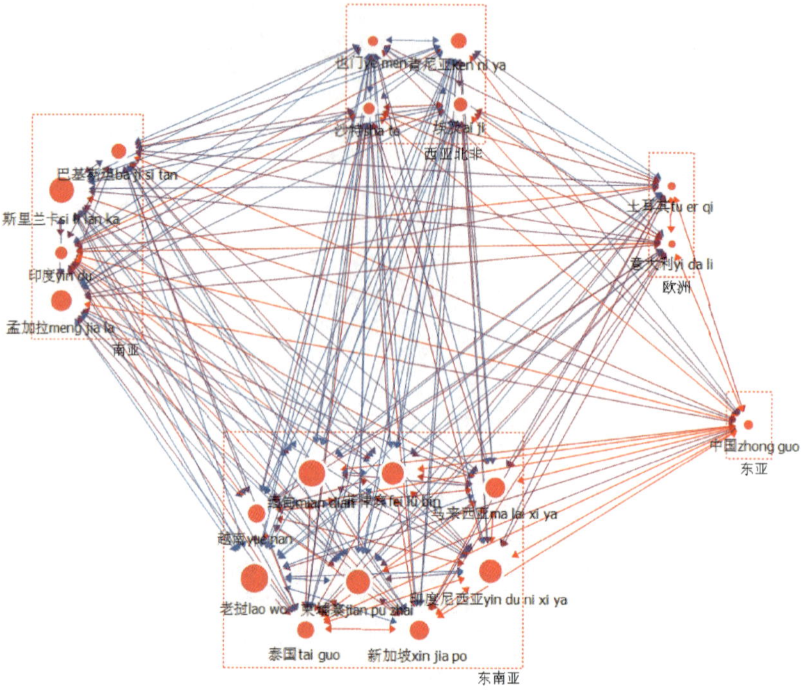

图 4 “海丝”国家间贸易的依赖关系分析(进口依存度)[1]

(三)“海丝”国家对贸易体系的经济依存度分析

首先,东南亚国家的进口额占经济规模比重最高,也就是说“海丝”贸易体系对东南亚国家经济具有最高的影响力(图 5)。其次,值得注意的是,中国处于“海丝”贸易体系中最为显著的核心地位,中心度较高,这说明出口至中国的商品贸易占其他国家的比重很高,换句话说,这些国家在“海丝”中对中国的出口依存度比较高(图 6)。

新加坡、马来西亚、泰国和越南等东南亚国家对“海丝”贸易体系的出口经济依存度最高,而中国则非常低(图 7)。也就是说,“海丝”贸易体系对这些东南亚国家,相比其他“海丝”国家而言,在出口经济方面具有至关重要的影响。中国经济则基本不受“海丝”贸易体系的影响,因而在“海丝”贸易体系中,中国具有较大的战略回旋空间,拥有经济主导权(图 8)。

[1] 数据来源:联合国服务贸易数据库 UN Comtrade。

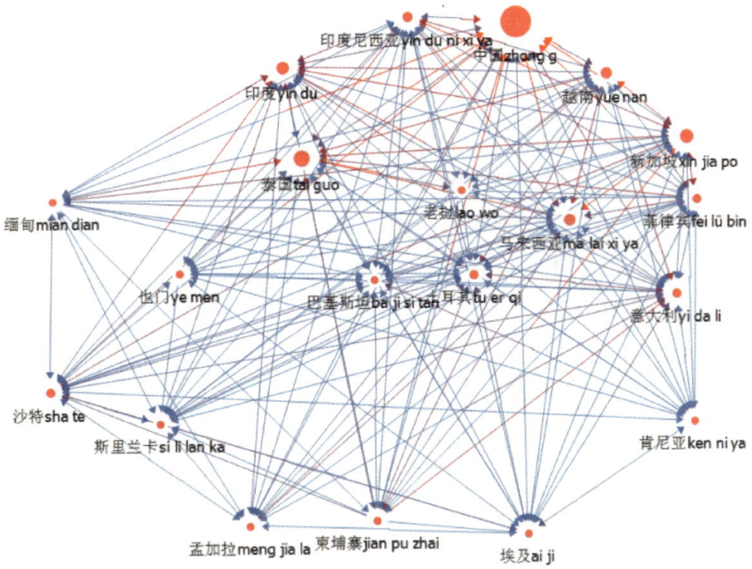

图 5 "海丝"沿线国家的经济依存度分析(进口)[1]

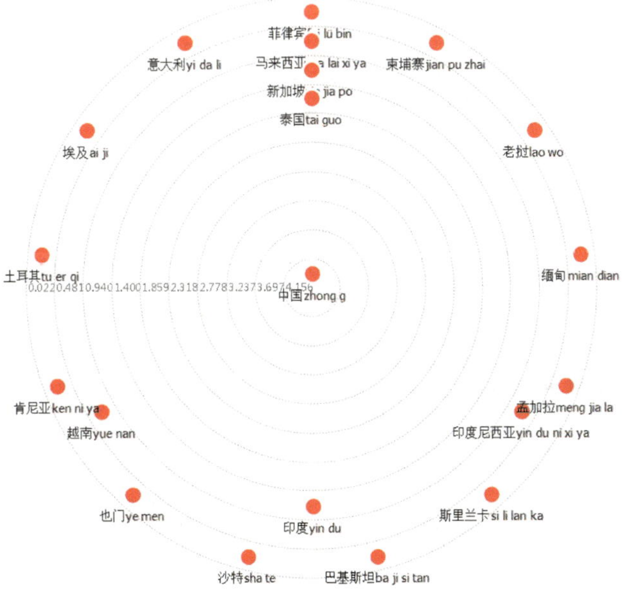

图 6 "海丝"贸易体系的经济影响力分析(入度)[2]

[1] 数据来源:联合国服务贸易数据库 UN Comtrade。

[2] 数据来源:联合国服务贸易数据库 UN Comtrade。

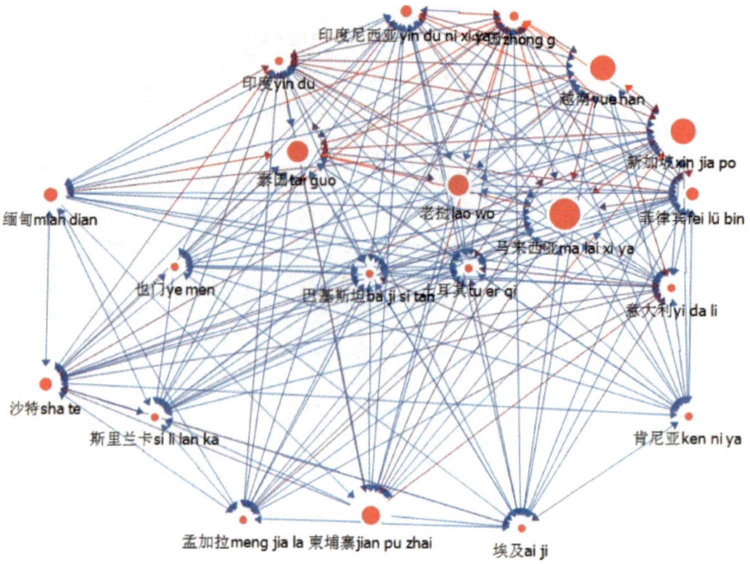

图 7 “海丝”贸易体系的经济影响力分析(出度)[1]

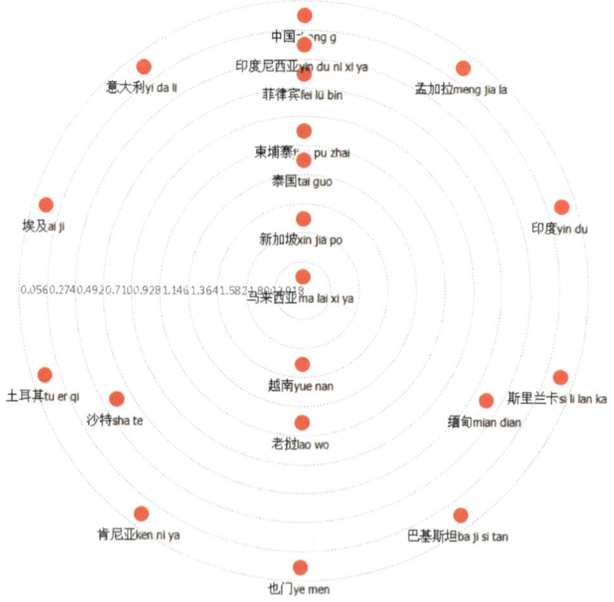

图 8 “海丝”贸易体系的经济影响力分析(出度)[2]

---

[1] 数据来源:联合国服务贸易数据库 UN Comtrade。
[2] 数据来源:联合国服务贸易数据库 UN Comtrade。

综合以上分析,我们发现,中国在"海丝"贸易中拥有主导权,并有能力深刻影响东南亚国家经济,而东南亚国家经济严重依赖"海丝"贸易体系。具体而言,这一判断是基于如下三个方面的基本事实:①中国在进口经济影响力方面处于绝对领先的地位,这说明中国从其他国家的进口对这些国家的 GDP 贡献很大;②中国在出口经济影响力方面并不处于核心地位,说明中国对"海丝"国家的出口并不占本国 GDP 很重要的位置;③无论是出口还是进口经济比重,网络中心度较高的国家,其对"海丝"贸易体系中国家经济的贡献值都很高,这方面,中国的进口经济依存度(入度中心度)较高,而出口经济依存度方面的出度中心度较低。

四、总体战略规划与风险控制

通过对海上丝绸之路的结构进行网络分析,可知,中国在"海丝"贸易体系中处于绝对优势地位,拥有非常大的战略回旋空间和支配能力。那么,应当如何发挥中国在"海丝"贸易体系中的突出势能,才能实现助推本国政治和经济的改革发展,带动周边国家共同面对国际经济体系的不平衡秩序的目的呢?这就需要我们从本质上对"一带一路"进行全新的阐释,并相应地提出战略选择和风险控制的路径。

(一)实施贸易撬动战略助推中国经济转型升级

中国海上丝路的贸易体系中占据主导性和支柱性的角色,与同体系中的大多数国家相比,中国对其的贸易和经济依存度都是最小的。因此,在具有显著优势的情况下,中国应当结合本国经济及产业改革的诉求以及中国在国际经济体系中的发展诉求来对海上丝路进行"再定位"。从本文的角度来说,中国应将"海上丝绸之路"的战略布局定位为"贸易撬动战略",即通过贸易这一最为通行和互惠的方式,撬动现存日益不平衡的国际经济体系中利益板结化的不公平秩序,进而实现中国的产业转型升级,并为争取中国更为有效、稳定、渐进的综合性全面改革赢得战略时间。这样一来,便把单纯的经济和贸易交往收益上升到了国际—国内、政治—经济多层次、多方面的战略价值。

（二）重视中心节点的“撬动”作用和风险控制

由于东南亚国家对“海丝”贸易体系的依存度在整个“海丝”贸易体系中最为突出，因此，东南亚国家在“海丝”贸易体系中扮演着至关重要的中心节点功能，是中国实施“撬动”的主要阵地。为了发挥“节点国家”的撬动作用，从而提升整个系统的效益，中国在战略决策时，不仅仅需要关注同新加坡、印度尼西亚、越南等节点国家的经贸合作、更要注意贸易往来中的风险控制。这样一来，才可以达到以更小代价更好推动整个“海丝”贸易体系合作发展的效果。

总体而言，中国与新加坡关系中潜藏着多元风险，这些风险中较为突出的包括军事安全、疾病传播、打击海盗、网络安全与自然环境等；越南革新成效显著，但腐败问题、政策变动、金融安全、南海争端是需要充分考虑的主要风险控制点；印度尼西亚在经济危机后发展迅速，中国正在成为印度尼西亚最大的投资国，但是需要尤其注意印度尼西亚的腐败问题、投资贸易保护问题，需要注意南海争端与民族主义因素对中印尼经济合作者带来的风险。

（三）构建可持续发展的“海丝”贸易体系：三步走战略

最后，为将贸易撬动战略落到实处，本文在此提出构建可持续发展的“海丝”贸易体系的三大阶段：第一，利用3年（2017—2020年）时间构建“海丝”贸易体系的基础平台建设，政府发挥构建基础秩序和搭台作用，包括基础双边和多边合作协议、具体落地项目、组织平台建设、区域性国际交流平台等，以进一步推动“海丝”贸易系统的形成；第二，利用5年（2020—2025年）时间深化平台基础建设，推动五大战略支点的实施和落地，政府依然起到战略扶持和基础构建的作用，包括对接政策沟通顺畅型国家的经济发展战略，推动东南亚国家在交通基础设施建设、“海丝”第二梯队国家在贸易便利化和自由化、“海丝”贸易体系的金融化和金融发展、数据开放和文化互通交流等；第三，利用10年（2025—2035年）时间引导“海丝”贸易体系向纵深方向发展，即企业走出去发挥主力军作用，文化走出去发挥民心相通主力军作用，社会创新走出去发挥公共外交主力军作用，最终构建一个能够充分支撑中国发展、一个不断扩大的21世纪“海丝”贸易体系。

五、潜在战略支点分析

在"海丝"贸易体系的结构分析之后,我们需要进一步找到支撑"海丝"贸易体系的战略性支点。这就需要深入分析沿线各国的经济发展战略的重点和导向,通过考察各国相关领域的政策文本第一手资料,进而探寻沿线各国的需求及发展战略,并与结合中国的积极行动,为中国"海丝"建设寻求战略支点。

从更为广泛的视角观察,人类社会进入 21 世纪之后,国际金融危机带来的深层次影响持续显现,世界经济缓慢复苏、发展分化,国际投资贸易格局和多边投资贸易规则酝酿深刻调整,各国面临的发展问题依然严峻,经济增长和发展成为所有政府获取民心、构建政治合法性的基础性要素。正是在这一背景下,各国纷纷推出本国的经济发展规划或政策,以适应和引导本国经济在全球经济中获得一席之地或更大影响力。当前,中国经济和世界经济高度关联,中国坚持对外开放的基本国策,构建全方位开放新格局,深度融入世界经济体系,陆续推出了一系列以推进自由贸易为主旨的国际经济发展倡议。

中国在寻求国际发展的战略支点。2013 年 9 月和 10 月,国家主席习近平在出访中亚和东南亚国家期间,先后提出的共建"丝绸之路经济带"和"21 世纪海上丝绸之路"的倡议。国务院总理李克强参加 2013 年中国—东盟博览会时强调,铺就面向东盟的海上丝绸之路,打造带动腹地发展的战略支点。正如前文分析所得出的结论,东盟国家尤其是东南亚诸国对于"海丝"贸易体系的健康持续发展作用重大,是中国"海丝"建设倡议的战略中心。那么,如何才能有效地支撑其这一战略重心呢?如何才能寻找到中国与东南亚重要国家之间的战略支点呢?本文从中国的积极行动和沿线国家政策两个方面归纳和总结这些国家的国际经济发展规划文本。从合作框架签署、项目落地情况、统筹国内外资源、区域性平台建设等方面,以及可能对接的宏观政策、基础设施建设现状、贸易深化合作潜力、金融合作前景、民心相通与文化全球化等方面分别归纳和总结,进而寻找战略对接的支点

(图9)。

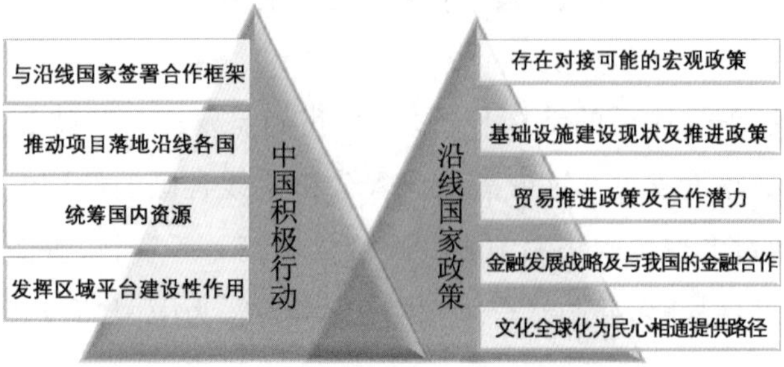

图9　战略支点和对接的政策分析框架

21世纪海上丝绸之路沿线国家资源禀赋各异,经济互补性较强,彼此合作潜力和空间很大。为了全面构建“海丝”贸易体系的国家发展支撑平台,中国政府在“一带一路”总体规划方面提出了“五通”政策环,以政策沟通、设施联通、贸易畅通、资金融通、民心相通为主要内容(图10),在这些方面重点加强合作,从而形成互相促进的政策体系。在这一体系下,本文尝试通过分析中国与沿线各国的“五通”情况以及各国可对接政策,发掘21世纪海上丝绸之路的国际潜在战略支点。

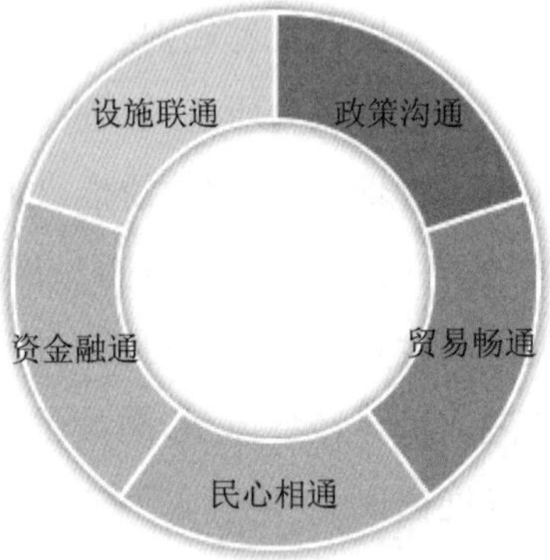

图10　“海丝”建设的五大合作领域关系图

(一) 政策沟通顺畅型国家的经济发展计划

加强政策沟通是“一带一路”建设的重要保障。加强政府间合作,积极构建多层次政府间宏观政策沟通交流机制,深化利益融合,促进政治互信,达成合作新共识。沿线各国可以就经济发展战略和对策进行充分交流对接,共同制定推进区域合作的规划和措施协商解决合作中的问题,共同为务实合作及大型项目实施提供政策支持。中国现代国际关系研究院研究员陈向阳与中国社科院世界经济与政治研究所副研究员徐进从三个层面评估

"21世纪海上丝绸之路"沿线国家与中国的政策沟通程度:①政治互信:包括高层交流频繁度、伙伴关系与政策沟通效度;②合作机制:包括驻我国使馆领馆数、双边重要文件数;③政治环境:包括政治稳定性、清廉指数。根据量化测算,政策沟通顺畅型国家包括马来西亚、泰国、老挝、印度、柬埔寨、印度尼西亚等。良好型国家包括新加坡、越南等。菲律宾、埃及、孟加拉国、沙特阿拉伯等国家则排名较为靠后。[1]

1. 潜在合作重点——政策沟通顺畅型国家

政策沟通指数的前十名中,东南亚国家占比最大。中国和东盟国家的关系在区域合作下不断取得新进展。2014年,印度尼西亚总统佐科提出"全球海洋支点"远景,重点促进基础设施建设,打造"海上高速公路"。印度尼西亚倡导的"全球海洋支点"战略构想强调基础设施建设,与我国"21世纪海上丝绸之路"倡议高度契合。根据印尼政府2015—2019年中期建设发展规划,5年内印尼计划建设2 650千米公路、1 000千米高速公路、3 258千米铁路、24个大型港口、60个轮渡码头、15个现代化机场、14个工业园区、49个大坝、3 500万千瓦电站、约100万公顷农田灌溉系统,预计所需资金约4 245亿美元。印度尼西亚对建设21世纪海上丝绸之路态度积极,我国可与印度尼西亚加强战略交流和政策沟通,推动海上基础设施互联互通,推动海洋经济、海洋文化、海洋旅游等领域务实合作,携手打造"海洋发展伙伴"。

进入21世纪以来,诸多国家提出了以发展高科技产业,尤其是信息技术产业为核心的国家规划。泰国政府于2016年提出"泰国4.0"高附加值经济模式,即泰国走过农业1.0时代和专注于廉价劳动力的轻工业2.0时代,跨越吸引外资的重工业3.0时代,最终将进入创新驱动和高附加值经济的"泰国4.0"时代。根据新修订的《泰国投资法案》和《泰国竞争力增强法案》,生物技术、先进材料技术和数字信息技术企业以及一些高附加值和高科技产业最高可获15年的企业所得税减免优惠,同时设立了100亿泰铢的研发基金。泰国希望中国的生物技术、纳米技术及数字技术领域的投资者来泰国投资。

[1] 北京大学"一带一路"五通指数研究课题组:《"一带一路"沿线国家五通指数报告》,经济日报出版社,2016,第77～95页。

与此同时，东南亚部分国家经济发展落后，对于提升国家实力、提高经济水平有着迫切的需求。作为东南亚唯一的内陆国，老挝又有“陆锁国”之称，封闭的交通和落后的基建阻碍了老挝的对外贸易和交流。为了突破发展困境，近年来老挝政府提出了“变陆锁国为陆联国”的战略构想，希望将老挝与周边国家联系起来，与我国海上丝绸之路构想不谋而合。柬埔寨于2015年从最不发达国家晋升到了中低收入国家行列，首相洪森表示，希望在2030年之前晋升至中等偏高收入行列。柬埔寨政府在其制订的《2015—2025产业发展规划》中提出，2018年前，将努力确保每年7%以上的经济增速。2016年，柬埔寨发布《2017—2019年公共投资计划》草案，该计划预算总额为76亿美元，拟安排149个项目，以有效落实国家“四角战略”以及《2014—2018年国家战略发展计划》。按照计划，2017年至2019年间，柬埔寨年均需要约10亿美元贷款，公共投资的重点将放在交通运输、电力能源供应、农村农业发展等项目上。老挝与柬埔寨出台的一系列推动经济发展的战略与规划，迫切需要资金以及技术的支持，我国可积极进行对接，进一步打造关系紧密的中国-东盟命运共同体。

2.求同存异，寻找可能——政策沟通薄弱型国家

在沿线国家中，沙特、埃及、菲律宾与我国政策沟通顺畅度较低。其中菲律宾在南海问题上与中国对抗，沙特与埃及则是由于中东混乱局势与中国在中东地区较弱的政治影响力。通过分析三国的发展规划与政策，发掘其与海上丝绸之路的对接基础与可能。

随着国际油价持续下降，依赖石油出口的沙特不得不加快经济结构改革。2016年，沙特公布“国家转型计划”推动经济改革。作为“2030愿景”的一部分，沙特政府将科技作为经济改革的支柱，计划在本国培植大量科技企业，并期望当中产生自己的亚马逊或谷歌。为促进两国战略对接，沙特提出了“一带一路”西线计划，并专门成立了“一带一路”与“2030愿景”对接办公室。近年来我国生物技术、数字信息等产业取得了高速的发展，我国可推动高科技企业赴沿线国家投资，共同打造高附加值经济发展模式。

菲律宾发布《2017—2022年菲律宾发展规划》，该项中期蓝图起草于杜特尔特政府提出的“10项社会经济发展议程”基础之上，是“2040愿景”提出

后的第一个6年规划。规划提出到2022年计划实现经济增长7%～8%，全国人均收入达5 000美元，贫困率由当前的21.6%降至14%，推动教育普及，加强减灾防御机制，使政府获得更高社会信任度，个人和社会发展更加有力，企业创新能力大大增强等。

2014年，埃及提出"振兴计划"，实施"开源节流"的"经济发展路线图"。"振兴计划"与"一带一路"在目标、宗旨、空间覆盖范围等方面存在诸多相同之处，尤其"向东看"的对外目标已经明确，且其东向战略范围涵盖的区域与"一带一路"沿线相交叠，具备战略对接和交融的区域基础。中埃苏伊士运河经贸合作区建设经验也为"一带一路"与"振兴计划"的有效对接提供了不可多得的制度对接基础。因此，中国与埃及进行开放性合作，能获得预期的结果。[1]

（二）东南亚欠发达国家的交通基础设施发展政策

基础设施互联互通是"一带一路"建设的优先领域。在尊重相关国家主权和安全关切的基础上，沿线国家宜加强基础设施建设规划、技术标准体系的对接，共同推进国际骨干通道建设，逐步形成连接亚洲各次区域以及亚、欧、非之间的基础设施网络。

1. 东南亚国家基础设施建设落后，合作意愿强

"21世纪海上丝绸之路"的沿线国家中，诸多东南亚国家由于经济因素、政治因素或自然因素，交通设施和通信设施的建设较为落后，阻碍了贸易流通和经济发展，因而在设施联通方面与我国有较高的对接需求。

老挝被中柬越泰缅5个国家包围，且国土面积的多山地和高原。在老挝的"变陆锁国为陆联国"战略中，基础设施建设是重中之重，尤其推进道路和交通部门基础设施的发展成为老挝"2020年愿景"的实现手段，该愿景力争到2020年使老挝脱离最不发达国家，彻底消除贫困。2016年，老挝与中国签署了《关于共同编制老挝电力、中老铁路沿线综合开发、旅游等重点领域经济发展专项规划合作框架协议》。2016年底，中国—老挝高铁的建设启

[1] 赵军：《埃及发展战略与"一带一路"建设》，http://drc.sz.gov.cn/ylyd/gjzx/201609/t20160909_4892757.htm

动，预计 2021 年 12 月完工，这将成为老挝首条高铁线路。高铁项目使老挝得以发挥地理位置优势，成为连接周边国家的枢纽，特别是成为中国与东盟地区互联互通的关键节点。

同样，巴基斯坦政府的"2030 战略"致力于实现区域互联互通目标，巴基斯坦希望扩大与东亚、西亚和中亚地区的贸易和投资联系，目标是扩大与这些地区的石油和天然气管道、基础设施、电网和运输网络，以创造就业机会并加速增长。孟加拉国"2021 愿景"希望在 2021 年实现 GDP 增长 10%，政府计划了大量基础设施项目，如深海港口、高速公路、发电厂。据世界银行的信息，孟加拉国在未来 10 年需要约 1 000 亿美元的基础设施投资。[1]

菲律宾落后的基础设施使得菲律宾货运成本居高不下，推高了原材料价格，阻碍了菲律宾制造业吸引投资。2017 年 4 月，菲律宾出台"大建特建"计划。2017 年至 2022 年间，菲律宾政府基建开支占 GDP 比重将提升到 5.4%至 7.3%之间，计划拨款将达 1 600 亿至 1 700 亿美元，目前已包含地铁、桥梁等约 75 个工程项目。老挝、巴基斯坦、菲律宾等国由于基础设施落后，极大地阻碍了经济发展，对于加快基础设施的建设有着迫切的需求。

2. 采取新型融资模式建设基础设施，加强吸引外资力度

从发展规划中可见，诸多沿线国家认识到基础设施建设的重要性与紧迫性，将设施联通作为国家发展的重要因素，这与"21 世纪海上丝绸之路"倡议不谋而合。在基础设施建设规划中，大量的资金需求是重点与难点，沿线国家出台了一系列政策采取新型融资模式，扩大融资渠道。

2014 年，肯尼亚政府提出"年金融资安排"，计划采用公私合营模式建设超过 1 万千米的新路，费用约为 2 600 亿克朗，以促进私人投资，减少对国家财政的依赖。在年金融资模式下，承包商将利用肯尼亚政府担保向银行融款，对道路进行设计、建设和维护。肯尼亚财政部自道路完工之日起 8 年内，逐年等额分期偿还银行贷款。根据肯尼亚 2013 年公私合营法，采用公私合营模式的基础设施项目还包括肯地热开发公司的地热发电项目、蒙巴萨—

[1] 王灵桂、赵江林主编：《全球视角下的"一带一路"》，社会科学文献出版社，2017，第 91 页。

内罗毕和纳库鲁—内罗毕的双向车道高速公路,内罗毕通勤铁路、蒙巴萨第二个集装箱码头,以及拉穆港口和基苏木港口建设等。

泰国计划在5年内投资1.5万亿泰铢,兴建15个重大项目,包括扩建乌塔堡国际机场、兰乍邦港,修建曼谷至罗勇的高速铁路,以及完成区域内铁路复线和高速公路建设。为减轻政府财政压力,这些项目将更多引入PPP形式,加强吸引外资的力度。

菲律宾同样采取一种“混合型PPP”(hybrid PPP)形式。由政府主导筹资,以投标的方式将工程项目承包给私营企业来负责建设。项目竣工后,政府再次将其运营与维护投标给第三方私营企业,由其负责项目25年或40年的运营。新“混合型PPP”在降低项目成本的同时,缩短项目工期。同时,菲律宾公造部举办路演活动来推广基建项目以吸引投资。

基础设施建设与设施联通是促进经济发展和民众福祉的重要方面,是诸多沿线国家的共同需求,这一需求为我国“21世纪海上丝绸之路”建设提供了良好的对接契机。“21世纪海上丝绸之路”在沿线国家之间建立了一个联结,使国家之间的资金与技术充分融合,使得基础设施建设以更快、更高效的方式完成。

(三)“海丝”第二梯队推进贸易便利化和自由化的政策

投资贸易合作是“一带一路”建设的重点内容,旨在解决投资贸易便利化问题,消除投资和贸易壁垒,构建区域内和各国良好的营商环境,积极同沿线国家和地区共同商建自由贸易区,激发释放合作潜力,做大做好合作“蛋糕”。

1. 电子商务贸易潜力市场——沙特

电子商务贸易是“互联网+”新形态下重要的贸易增长点。中东国家沙特阿拉伯石油资源丰富,但缺少重工业与农业,因此日用品和生产资料大量依靠进口。沙特通讯署统计显示,2014年底,沙特宽带普及率高达94.5%,因特网普及率63.7%,[1]电子商务市场潜力巨大。2016年4月,沙特发布《2030愿景》,指出将主要推动发展数字经济、物流等产业,将非油财政收入

[1] 商务部国际贸易经济合作研究院:《对外投资合作国别(地区)指南 沙特阿拉伯(2016年版)》

从435亿美元提高至2 667亿美元。相比于淘宝“双11”数百亿元的销售额，沙特阿拉伯电商市场尚未形成，基于我国丰富的电子商务及物流发展经验，具有与沙特建立新型跨境贸易平台的极佳契机。

2. 渴望产能合作——印度、印度尼西亚

2014年8月，印度总理莫迪提出将印度打造成为世界制造中心的“印度制造”计划，其目标是将制造业占经济的比重从15%提升至25%，努力将印度发展为全球制造业大国和出口大国。为实现这一目标，印度政府出台了一系列优惠政策，如2015—2020年新对外贸易政策(FTP)，以促进制造业发展、服务业出口、就业增长，同时降低公司税、关税，放款对外资的限制。实现“印度制造”的目标需要大量产业人才，而印度产业人才缺乏，商品生产能力也较为有限，有较高与我国产能合作的需求。

2012年以来，印度尼西亚商品出口的顺差不断缩小，服务贸易的逆差持续较大。2016年，印度尼西亚与中国的贸易逆差高达140亿美元。为扭转贸易不平衡状况，拓宽出口，印度尼西亚着重发展国内经济特区与工业园区。2017年，印度尼西亚有6个经济特区投入运营，2018年将再新增运营6个经济特区。印度尼西亚计划在12个经济特区投资221万亿盾(约合166亿美元)，其中8个经济特区主要发展制造业，4个经济特区主要发展旅游业。印度尼西亚工业部将在未来集中精力开发建设13个工业园区，依托当地的资源优势，重点发展石化、镍冶炼等产业，打造各具特色的上下游产业链。同时，印度尼西亚通过举办印尼贸易博览会、参与东盟博览会、派遣贸易代表团等方式促进出口，尤其是天然棕榈油、煤炭等具有潜力的商品。印度尼西亚在农渔业、能源、矿产等领域具备比较优势，与中国优势互补，且印度尼西亚积极寻求贸易互通与平衡，为中印尼两国经贸合作发展创造更多机遇。

3.不断提升贸易合作与自由化——新加坡

新加坡地处马六甲海峡，拥有天然深水避风海港，被誉为“东方的十字路口”，是全球著名的转口贸易中心。新加坡基础设施完善，拥有全球最繁忙的集装箱码头、服务最优质的机场、亚洲最广泛的宽频互联网体系和通信网络等，可以成为“21世纪海上丝绸之路”的中转、补给和维修中心。2017年，新加坡将技能、创新和生产力委员会(CSIP)更名为未来经济委员会

(FEC)。2017年2月,新加坡未来经济委员会发布了《未来经济委员会报告:下一代的开路先锋》(2017年),通过七大战略筹划新加坡未来10年的经济:深化和开拓国际往来;掌握和善用精深技能;加强企业创新和扩大规模的能力;增强利用互联网发展业务的能力;开发、落实产业转型蓝图;合作、发展与创新。新加坡致力于通过东南亚国家经济共同体和区域全面经济伙伴关系等,减少贸易的关税与非关税壁垒,加强贸易合作与区域整合。

值得注意的是,新加坡通关的电子政务发展成熟,通关的诸多环节实现了无纸化、自动化和网络化,相关网络有:贸易网(TradeNet)、港口网(PortNet)、海事网(Marinet)、空运社群网(Csrgo Community Network)等。目前,新加坡正在建立NTP(The National Trade Platform)作为一个贸易和物流IT生态系统连接企业、社区、平台和政府。NTP将取代TradeNet作为国家单一窗口,成为一个开放的创新平台,企业和服务提供商可以利用它开发新的应用程序来支持不断发展的业务需求。东盟各国经济部长于2005年共同签署了《关于建立和实施东盟单一窗口机制的协定》,马来西亚、新加坡、泰国、印度尼西亚等国于2008年落实东盟单一窗口机制。我国可加强与东盟海关在"单一窗口"建设方面的合作,营造高效便捷的海关环境,提升贸易自由化和经贸合作。

(四)"海丝"国家不同层次的金融发展政策

资金融通是"一带一路"建设的重要支撑,旨在深化金融合作,推进亚洲货币稳定体系、投融资体系和信用体系建设。扩大沿线国家双边本币互换、结算的范围和规模。共同推进亚洲基础设施投资银行、金砖国家开发银行筹建,有关各方就建立上海合作组织融资机构开展磋商,加快丝路基金组建运营。

1. 海上丝绸之路金融重要角色——新加坡

在过去几十年里,新加坡逐渐成为纽约和伦敦之外、全球第三大金融中心,这得益于新加坡自由的金融政策——无外汇管制,交易货币种类不限。新加坡汇聚世界各地金融机构,拥有完善的法律制度、充沛的人力资源、稳健的监管制度、高效廉洁的政府,以及稳健、透明的资本市场。这都将有利于新加坡在海上丝绸之路相关的融资活动中扮演重要的角色,促进沿线国家的投资活动。2012年起,新加坡金融管理局开始通过中国的合格境外机构投资者以及银行间债券市场计划进行人民币金融投资。2016年6月,新加坡金融管理局宣布将人民币金融投资纳入新加坡官方外汇储备。此举是对中国金融市场发展的认可,是我们与新加坡发展金融合作的又一契机。

2. 沿线国家重视金融发展,推出金融发展战略

为促进金融发展,沿线国家出台相关战略政策以提升国家金融发展水平。巴基斯坦2015年启动了全国金融包容性战略(National Financial Inclusion Strategy),以实现普遍的金融可得性,争取到2020年实现至少50%的成人金融覆盖率,并将中小企业贷款占银行贷款的比例提高至15%。巴基斯坦政府专注于四个领域:①推动数字账户交易,并通过批量支付达到一定规模;②实现金融接入方式的多样性;③完善金融服务供应商的能力;④提高民众金融意识和能力水平。与之类似,随着柬埔寨在2015年从最不发达国家转变为中等偏下收入国家,柬颁布实施《2016—2025年金融业发展战略》,提出下一个10年各阶段的金融发展行动计划,促进金融产品及服务的多元化,为国民提供更加快捷和广泛的金融服务。2017年,泰国开启外汇管制改革。这一改革包括精简程序、减少文件、取消对某些外汇交易的事先批准的要求,允许市场上的新的参与者,促进使用当地货币进行区域连接,并促进电子形式的交易,以提高效率和灵活性。同时允许私营部门在泰国中央银行的框架内根据自己的内部风险管理和控制政策进行外汇交易和外汇套期保值。沿线国家的金融相关战略政策体现了其提升金融业以及国家竞争力的决心,为我国对接推动金融合作提供契机。

3.沿线国家积极与我国开展金融机构合作与货币合作

近年来,沿线国家金融机构积极与我国开展合作。印度国家银行、印尼曼底利银行、泰国开泰银行(大众)有限公司等沿线国家金融机构在我国设立了数十家分支机构,其中新加坡银行机构在我国资产规模最大,资产总额在2 000亿元人民币左右,为我国与各国的金融往来增添便利。同时,诸多"21世纪海上丝绸之路"沿线国家与我国展开货币合作。柬埔寨已有17家银行提供人民币清算业务,4家银行提供人民币存款服务。2013年,新西兰与中国签署了3 000亿元人民币货币互换协议,印度尼西亚与中国签署了

1 000亿元人民币货币互换协议。新西兰、泰国、马来西亚等30余个国家和地区的中央银行或货币当局与中国人民银行签署了双边本币互换协议，协议总规模约3.3万亿元人民币。可见，随着中国金融市场的稳定与发展，各国与我国签订货币互换协议态度积极。积极对接各国金融政策与签署意愿，签订货币互换协议有助于规避金融风险，促使人民币国际化迅速发展。

（五）沿线国家的数据开放和文化发展政策

民心相通是"一带一路"建设的社会根基。社会文化传统作为一种隐形、软性的因素，缺乏对彼此文化传统的了解容易带来合作的失败。通过广泛开展文化交流、学术往来、人才交流合作、媒体合作、青年和妇女交往、志愿者服务等，为深化双多边合作奠定坚实的民意基础，传承和弘扬丝绸之路友好合作精神。

1. 数据开放运动迎热潮，为各国人民增进了解搭建桥梁

2011年，巴西、印度尼西亚、墨西哥、挪威、菲律宾、南非、英国、美国8个国家联合签署《开放数据声明》，成立开放政府合作伙伴（Open Government Partnership, OGP）。截至2014年2月10日，包括英国、法国、印度、巴西、肯尼亚等的63个国家加入开放政府合作伙伴。巴基斯坦于2016年12月在第四次OGP全球首脑会议期间递交了加入OGP的意向书。各成员国在全国范围内建立统一的开放数据门户，有些地方、部门也建立了单独的数据开放门户，如新加坡采用的是统一数据门户网站（data.gov.sg）。

在开放数据中，围绕民生需求的数据比重最高，也颇受用户欢迎。在新加坡，阅读量最高的数据集为人民协会总部、3G移动用户数、各运营商3G移动通信服务平均速率。在印度，下载量最高的数据集为电子和计算机科学的技术发展、国内储蓄及构成占GDP现价的比例等数据集。各国关于永久居民申请的信息也是阅读和下载的热点。数据开放为各国人民之间增进了解搭建了桥梁，我国可积极参与及利用数据开放运动，促进与沿线各国人民之间的相互了解与交流。

2. 沿线各国出台旅游促进政策，提升旅游服务质量

旅游是促进民众交流、民心相通的重要途径。近年来泰国旅游业连续

遭受了政治动荡及洪灾等不利因素冲击,泰国政府制定新旅游发展战略,重点打造"文化之旅"和"东盟旅游中枢",同时关注庞大的印度市场及国际会展市场。2009 年 3 月,泰国政府拨款 15 亿泰铢专项资金,用于旅游市场推广,其中 40%用于国内市场,剩余 60%用于海外市场推广。同时,泰国旅游及体育部下属的旅游发展办公室针对泰国各地的旅游胜地,制定了"旅游区三年发展计划",使用 39 亿泰铢协助各地旅游区硬件和软件设施的升级。2016 年,泰国内政部宣布,自 2016 年 12 月 1 日至 2017 年 8 月 31 日,对中国大陆等地游客实施临时旅游签证费豁免和落地签证费减费措施。

旅游业是柬埔寨经济发展的第二大支柱产业,被柬政府誉为"绿金"。近年来,柬政府开展"柬埔寨:奇迹的王国"和"清洁城市"等宣传和推介活动,举办旅游博览会等活动,打造四大景点集群,积极开通来柬航线,加大外语导游的培训力度。中国被柬埔寨认为是巨大的旅游市场,2013 年柬政府旅游部门制定了《2013—2018 年柬埔寨吸引中国游客旅游战略》,提出了 2015 年吸引中国游客 65 万人次、2018 年 130 万人次的战略目标,主要措施包括:鼓励开通直飞航班;鼓励酒店、餐厅及相关旅游设施在手册和告示牌上加上中文译文;加大中文导游的培训力度;在主要道路加标中文标识等。[1]

2016 年,新加坡旅游局推出一系列政策促进商务会奖旅游,如"新加坡商务会奖活动奖励计划""惠聚狮城奖励计划"。新加坡旅游局与多家中国互联网领袖企业,如携程、阿里旅行及社交评论网站签署战略合作协议,与中国十大知名旅行社达成长期战略合作伙伴关系。"21 世纪海上丝绸之路"沿线国家积极发展旅游促进政策,通过对接可有效共同打造具有丝绸之路特色的国际精品旅游产品,推动民心交流与文化交融。

3. 沿线国家学习汉语及中华文化的热情日渐增长

在几千年的历史长河中,中华文化在世界各国留下了烙印。如今,随着中国的兴盛,各国再次日渐扬起了学习汉语和中华文化的热情。截至 2016 年,斯里兰卡、印度尼西亚等近 70 个国家通过政策和法规,将汉语教育纳入

---

[1] 驻柬埔寨经商参处:《柬埔寨 2013 年宏观经济形势及 2014 年预测》http://cb.mofcom.gov.cn/article/zwrenkou/201404/20140400563948.shtml

本国教育体系,140个国家建立了孔子学院和孔子课堂。其中泰国、马来西亚等国形成了从学前教育、基础教育、职业教育到高等教育完整的汉语教育体系。柬埔寨金边皇家大学已设立汉语培训中心与中文系。

2017年8月,新加坡政府宣布拨款1 000万新元资助当地开展更多与中医药相关的研究,支撑现有的中医药科研津贴计划,并设立新的中医药发展津贴计划,以提升中医药专业人才的能力。同时,把鼓励中医师和针灸师继续学习的中医自愿延续教育课程,改为强制性课程,要求所有注册中医师,每年必须取得一定的学分,才能更新执照。新加坡将中医药视为应对国人医疗需求方面重要的辅助性角色,希望进一步强化这个领域的发展。我国可促成与新加坡中医药方面的人才交流,推动中医药在新加坡的发展。通过积极回应沿线各国对学习中华文化及汉语的热情,有助于进一步促进各国深层文化交流,打造海上丝绸之路文化共同体。

六、潜在风险及其管控

在这一方面,“陆上丝绸之路”与“海上丝绸之路”在具体实施方面具有较大的差异,“陆上丝绸之路”建设相比“海上丝绸之路”建设面临更加复杂的地缘政治情况,它横穿欧亚大陆,一方面沿线国家更多、经济体差异更大,尤其是深入俄罗斯、欧洲大国的战略腹地,其实施的潜在风险也更为复杂多变;另一方面,如果成功实施陆上丝路战略,也将对美国的欧亚大陆战略构成潜在挑战。因此,考虑研究目标和条件,目前本研究选择着重以“海上丝绸之路”为例来讨论上述问题。

我们应该把海丝贸易看作一个系统。这是因为,按照世界体系理论,贸易本身是一个网络化的互动系统,牵一发而动全身。很多国际政治经济学家的研究也证实了这一点。因此,一个国家的贸易战略选择往往是其在贸易结构体系中的位置决定的。这一点也决定了一个国家的战略实施计划。根据联合国的商品贸易数据,运用社会网络分析方法构建了“海丝”贸易体系的结构分析模型。我们发现,中国在“海丝”贸易体系中处于绝对优势地位,拥有非常大的战略回旋空间和支配能力。当然这种绝对优势地位和支配能力并非是说中国应去完全主导和控制“海丝”贸易网络体系，而是说中国在“海丝”贸易体系中具有战略上的“势能”。进一步而言，在“海丝”贸易体系中，东南亚国家对于“海丝”建设的成功具有非常重要的地位和作用，应该成为“海丝”贸易撬动战略的重心。这一判断是考虑到“海丝”贸易体系中各个国家在整个系统中的中心度分布情况、贸易依存度情况、经济依存度情况。所谓中心度分布，其理论含义是在考虑了可替代性因素的情况下，说明沿线国家的重要性程度，那些重要性程度较高的国家也就意味着它在整个贸易系统中具有的不可替代性程度。

(一) 应当警惕美国对华战略牵制

中国海上丝绸之路的涵盖范围涉及东南亚、南亚、西亚乃至中东欧，核心区是东南亚，重点区是南亚次大陆，也是美国印太战略的重点地区。虽然中国的“21 世纪海上丝绸之路”倡议是合作倡议、发展倡议、开放倡议，旨在强化与沿线国家的政策沟通、设施联通、贸易畅通、资金融通和民心相通，营造有利于自身发展的外部环境，但鉴于美国将中国作为主要战略竞争对手，其对中国的海上丝绸之路心存担忧。其一，冷战后很长一段时期，虽然中国的实力在上升，但在较长时期内并未对美国的利益构成重大威胁，对美国的全球战略也未形成很大冲击。在这种背景下，美国对中国执行了一种成本较低的“接触加遏制”的两面下注政策。中国在海上丝绸之路沿线国家中已经占据主导地位，这也可能会引起一些还未做好坦然接受中国经济中心地位心理准备的小国的警惕和提防，致使“两面下注”政策向美国倾斜。与此同时，美国也将意识到中国经济发展对其带来的冲击，从而偏向遏制策略。其二，近日中美贸易战甚嚣尘上，而我国的基础货币发行很大程度是用美元外汇占款来实现的。也就是央行收购企业和公司个人手中的美元，按照市场汇率再释放出人民币，通过这种方式把流动性释放出来。外汇占款占到央行释放流动性的比例最高时达到 80%以上，目前也在 60%到左右。也就是说，美元储备是人民币发行的重要的信用基础，这在很大程度上确保了人民币汇率的稳定。所以，如果中美贸易战真的打下去，就会影响货币金融领域。如果我们的美元储备大幅度减少，那么人民币发行的信用基础就会出问题,我们赚取外汇的能力也将受到影响。由于中国是典型的“贸易国家”,本币不是世界货币,不得不将货币信用寄托在其他货币比如美元身上,而“一带一路”建设需要大量资金。

(二)沿线各国领土主权的争端将提出现实挑战

中国提出“21世纪海上丝绸之路”构想,旨在通过合作消除因主权争端等引起的互信缺失。但是,领土主权争端客观上对“海上丝绸之路”构成牵制,并对中国睦邻外交提出“维权”与“维稳”抉择之困。当前,中国与海上丝路沿线国家的领土主权争端主要有中印边界争端和南海问题。边界问题是制约中印关系发展的最大障碍,也是印度对华战略担忧的深层次根源,并直接影响印度对中国海上丝绸之路的态度。南海争端如若激化则将对中国睦邻政策、中国-东盟关系、中美博弈等都带来负面影响,是中国海上丝绸之路面临的最直接、最现实的挑战。东南亚是中国“海上丝绸之路”建设的核心区,海上合作伙伴关系又是“海上丝绸之路”建设的重要内容,南海争端的升级显然会冲击海上丝绸之路的建设。其一,干扰中国睦邻外交政策的推进。无论是海上丝绸之路构想,还是“中国-东盟命运共同体”建设,都需要稳定的双边关系和地区环境作为基础,都需要避免南海争端对睦邻外交全局的干扰。其二,加剧东盟国家的“中国威胁论”,增加其对海上丝绸之路的战略疑虑。

(三)沿线地区和国家的内部矛盾构成客观风险

“海上丝绸之路”途经地区国家众多、民族林立、文化各异、国情不一,一些地区存在严重的国家间矛盾,一些国家正经历转型阵痛,对“海上丝绸之路”的建设提出客观挑战。其一,沿线地区存在国家间矛盾,内部聚合力存疑。东南亚地区情况相对较好,东盟共同体建设稳步推进,但成员国之间仍存在各种矛盾。马来西亚和菲律宾之间存在沙巴争端,柬埔寨和泰国之间存在柏威夏寺争端,都不利于地区整合。即使是南海问题,各国政策也不尽相同。而在南亚地区,印巴对峙是南亚地缘政治格局的鲜明特征,长期拖累南亚地区一体化,也对中印巴三边关系带来复杂影响,成为中国南亚政策的巨大障碍。印度将南亚视为天然的势力范围,其同时与中国和巴基斯坦存在安全赤字，加上南亚小国也希望借助中国平衡印度影响力，故而印度对中国在南亚的力量存在抱有本能的疑虑。短期看，印巴关系难以缓解，且不时发生边境交火事件，影响南亚地区整体稳定。印巴矛盾牵动着整个南亚局势的走向，也对“海上丝绸之路”和“两个走廊”（即孟中印缅经济走廊和中巴经济走廊）提出安全挑战。其二，沿线国家的转型之困造成客观干扰。东盟国家转型阵痛加剧，印度尼西亚、越南等国政府腐败严重，金融环境较差；中南半岛“民主化”浪潮来势汹汹，“颜色革命”压力巨大，政局稳定系数降低。南亚地区，巴基斯坦、阿富汗安全形势不容乐观，政治斗争、经济颓势、安全乱局短期难以结束；斯里兰卡局势落稳，但倘若政府无法有效推进民族和解，则不排除两大民族间的对立再度升级的可能；孟加拉国、马尔代夫和尼泊尔的政局走向也存在不稳定性。以坚定支持中国“海上丝绸之路”的巴基斯坦为例，“动荡态势难以彻底扭转，国家认同错位、弱势民主和军人干政是巴基斯坦政治中存在的三个结构性问题”，[1] 国家治理能力建设任重道远。国内局势动荡给中国利益带来巨大的不确定性风险，加上部分国家市场经济欠发达，在劳工、土地、融资等方面的法律法规不健全，许多企业不愿意赴相关国家投资，影响海上丝绸之路的推进。

（四）注重东南亚重要节点国家的风险管控

从系统角度出发，风险管控的重心国家是新加坡、越南和印度尼西亚。新加坡作为东盟重要国家，扼守马六甲海峡的咽喉地带，其地缘政治地位和战略价值不言而喻，而新加坡港作为东南亚最大港口和东南亚唯一发达经济体，经济地位也可见一斑。尽管新加坡 2016 年被经济学人信息部（EIU）评选为全球对投资者最友好国家，并预计这一优势将会保持至 2020 年，[2] 但其存在的一些问题依旧不容忽视。首先，新元的非国际化，限制了非新加坡居民持有新元的规模；其次，相关法律对投资将产生影响，如《土地征用法》规定凡公共目的所需的土地，政府都可强制性征用；再次，检疫标准、环

[1] 田文林：《从巴基斯坦管窥第三世界面临的几个共性问题》，载《现代国际关系》2009 年第 7 期。
[2] 深圳市人民政府发展研究中心、深圳市人民政府政策研究室：《“一带一路”沿线国家国情研究：东南亚六国国情研究》，中国发展出版社，2017，第 2～37 页。

保准入标准高，违反惩罚重等；另外，对新投资也可能遭遇部分政治风险，比如政府违约风险、区别性政府干预的风险、资金转移风险、政治暴力风险等，[1] 其中最值得警惕的是军事实力的强大及其带来的与周边国家的政治冲突、与大国军事结盟等引起的政治暴力风险。

越南作为东南亚地区的重要力量，也是中国"21 世纪海上丝绸之路"的重要战略节点之一。尽管越南革新成效显著，但腐败问题、政策变动、金融安全、南海争端是需要充分考虑的主要风险控制点。首先，越南的腐败问题十分严重，会增加投资的"腐败风险"。根据"透明国际"2016 年发布的报告(Corruption Perceptions Index 2016)显示，越南在 176 个国家和地区中排名第 113 位，在 0～100 分的评分标准下仅得 33 分，属于腐败较严重的国家。其次，当前越南仍处在不断改革和发展的道路上，除了国内政策和法律需跟随不同的改革与发展需要进行变动之外，越南上层权力结构的变化也会导致诸多投资相关政策与法律不断变化，国家权力的分散使得越南各权力部门形成相互竞争、制约和弱化他人权力的趋向，个别部门甚至以否决越南党与政府重大决策的方式来彰显自身的权力地位。在此环境下，中国企业投资越南的项目，尤其是有越南政府进行政策支持的投资项目便有可能成为该国各种政治权力"争权"和"限权"斗争的"牺牲品"。再次，越南的金融业发展还不成熟，金融环境不稳定，其金融业监管体系尚未完善，而银行为了发展业务又不断发放贷款扩大信贷规模，因此导致越南的银行坏账占比不断增加，使得有大量银行存贷款的企业存在较大金融风险。最后，南海争端与民间不可控因素亦会加大投资风险南海问题作为中越之间存在已久的争议话题，很大程度上影响了中国企业投资越南的信心。

印度尼西亚是东南亚区域人口最多的国家，市场潜力巨大，在经济危机后发展迅速。目前中国正在成为印度尼西亚最大的投资国，但是需要尤其注意印度尼西亚的腐败问题、投资贸易保护问题、南海争端与民族主义因素对中印尼经济合作的风险因素。首先，印度尼西亚严重的腐败现象将成为最大政治风险，根据"透明国际"2016 年公布的清廉指数排名，印尼在 190 个

[1] 杨培举.:《海上丝绸之路沿岸主要国投资风险图谱》，载《中国船检》2015 年第 5 期。

国家中排名第100位。在香港政治经济风险咨询公司的一份调查结果中显示，在受调查的亚太地区16个主要投资目的地中，印度尼西亚是最腐败的国家。以满分10分计，印度尼西亚得分9.07分，名列榜首。值得注意的是，从1995年以来，印度尼西亚一直名列第一。其次，印度尼西亚政府机构繁多，政府政策欠缺稳定性，相互之间职责分工不明确，造成政府工作效率低下，政策更迭频繁。再次，南海争端可能点燃印度尼西亚民族主义情绪，引发排华事件，在此前较为关注的南海岛礁问题中，印度尼西亚虽然与我国不存在岛礁主权矛盾，对南海问题基本保持中立，但由于印度尼西亚一直以东盟领袖自居，为了维护东盟的团结及地区影响力，它难免会受到声索国非理性情绪的影响，一旦印度尼西亚国内的极端民族主义情绪被激发，借助媒体的新闻报道和渲染，中国国内民众既有的对印度尼西亚排华历史的厌恶以及极端民族主义情绪也会随之而起，结果是两国的外交政策很可能被这种相互强化的国内情绪所绑架。最后，印度尼西亚为伊斯兰国家，宗教冲突与恐怖主义活动频繁，例如雅加达省长钟万学"涉嫌亵渎古兰经"事件，作为华人基督徒，钟万学的双重"少数"身份一直是右翼政敌借题发挥的对象，连任雅加达省长之路曲折艰难，华人社会和中资企业都担心自身再次成为印度尼西亚国内极端情绪与政治斗争的牺牲品。[1]

表2　2016(2015)年"海丝"各国GDP和产品进出口贸易额 （单位:美元）

国家	出口	进口	GDP
中国	2 097 637 171 895	1 587 920 688 162	11 199 145 157 649
菲律宾	56 312 747 948	85 908 572 116	304 905 406 846
马来西亚	189 414 073 154	168 375 228 233	296 359 118 755
印度尼西亚	144 489 796 418	135 652 799 792	932 259 177 765
意大利	461 529 407 062	404 577 979 401	1 849 970 464 192
新加坡	329 871 041 575	283 008 815 863	296 965 712 342
沙特	207 392 236 732	129 795 972 113	646 438 380 569
巴基斯坦	20 533 792 833	46 998 269 105	283 659 980 698

[1] 施雪琴、叶丽萍:《契机与挑战:当代中国与印尼新型互动关系的构建——以"21世纪海上丝绸之路"建设为背景》,载《当代世界与社会主义》2017年第3期。

(续表)

国家	出口	进口	GDP
柬埔寨	10 069 331 577	12 371 008 437	20 016 747 754
泰国	213 593 429 868	195 714 246 168	406 839 679 302
越南	162 016 742 480 (2015)	165 775 857 847 (2015)	202 615 893 444
印度	260 326 912 335	356 704 792 107	2 263 522 518 124
埃及	22 507 388 693	58 052 631 649	336 297 000 000
土耳其	142 529 583 808	198 618 235 047	857 749 000 000
斯里兰卡	10 545 893 296	19 500 757 049	81 322 000 000
也门	1 000 000 000 (2015)	12 900 000 000 (2015)	27 317 605 346
索马里	—	—	6 217 000 000
肯尼亚	5 906 275 000 (2015)	16 093 161 000 (2015)	70 529 014 778
老挝	3 124 168 977	4 107 068 454	15 903 440 000
缅甸	11 672 717 466	15 695 737 692	67 429 590 000
孟加拉国	31 734 162 419 (2015)	48 058 710 041 (2015)	221 415 280 000

注:本表格数据为2016年各个国家GDP和产品进出口贸易额。其中GDP数据源自世界银行,进出口数据源自UN Comtrade,部分为2015年数据。

“一带一路”建设与上海作为

“一带一路”倡议、陆海统筹战略与上海路径

成志杰*

2013年9月和10月，习近平主席在访问哈萨克斯坦和印度尼西亚时分别提出建设“丝绸之路经济带”和“21世纪海上丝绸之路”的倡议。2014年10月，中国、印度等21个国家共同签署了《筹建亚洲基础设施投资银行备忘录》，决定成立亚洲基础设施投资银行（以下简称“亚投行”），为亚洲基础设施建设提供资金支持；11月，中国倡议召开了“‘加强互联互通伙伴关系’东道主伙伴对话会”，宣布出资400亿美元成立丝路基金，为“一带一路”沿线国家基础设施、资源开发、产业合作和金融合作等与互联互通有关的项目提供投融资支持。2015年3月，中国发布《推动共建丝绸之路经济带和21世纪海上丝绸之路的愿景与行动》；4月，确定亚投行意向创始成员国为57个；6月，各方在北京举行《亚投行章程》签署仪式。2017年5月，第一届“一带一路”国际合作高峰论坛在北京召开；6月，中国发布《“一带一路”建设海上合作设想》。这说明，经过多年的推动，“一带一路”已经由倡议阶段进入了实施阶段。

“一带一路”倡议不是项目，[1]而是具有深刻的内涵，[2]是中国统筹国内国际两个大局做出的重大决策，是由内而外、内外结合塑造中国经济可持续发展的重要途径。同时，“一带一路”倡议具有新颖的外交布局，是中国重视周边外交、多边外交和与新兴大国关系的重要调整，是中国主动

* 成志杰，上海交通大学船舶学院博士后，中国矿业大学马克思主义学院讲师。

[1] 张莉：《“一带一路”战略应关注的问题及实施路径》，载《中国经贸导刊》2014年第27期。

[2] 张蕴岭：《如何认识“一带一路”的大战略设计》，载《世界知识》2015年第2期。

作为、多层次推动外交变革的重要举措。而且，依据海洋战略的内涵，陆海统筹是其核心所在，即要做到对陆地和海洋的统一筹划。上海在国家发展规划中具有举足轻重的地位，要建设成为卓越的全球城市。基于上海的地缘位置和核心优势，海洋可以成为上海参与“一带一路”建设的核心方向之一。

一、“一带一路”倡议的战略内涵

“一带一路”倡议的内涵主要体现在三个方面：经济先行、境外核心区和战略目标，即“一带一路”倡议可以看作是中国以经济建设为中心战略的继续，是中国加强周边外交特别是加强与中亚和东亚关系的重要举措，是中国真正实现周边稳定繁荣、全方位对外开放和建立高标准自由贸易区网络的重要一环。

（一）经济先行

自1978年党的十一届三中全会以来，中国始终坚持以经济建设为中心的发展战略，经济实力得到极大的提升，目前已是世界第二大经济体。但是，这40年的发展主要是中国坚持“引进来”、对内投资驱动的结果，是粗放的、原始的资本积累过程。目前，中国在资本、技术和能力方面获得提升，对外投资、贸易进口呈上升趋势，对世界的经济影响力越来越大。与此同时，中国内部的优质产能和产业升级，需要与资本扩张相伴随进行对外建设。但最根本的是，中国仍处在发展的过程中，需要统筹国内国际进一步促进经济发展的提质增效。主要体现在以下两个方面。

1. 互联互通是基础

我们常说：“要想富，先修路”，这说明基础设施建设对经济发展的重要性。“一带一路”涉及的范围广、地理条件多有不理想，如果没有一定的交通、电力、通信等设施保障，“一带一路”建设是不可能实现的。“如果将‘一带一路’比喻为亚洲腾飞的两只翅膀，那么互联互通就是两只翅膀的血脉经络。”[1]只有打通了血脉经络，才能保证人员、资金、货物的流通，才能真正促进“一带一路”建设。新时期，我们要聚焦“六廊六路多国多港”[2]主骨架建设，扎实推进基础设施“硬联通”。

在 2014 年 11 月的“加强互联互通伙伴关系”东道主伙伴对话会上，习近平主席对“互联互通”进行了定义，认为它“是基础设施、制度规章、人员交流三位一体”，“是政策沟通、设施联通、贸易畅通、资金融通、民心相通五大领域齐头并进”，“是全方位、立体化、网络状的大联通，是生机勃勃、群策群力的开放系统”。[3] 这是一个全面准确的定义。这样的设计不仅会打通血脉经络的各个环节，而且会构筑区域国家间无缝联通的大格局。

基于现实原因，目前的互联互通建设主要集中在中国周边相对有限的范围内，以陆路为主，主要体现为中亚和东南亚方向的油气管道和铁路、公路建设，不仅为国家发展提供充足的能源保障，而且有利于中国技术的出口。这是优先部署。与此同时，在尊重各国主权的基础上，争取区域国家间制度和标准的协商一致，降低人员、资金和商品流动的时间和成本。这是当务之急。

2. 资本先导是保障

这里的资本指的是金融领域的资本，也就是资金，货币是其最初的表现形式，也是最主要的表现形式。[4] 金融是现代经济活动的核心，为人员流

[1] 习近平：《联通引领发展伙伴聚焦合作——在“加强互联互通伙伴关系”东道主伙伴对话会上的讲话》，人民网，2014 年 11 月 9 日，http://cpc.people.com.cn/n/2014/1109/c64094-25997795.html，最后访问日期：2014 年 11 月 13 日。

[2] “六廊”是指打通六大国际经济合作走廊，包括新亚欧大陆桥、中蒙俄、中国—中亚—西亚、中国—中南半岛、中巴、孟中印缅经济走廊。“六路”是指畅通六大路网，推动铁路、公路、水路、空路、管路、信息高速路互联互通。“多国”是指培育若干支点国家，根据推进“一带一路”建设的需要，结合沿线国家的积极性，在中亚、东南亚、南亚、西亚、欧洲、非洲等地区培育一批共建“一带一路”的支点国家。“多港”是指构建若干海上支点港口，围绕 21 世纪海上丝绸之路建设，通过多种方式，推动一批区位优势突出，支撑作用明显的重要港口建设。

[3] 习近平：《联通引领发展伙伴聚焦合作——在“加强互联互通伙伴关系”东道主伙伴对话会上的讲话》，人民网，2014 年 11 月 9 日，http://cpc.people.com.cn/n/2014/1109/c64094-25997795.html，最后访问日期：2014 年 11 月 13 日。

[4] 马克思著，姜晶花等编译：《资本论》，北京出版社，2012，第 27 页。

动、投资贸易、基础设施建设等提供资金支持。“一带一路”倡议各项规划的开展需要资金支持，特别是互联互通建设。但是，“一带一路”沿线大部分国家存在资金短缺的突出问题。因此，需要发挥开发性金融的主导作用，[1]建立各种平台为“一带一路”建设提供投融资支持。

截至2018年4月，中国拥有3.1万亿美元的外汇储备，具有充裕的对外支付能力，可以充分利用这些储备进行对外投融资支持，为“一带一路”建设提供保障。2014年10月，中国倡议建立的亚投行签署备忘录，为“一带一路”沿线国家基础设施建设提供资金支持；11月，中国宣布成立“丝路基金”，为“一带一路”建设提供直接的资金支持。2015年12月，亚投行正式成立。2016年6月，亚投行首批投资四个项目。截至2018年5月，丝路基金已签约了19个项目，承诺投资70亿美元；亚投行批准了26个项目，贷款总额超过45亿美元。中国的一系列举动充分发挥了资本的先导性作用，为“一带一路”建设提供充足的资金保障。

但是，对于中国来说，推动“一带一路”建设首先源于现实的需要，国内优质的产能和资金储备需要通过对外合作进行消化，实现共同发展。因此，在“一带一路”建设过程中要特别注意投入产出比，避免高成本、低收益甚至是无收益，其中详细的规划和精细的管理是关键。同时，利用资本输出的时机助推人民币国际化，通过双边或多边的途径实行人民币直接兑换和结算。

（二）境外核心区：中亚和东亚

习近平主席提出“一带一路”倡议时选择的国家都具有代表性，其中哈萨克斯坦是中亚地区具有重要影响力的国家，印度尼西亚是东南亚地区具有重要影响力的国家。这说明“一带一路”倡议的重点地区是中亚和东南亚，它们是“一带一路”建设的境外核心区，而且分别是面向陆地和海洋方向的境外核心区。新时期，随着朝核问题的缓和和中日关系的改善，将包含东北亚和东南亚的东亚作为海洋方向的境外核心区是重要的考虑。将周边的中亚和东亚作为“一带一路”倡议的优先方向具有重要的意义，不仅可以塑造中国发展的良好周边环境，而且可以促进周边的繁荣稳定。

[1] 蒋志刚：《“一带一路”建设中的金融支持主导作用》，载《国际经济合作》2014年第9期。

1. 中亚

中亚是丝绸之路经济带的境外核心区。[1] 对于中国来说，中亚的地位主要体现在地缘和能源上。中亚地区复杂的安全形势对国内安全和发展造成了重要的影响。中美俄等大国在此展开角逐，中亚地区“三股势力”恶化了地区安全环境。因此，中国对中亚的关注首先是对地缘安全的关注。而且，中亚地区具有丰富的能源储备，可以满足中国能源来源多元化和经济发展的需要，中国－中亚天然气管道和中哈原油管线成为中国与中亚能源合作的重要载体。中亚地区还是丝绸之路经济带境外的起点，加强与中亚地区的经济合作无疑是丝绸之路经济带建设的优先选择。

在中亚地区，推动丝绸之路经济带建设最重要的载体是上海合作组织。虽然上合组织最优先的领域是安全，但是中国一直强调要加强它的经济功能。在提出丝绸之路经济带倡议后，上合组织的务实合作需要加强，推进区域经济一体化，实现地区发展繁荣。而且，在上合组织内，中国除了重点推进“五通”相关项目外，要重视相关机制建设，如上合组织开发银行和发展基金（专门账户）、能源俱乐部、中国－欧亚经济合作基金等，使它们成为推动上合组织发展和地区发展的重要机制。

2. 东亚

与中亚相对应，东亚地区可以看作是“21 世纪海上丝绸之路”的境外核心区。对于中国来说，东亚的重要性主要体现在贸易和地缘方面。2017 年，中国与东盟、日本、韩国的贸易额达到 7.4 万元亿人民币，占中国对外贸易进出口总额的 26.7%。但是，东亚部分国家与中国存在海洋争端，对我国的海洋安全造成影响。同时，在这一地区也存在域外大国的介入，特别是美国、俄罗斯、澳大利亚和印度等国也与东亚国家存在错综复杂的关系。2017 年 11 月，特朗普将“印太战略”确定为美国新政府的亚太战略，拉拢澳大利亚、日本和印度等国积极围堵中国。作为“21 世纪海上丝绸之路”的境外起点，

[1] 胡鞍钢等人认为，中亚经济带是丝绸之路经济带的核心区。但政府发布的《推动共建“一带一路”的愿景与行动》中提出，新疆是丝绸之路经济带核心区。因此，将中亚看作是丝绸之路经济带的境外核心区更贴切。参见胡鞍钢、马伟、鄢一龙：《“丝绸之路经济带”：战略内涵、定位和实现路径》，载《新疆师范大学学报（哲学社会科学版）》2014 年第 2 期。

中国需要深化与东亚的经济合作，积极打造中日韩自贸区、中国-东盟自由贸易区升级版、亚太自贸区和区域全面经济伙伴关系（RCEP）等，将其塑造成高标准自由贸易区的典范。

加强与东亚国家的合作，需要重点加强中日韩-东盟“10＋3”合作机制。继续强化中日韩-东盟“10＋3”机制的经济合作功能，并在这一机制下加强安全合作功能，为解决中国与东亚国家的海洋争端提供平台。提出建设“21世纪海上丝绸之路”是加强中国与东亚国家关系的重要契机，中国可以利用资金优势积极支持东亚国家特别是东南亚国家的基础设施建设，并和东亚国家共同推动亚投行、RCEP、中日韩自贸区和亚太自贸区等的建设，为地区甚至更广范围的经济发展做出榜样。

除了中亚和东亚作为境外核心区的“面”，“一带一路”建设也重视“线”的结合，如中蒙俄、中巴、缅中印孟、新亚欧大陆桥、中国—中亚—西亚、中国—中南半岛等六大经济走廊，以及构建若干海上支点港口。它们一起构筑中国对外开放的“一体两翼”格局。

（三）战略目标

“一带一路”倡议是国家的大战略。首先，它是周边外交的重要内容，塑造的是周边的稳定繁荣。其次，它是国家对外开放的继续，重点打通向西开放格局。再次，它是区域经济一体化的扩大版，重在建设面向全球的高标准自由贸易区网络。这说明中国外交行为的起始原点是国内，首先源于国内的需要，其中安全稳定是必要条件，经济发展是最终目标；这在于中国的主动作为，明确理念，奋发有为。

1. *周边稳定繁荣*

2013年10月，习近平在中央周边外交工作座谈会提出，要塑造周边的稳定繁荣，这是实现“两个一百年”奋斗目标、实现中华民族伟大复兴的中国梦的需要。[1] “一带一路”作为周边外交的重要内容，其外交设计沿袭了以往由内而外的特点，即优先发展实力。虽然经过40多年的发展，中国已经具

[1] 习近平：《让命运共同体意识在周边国家落地生根》，新华网，2013年10月25日，http://news.Xinhuanet.com/2013-10/25/c_117878944.htm，最后访问日期：2014年11月27日。

备一定的实力和能力,但是发展过程中出现的问题也异常明显,主要表现为内部的优质产能和资本过剩。这是中国"一带一路"倡议的国内背景。如何做到有效化解它们呢?

相对于发达国家,中国的资金和技术优势并不明显,但是相对于广大发展中国家则具有一定的优势。目前发展中国家亟须资金进行基础设施建设,而这正是中国的强项。"一带一路"所覆盖的大部分国家都是发展中国家,它们需要中国的资金和技术,这是中国提出"一带一路"倡议的国际背景。国内资金和技术的输出将会有助于化解国内过剩的优质产能和资本,并将帮助周边国家实现繁荣发展。

但是,如果要保证周边发展首先要有安全的地缘环境,没有周边的和平稳定不可能会促进发展。从目前的实力和地位来说,中国首先是一个地区性大国,将要成为一个全球性大国,这一定程度上符合布热津斯基20多年前提出的"并非全球性而是地区性的国家"[1]的定位。做到于我有利的周边地缘环境是中国保证地区性大国地位并成为全球性大国的前提条件之一。因此,对中国来说,除了在经济方面进行合作共同发展外,具有约束力的安全合作机制同样必要,需要重点加强上合组织和中日韩-东盟"10+3"合作机制建设。

2. 全方位对外开放

一直以来,中国的对外开放格局是以沿海开放为主,主要面向海洋,主要面向发达国家。"一带一路"倡议意味着中国对外开放的重心转移到内陆沿边,主要面向陆地,主要面向发展中国家。这是中国全方位对外开放的新局面。

中国的内陆沿边相对沿海存在着发展滞后、基础设施落后的情况,"一带一路"沿线国家也存在类似中国内陆沿边的情况。因此,优先加强互联互通建设是在陆地地区进行经济发展的先决条件。而且,沿海产业具有相对于内陆沿边和"一带一路"沿线国家的优势,加快在内地甚至是更广范围内

[1] 兹比格纽·布热津斯基:《大棋局:美国的首要地位及其地缘战略》,中国国际问题研究所译,上海人民出版社,2007,第130页。

的产业布局，有利于提升经济发展的质量和效益。

与以往重视引进外资的工作不同，"一带一路"建设是中国资金的输出。中国重视建立各种开发性金融机构，如金砖国家新开发银行、亚投行、丝路基金、上合组织开发银行等，为"一带一路"的互联互通建设提供资金支持。无论是区域内的基础设施建设、产业布局还是资金输出，这样的行为实质上是中国"走出去"战略的巨大提升，有助于使中国成为区域发展的引领者。

3. 自由贸易区网络

中国一直积极参与各种相关自由贸易区的活动，是经济全球化和地区一体化的受益者。随着经济实力的增强，中国主动推动各类自贸区的建设，不仅包括双边的，也包括多边的。目前，中国已同16个国家和地区签署自贸协定。这说明中国意图成为区域经济一体化的引领者，而不再仅仅是参与者。

中国自贸区建设的路线是"以周边为基础加快实施自由贸易区战略"，"形成面向全球的高标准自由贸易区网络"。[1] 在此基础上，2017年10月的党的十九大报告明确指出，我们要"赋予自由贸易试验区更大改革自主权，探索建设自由贸易港"。"一带一路"倡议的境外核心区中亚和东亚都是中国的周边，实质上将推动这两个地区的区域经济一体化和自贸区建设，在此基础上构筑范围更广、规模更大的自贸区网络。这是中国主动塑造的地区贸易格局。

中国引领的自贸区建设，应该在吸收、借鉴现有自贸区经验特别是发达国家经验的基础上实现突破，建立高标准的自贸区。TPP和美欧主导的TTIP是当今标准最高的自贸区，但是它们无视相关国家的主权，导致一些国家的犹疑。对中国来说，自贸区建设首先应该充分尊重各国的主权，根据各自所求有针对性地进行自贸区建设，力争在自贸区内涵上实现提升。目前，中国已经在内部建立了11个自由贸易试验区，意图将其建设成为国际高标准自由贸易园区，建立系统完备、科学规范、运行有效的制度体系和更高层次的开放型经济新体制。

---

[1] 《中共中央关于全面深化改革若干重大问题的决定》，新华网，2013年11月15日，http://news.xinhuanet.com/politics/2013-11/15/c_118164235.htm，最后访问日期：2014年11月25日。

二、"一带一路"倡议的外交布局

"一带一路"倡议的外交布局主要体现在更加重视周边外交、新兴大国外交和多边外交,即周边外交是保障,新兴大国外交是重点,多边外交是平台,优先保证中国发展的良好周边环境,最终实现沿线国家富强和人民幸福以及不同文化的大交流。

(一) 周边外交是保障

新一届政府认为,周边是中国外交的优先方向。重视和加强周边外交,意在塑造中国发展的良好周边环境。周边的稳定繁荣是中国经济发展的有力保障。"一带一路"倡议具有促进周边稳定繁荣的重要意义,将塑造中国发展的良好周边环境。因此,它也是中国周边外交的重要一环。

1. 主要地理范围

中国是世界上邻国最多的国家之一,周边地缘环境复杂,既有海洋,也有陆地;既有发达国家,也有发展中国家;既有睦邻友好,也有紧张对峙。中国的周边首先限定为围绕在中国周围的国家和地区,主要的地理区域范围包括东北亚、东南亚、南亚和中亚。在这个周边区域内一共有 29 个国家。

"一带一路"倡议首先源于古代的陆上丝绸之路和海上丝绸之路,其主要面向的是中国以西、以南的地理区域。随着 2017 年"空中丝绸之路"和"冰上丝绸之路"的提出,"一带一路"将不再局限于以西、以南的地理区域,还包括以东、以北的地理区域。因此,在"一带一路"倡议的背景下,周边外交的主要地理范围相对集中,其中包括作为"一带一路"倡议境外核心区的中亚和东亚。而且,与"一带一路"倡议相配合,中国还提出了中蒙俄、中巴、缅中印孟、新亚欧大陆桥、中国—中亚—西亚、中国—中南半岛等六大经济走廊等,它们共同将中国周边的地理范围包括在内,构筑一个相对集中有限的主要周边区域,便于发挥中国的优势。

2. 基本方针

在 2013 年 10 月的周边外交工作座谈会上,中央提出周边外交的基本方针是："坚持与邻为善、以邻为伴，坚持睦邻、安邻、富邻，突出体现亲、诚、惠、容的理念。"[1]我国周边外交的主要工作就是睦邻友好，这是我们的一贯方针。但是，在中国发展的不同阶段，周边外交的优先度会有不同。在改革开放初期，中国亟须西方的资金和技术，坚持的是"引进来"，对周边外交安排的主要出发点是稳定，避免争议和争端；在新时期，中国具有了一定的资金和技术，可以做到"走出去"，因此在强调周边稳定的基础上，周边外交安排的主要出发点是发展，实现共同发展。"亲、诚、惠、容"理念是新一届政府周边外交的重要理念，体现了中国传统文化的内涵，强调与周边国家和地区的历史、文化渊源，诚心诚意交往，互惠互利和宽广包容。[2]

"一带一路"倡议是中国周边外交基本方针的体现。通过"一带一路"建设将会促进与周边国家的睦邻友好，并通过互联互通建设促进周边国家的发展。其中，中国对"一带一路"建设的引领者角色也是周边外交设计者角色的体现。

3. 更加重视公共外交

"一带一路"倡议不仅促进了与沿线国家的安全合作和经济合作，而且为中国同周边国家的长远发展提供了社会和民意基础。"一带一路"建设不能仅仅体现中国的发展和实力，还应加强与周边国家的民间交往、文化交流，做好宣传工作同样重要。

中国周边国家文化差异大，发展水平不一致，这是"一带一路"建设必须要面对的现实。国家层面的交往和合作可以推动"一带一路"建设，但能不能做到沿线国家人民的认同是"一带一路"建设需要深层次考虑的，这是根本。在"一带一路"建设的过程中，中国需要加强与沿线国家各层面的交往，办好各种交流年活动，积极做好中国历史、文化、现实的宣传工作，增进人民之间的感情。最实际的是，通过"一带一路"建设提高沿线国家人民的生活水平。

---

[1] 习近平：《让命运共同体意识在周边国家落地生根》，新华网，2013 年 10 月 25 日，http://news.xinhuanet.com/2013-10/25/c_117878944.htm，最后访问日期：2014 年 11 月 27 日。

[2] 邢丽菊：《从传统文化角度解析中国周边外交新理念——以"亲、诚、惠、容"为中心》，载《国际问题研究》2014 年第 3 期。

（二）新兴大国外交是重点

国际关系的本质是大国关系，它们决定了国际体系的运行。[1] 中国一直以来都把处理与大国的关系放在外交的第一位，是关键，是中心，特别是与西方大国的关系。新时期，特别是2008年金融危机以后，与新兴大国的关系越来越突出。2009年，中国与部分新兴大国联合建立了金砖国家合作机制，其中就包括位于亚欧大陆的印度和俄罗斯。"一带一路"倡议涵盖的地理范围恰好也包括印度和俄罗斯。无论是从地缘位置、大国地位，还是从互补关系来说，中俄印关系都是促进"一带一路"建设的核心关系，将会决定该倡议的成功与否。

1. 主要大国及其机制

俄印是中国"一带一路"倡议沿线的主要大国，也都是新兴大国。从地缘位置来看，俄罗斯横跨亚欧大陆，是世界上面积最大的国家，并对东北亚和中亚地区具有重要的影响力；印度位于南亚，是"21世纪海上丝绸之路"建设必须要经过的大国。从实力来看，俄罗斯军事实力全球第二，经济实力位居全球前列，具有巨大的能源储量；印度是核大国，经济实力位居全球前十，科技实力发展迅速。因此，对中国来说，"一带一路"倡议的进行要重点处理好与俄印的关系。

2013年，习近平当选国家主席后首访的国家是俄罗斯，李克强当选国务院总理后首访的国家是印度，这说明中国对俄印的重视。目前，中国与俄罗斯是全面战略协作伙伴关系；中国与印度是面向和平与繁荣的战略合作伙伴关系。除了重视和加强与俄印的双边关系外，中俄印多边层面的机制也日益受到重视。1998年，时任俄罗斯总理的普里马科夫提出"莫斯科-新德里-北京战略大三角"；2001年，中俄印三国学者进行了第一次三方学术会议；2002年，中俄印外长第一次会晤，目前已经成功举行了15次，其他如救灾、农业、企业家、医药卫生等领域也加强了三国间的机制建设。相对来说，中俄印三国间的合作机制处于较低层次，政府间机制主要是外长会晤，代表性不足；专业交流大多局限在民间，层次不高，

[1] 李巍：《国际舞台上的中国角色与中国学者的理论契机》，载《国际政治研究》2014年第4期。

这些不足以对“一带一路”倡议起到良好的推动作用。因此，中俄印合作机制还有较大的提升空间，可以提升为以领导人会晤为核心的多层次、多领域机制。

2. 中俄印关系是促进“一带一路”建设的核心关系[1]

中俄印合作将会对地区甚至全球产生重要的影响，对“一带一路”建设也会起到良好的推动作用。

首先，因为俄印的地缘位置是中国推动的“一带一路”倡议不能忽略的，必须重视处理好与它们的关系。俄罗斯对丝绸之路经济带沿线国家具有重要的影响力，特别是苏联地区。而且，俄罗斯将这些地区看作是自己的影响范围，对于外部势力的介入比较敏感。印度是南亚第一大国，把南亚甚至是印度洋看作是自己的势力范围，不希望有他国染指，这对中国的“21世纪海上丝绸之路”具有重要的影响。俄罗斯与印度，一北一南，一陆地一海洋，正好是“一带一路”必须要面对的。因此，“一带一路”应该优先处理好与它们的关系。

其次，中俄印在经济方面具有较强的互补性，主要体现在各自的比较优势上，如中国的资金和制造优势，俄罗斯的能源优势，印度的科技优势。这些是中俄印各自优势的主要方面，是最有利于经济发展的要素，在其他方面也可以加强类似的合作。中国的经济实力世界第二，具有世界第一的外汇储备；俄罗斯是全球能源储量和出口的超级大国；印度的软件科技世界瞩目，而且近些年在空间科技、生物制药等方面都获得了重大的突破。对于都具有发展潜力的中俄印来说，合作发展是可行的选择项，如同三国在金砖国家合作机制内的合作，优势互补，取长补短，最终实现三国经济的发展。这些与“一带一路”倡议的经济先行不谋而合，是“一带一路”倡议实现的保证。

（三）多边外交是平台

“一带一路”沿线国家大多在面积和实力方面难以与中国进行比较，通

[1] 有学者认为，中俄印关系是推动丝绸之路经济带建设的核心关系。鉴于它们的大国地位和影响力，中俄印关系也是推动“一带一路”建设的核心关系。参见李兴、成志杰：《中俄印——亚欧金砖国家是推动丝绸之路经济带建设的关键力量》，载《人文杂志》2015年第1期。

过多边平台可以缓解一些国家对中国的疑虑，减少“一带一路”倡议实施的阻力；而且，通过多边平台可以缓和相关地区国家间的矛盾，为“一带一路”倡议实施创造良好的地区环境。因此，多边机制是“一带一路”倡议实施的重要平台。

1. 主要多边机制

在中国周边，处于“一带一路”倡议境外核心区的上合组织和中日韩-东盟“10＋3”合作机制应该受到足够的重视。在这些机制内，中国都发挥了关键作用。

中国是上合组织的两个主导性国家之一。[1] 上合组织合作的根基是安全，是中国在 20 世纪 90 年代与俄罗斯和中亚国家解决领土纠纷和边界军事安全问题的重要机制，并发展演变成上海合作组织。目前它已经发展成结构完整、功能齐全的重要多边机制。2017 年 6 月的阿斯塔纳峰会正式接收印度、巴基斯坦为上合组织的成员国，相信新的成员的加入将会为组织发展注入新的活力。上合组织扩员后，“合作潜力不断扩大，已成为独一无二、极具影响力和威信的地区组织”。[2] 在这一机制内，需要重点处理好与俄罗斯的关系。上合组织与俄罗斯主导的独联体、欧亚经济联盟、集安条约组织等机制存在功能重合，甚至是竞争。2016 年，俄罗斯提出要建立有更多伙伴参与的大欧亚伙伴关系，“目标是形成以俄罗斯为中心的经济关系网络”。[3] 这一定程度上与中国提出的“一带一路”倡议有异曲同工之处。因此，协调好与俄罗斯的关系是上合组织发展的关键。

中国是中日韩-东盟“10＋3”合作机制的重要一方。这一机制以经济合作为主，并逐渐推进安全合作和文化交流等方面的工作。经过多年的发展，这一机制已经发展成为中国对外经济合作的重要样板。目前，相关各方正在推进中日韩自贸区、中国-东盟自贸区升级版和 RCEP 等的谈判，积极推

[1] 李兴、牛义臣：《上合组织为何不足以支撑中国西北周边安全战略》，载《国际安全研究》2013 年第 4 期。

[2] 《上海合作组织成员国元首理事会会议新闻公报》，外交部网站，2018 年 6 月 11 日，http://scochina.mfa.gov.cn/chn/zywj/t1567606.htm，最后访问日期：2018 年 7 月 5 日。

[3] 赵华胜：《中国与大欧亚伙伴关系》，载《国际问题研究》2017 年第 6 期。

动湄公河次区域和泛亚铁路建设，并磋商制定“南海行为准则”，努力将中日韩-东盟“10＋3”合作机制塑造成中国与东亚国家合作的全方位、多层次、宽领域机制。

除此之外，中国还可以积极参与其他的与“一带一路”沿线有交集的各种多边机制，或倡议建立相关机制，以上合组织和中日韩-东盟“10＋3”合作机制为榜样，使它们成为推动“一带一路”倡议的重要平台。

2. 完善多边机制功能

“一带一路”倡议是经济先行，但也需要安全保障。经济发展和安全保障是须臾不可分的。上合组织和中日韩-东盟“10＋3”合作机制的主要功能是明确的，前者以安全合作为主，后者以经济合作为主。从目前地区形势来看，以上两个机制的功能需要完善，经济与安全并重，强化经济发展功能，深化安全合作功能。

上合组织作为安全合作组织，需要强化它的经济发展功能。中亚地区的经济发展已经成为共识。除了中国积极推动的中亚区域经济一体化，俄罗斯的欧亚经济联盟，甚至包括其他域外大国，例如美国、日本等国和欧盟的中亚区域发展计划都在进行中。这对倡导开放包容的“一带一路”来说，都是需要借重和加强合作的力量。中亚的经济发展不应主要局限在能源领域，水资源的合理利用、基础设施条件的不断改善都是促进地区经济发展的重要因素。2018 年 6 月，上合青岛峰会通过了一系列文件，涉及贸易便利化、粮食安全、海关协作等内容；同时，中国提出在上合组织银行联合体框架内设立 300 亿元人民币等值专项贷款，这进一步凸显了中国完善上合组织经济发展功能的努力，同时也是实现上合组织与“一带一路”对接的重要努力。

中日韩-东盟“10＋3”合作机制的经济合作日益加强，但是面对复杂的地区形势需要深化双方的安全合作。日益突出的海洋争端给相关各方合作造成重大的影响，外部势力的介入恶化了各方的信任，一定程度上滞缓了各方合作的深化。为避免安全问题和地区形势对各方合作的影响，中国提出了解决南海问题的“双规思路”，并加强中日海洋事务磋商，希望强化各方在安全方面的合作，为各方合作创造良好的安全环境。

三、"一带一路"倡议是中国陆海统筹战略的完美体现

习近平总书记在党的十八大报告中明确提出了"建设海洋强国"的战略目标，这是契合新时代我国发展需要提出的符合实际的面向海洋的战略目标。但是相对于海洋强国战略，以及更早提出的海权战略和海洋发展战略，海洋战略将是面向未来、面向实际的，更加确切的战略。这样的海洋战略的核心是陆海统筹，即统筹考虑陆地和海洋。通过对"一带一路"倡议的审视，我们可以发现，它是中国陆海统筹战略的完美体现。

（一）明确海洋战略的内涵

通过梳理先前提出的海权战略、海洋发展战略以及海洋强国战略，可以发现人类越来越重视海洋的原始属性，即重视开发海洋本身所具有的资源。但近代以来，海洋因其相对于陆地的开放属性，成为重要的"蓝色大动脉"，海上运输成为世界的主要运输方式。同时，海洋也为部分大国所用，承载着它们争夺和维护霸权的使命。但是，"海洋领域的斗争将超出以往控制海上交通线和战略要地以及通过海洋制约陆地的性质，发展到以海洋空间和资源为中心的海洋本身的争夺，成为关系到民族生存和发展的战略性争夺"。[1] 因此，世界各国在海洋上的竞争实质上是对海洋资源的争夺和安全空间的控制。[2] 这样，对海洋的关注已经由海权战略发展到海洋战略，并不单单追求制海权。

海洋强国战略与海洋发展战略一样，都是主要强调通过海洋发展经济实现国家的强大。因此，海洋发展战略和海洋强国战略都是强调目标的战略，这符合我国处于发展中国家的定位，但不符合我国现阶段的实际。目前在海洋方向，中国最紧迫的任务是维护好海洋权益。

在一定程度上，如果中国提海权战略或海洋强国战略会引起其他国家

[1] 国家海洋局海洋发展战略研究所课题组：《中国海洋发展报告（2011）》，海洋出版社，2011，第15页。

[2] 刘启达、权焦杨：《军民融合协同创新高峰论坛在深开讲》，载《深圳特区报》2016年7月29日，第A14版。

特别是西方国家的误解，造成误判，不利于中国海洋事业的开展。这一定程度上源于东西方文化和思维的差异。基辛格对此有过论述：“中国式先发制人一旦遭遇西方的威慑可能会产生恶性循环：中国自认为是防御性的举动可能会被西方世界视为侵略性的，而西方的威慑行为则可能被中国解读为对它的包围。”[1] 因此，综合发展海洋经济与维护海洋权益，综合海权战略、海洋发展战略以及海洋强国战略，应该称海洋战略更合适。

一个国家的海洋战略主要是指有关海洋的总体规划，是“涉及政治、经济、法律、社会、军事等各领域的综合战略体系”[2]；是“国家用于筹划和指导海洋安全、海洋开发利用、海洋管理和海洋生态环境保护的总体方略”；是国家用于筹划和指导海洋开发、利用、管理、安全、保护、捍卫的全局性战略；是涉及海洋经济、海洋政治、海洋外交、海洋军事、海洋权益、海洋技术诸方面方针、政策的综合性战略；是正确处理陆地与海洋发展关系，迎接海洋新时代宏伟目标的指导性战略。[3] 根据战略的真实含义，也有学者认为，海洋战略不仅仅是有关海洋的总体规划，而且是处理海洋事务的策略、方法和艺术。“海洋战略是国家领导人、政府首脑、涉海部门领导人处理海洋事务的策略、方法和艺术，包括海洋权问题、海洋开发与保护问题、海洋科技问题的国家目标、行动方案、实现上述目标的方案和手段等。”[4] 我们可以看出，无论什么样的海洋战略，其核心都在于利用海洋。[5] 而且，海洋战略需要在国家大战略的框架下予以筹划，海洋战略只是服务于国家大战略的子战略，“海洋战略的成败取决于国家总体战略的成败。”[6]

据此可以认为，海洋战略是指导国家海洋事业发展的总体方略，中国的海洋战略是指导中国海洋事业发展的总体方略。理解中国的海洋战略需要首先明晰中国在海洋方向的最大现实，即没有做到有效维护国家的海洋权

---

[1] 亨利·基辛格：《论中国》，胡利平等译，中信出版社，2012，第126页。

[2] 刘中民：《世界海洋政治与中国海洋发展战略》，时事出版社，2009，第363页。

[3] 国家海洋局海洋发展战略研究所课题组：《中国海洋发展报告(2010)》，海洋出版社，2010，第459-460、470页。

[4] 杨金森：《中国海洋战略研究文集》，海洋出版社，2006，第307页。

[5] 国家海洋局海洋发展战略研究所课题组：《中国海洋发展报告(2014)》，海洋出版社，2014，第323页。

[6] 陈拯：《海洋战略演进的日本经验》，载《上海交通大学学报(哲学社会科学版)》2015年第3期。

益。同时,"中国的海洋战略,应是一种具有强烈全球意识的战略。"[1]"只有胸怀全球,布局世界战略,才能成为世界大国。"[2]这样在海洋方向,需要中国作为秩序的缔造者来实现自己的海洋利益。[3]

总之,中国海洋战略的实质是走向海洋,[4]但其内涵不再是通过武力争夺海洋霸权的海权战略,不是只注重经济发展的海洋发展战略,也不是偏重战略目标的海洋强国战略。中国的海洋战略有着丰富的内涵,涉及海洋事务的方方面面。从国家战略设计来看,中国当前海洋战略的核心问题是面向海洋,前提是转变观念,改变重陆轻海的思维,提高国民海洋意识;中国将来海洋战略的核心目标是利用海洋,前提是认知海洋,大力发展海洋科技,提高开发海洋的能力。

改革开放以来,中国通过以经济建设为中心发展国家综合实力从而取得巨大的成就,这是重要的战略实践。这些成就的取得主要是通过对陆地资源的开发和利用来实现的。但是对陆地资源的大肆掠夺和由此造成的环境污染对人类的生存环境形成巨大的压力,在这一背景下海洋日益成为各国未来实现可持续发展的重要载体。在《联合国海洋法公约》通过并生效以后,国际社会更是掀起争夺海洋权益的高潮。海洋成为人类未来发展的重要寄托。

秉承我国长期坚持的以经济建设为中心的发展战略,海洋事业的发展仍然需要坚持以经济建设为中心,推动海洋经济的发展。可以说,海洋经济是中国海洋强国的基石,[5]也是中国海洋战略的重要支撑。根据经济学理论,产业是经济的具体体现,海洋产业是海洋经济的具体体现。从构成来看,海洋产业主要包括滨海旅游业、海洋交通运输业、海洋渔业、海洋工程建筑业、海洋船舶工业、海洋化工业、海洋油气业、海洋生物医药业等。

[1] 李明春、吉国著:《海洋强国梦》,海洋出版社,2014,第245页。

[2] 张启雄:《"航线共同体"整合概念的中国海洋发展战略——海权发展与中外历史经验》,载《南洋问题研究》2011年第4期。

[3] 薛力:《南海应对十三条》,凤凰网,2016年10月15日,http://pit.ifeng.com/a/20161015/50105018_0.shtml,最后访问日期:2017年4月25日。

[4] 徐祥民:《中国海洋发展战略研究》,经济科学出版社,2015,第208页。

[5] 石家铸:《海权与中国》,上海三联书店,2008,第175页。

2015年,以上产业前四项的增加值超过主要海洋产业增加值的九成。[1] 根据国家海洋局的统计,自2011年至2015年,中国海洋GDP占国内GDP总量的比重一直维持在9%左右,[2] 成为一个地位和作用较为稳定的经济发展部门。

对于未来海洋经济的地位,国家的要求是使海洋经济成为新的增长点,海洋产业成为国民经济的支柱产业。[3] 对此,陈明义认为,我国海洋产业占GDP的比重应达到30%左右。[4] 与目前一直维持在GDP总量9%左右的水平相比,我国的海洋经济还有很大的发展空间。而且,海洋资源是保障中国经济未来发展的重要来源之一;中国已经是典型的外向型经济,主要通过航运来进行国际经济和贸易活动,这些都需要我国重视海洋经济的发展。在我们提出“一带一路”倡议的基础上,可以结合“21世纪海上丝绸之路”建设来实现海洋经济的大发展,包括国内外海洋经济的大发展。

(二)中国海洋战略的核心是陆海统筹

长期以来,陆地在人类生存和发展等基本活动中具有根本性意义,同时海洋在资源、贸易和交通等方面的影响也彰显了其对人类社会进步和国家发展的重要作用和地位。自15世纪地理大发现以来,西方国家通过海洋走向世界,迈出了逐步征服世界的步伐,资本主义也在这一过程中逐渐扩张,最终将世界联成一个整体。此后,世界强国逐步将海洋视为获取权力、维护利益的重要舞台,制定完善的海洋战略成为实现强国梦想的战略性举措。特别是21世纪以来,人类进入了大规模开发利用海洋的时代。因此,21世纪被称为“海洋世纪”。[5]

海洋和陆地是全球生态系统的两大组成部分,存在着内在的密切联系,相互影响,互为依存条件,是不可分割的一个整体。[6] 随着海洋开发活动

[1] 国家海洋局:《2015年中国海洋经济统计公报》,2016年3月,第2页。
[2] 国家发展和改革委员会、国家海洋局:《中国海洋经济发展报告2016》,2016年8月,第4页。
[3] 《进一步关心海洋认识海洋经略海洋推动海洋强国建设不断取得新成就》,载《人民日报》2013年8月1日,第1版。
[4] 陈明义:《海洋战略研究》,海洋出版社,2014,第3页。
[5] 刘明:《陆海统筹与中国特色海洋强国之路》,博士学位论文,中共中央党校,2014年,第1页。
[6] 王芳:《对实施陆海统筹的认识和思考》,载《中国发展》2012年第3期。

的复杂化和多元化，传统经济发展方式导致陆海之间的矛盾也日渐突出。社会经济活动对海洋压力和需求的不断增大，由此带来的海洋资源环境及陆海经济间的不协调等问题，日益影响到沿海地区的健康持续发展。如何统筹陆海关系，加强陆海经济协调，已经成为陆海复合型国家实现可持续发展的关键所在。[1]

我国是一个典型的陆海复合型国家，更确切地说，是居于海洋边缘地带的陆海复合型国家。我国海岸线总长约 3.2 万千米(其中大陆海岸线 1.8 万千米，岛屿海岸线 1.4 万千米)，海洋专属经济区和大陆架面积约 300 万平方千米，有面积 500 平方米以上的岛屿 7 000 多个。[2] 因此，这些需要我国坚持陆海统筹战略。2010 年 10 月，《中华人民共和国国民经济和社会发展第十二个五年规划纲要》首次提出海洋发展战略的新理念，即“坚持陆海统筹，制定和实施海洋发展战略，提高海洋开发、控制和综合管理能力”。2011 年 3 月，温家宝在《政府工作报告》中提出，“坚持陆海统筹，推进海洋经济发展”，作为加快推进经济结构战略性调整的重大举措。2013 年 7 月 30 日，习近平在主持以建设海洋强国研究为主题的集体学习时强调，“建设海洋强国是中国特色社会主义事业的重要组成部分，要进一步关心海洋、认识海洋、经略海洋，推动我国海洋强国建设不断取得新成就”；他还系统地阐述了中国建设海洋强国的道路和模式，即“要着眼于中国特色社会主义事业发展全局，统筹国内国际两个大局，坚持陆海统筹，坚持走依海富国、以海强国、人海和谐、合作共赢的发展道路，通过和平、发展、合作、共赢的方式，扎实推进海洋强国建设”。2014 年 3 月，李克强在《政府工作报告》中强调，“海洋是我们宝贵的蓝色国土。要坚持陆海统筹，全面实施海洋战略，发展海洋经济，保护海洋环境，坚决维护国家海洋权益，大力建设海洋强国”。2017 年 10 月，习近平在党的十九大报告中指出，“坚持陆海统筹，加快建设海洋强国”。

“陆海统筹是对陆地和海洋的统一筹划，是运用系统学方法统筹规划陆地和海洋的开发布局，促进海陆一体化协调发展的战略途径。陆海统筹战

[1] 韩增林、狄乾斌、周乐萍：《陆海统筹的内涵与目标解析》，载《海洋经济》2012 年第 1 期。
[2] 张耀光编著：《中国海疆地理》，科学出版社，2001，第 22～32 页。

略是国家陆地战略与海洋战略的整合与对接。"[1] 在当前以经济建设为中心的背景下,陆海统筹主要是指"基于地缘战略视角处理好陆地发展与海洋开发利用的关系",[2] 统筹考虑陆地和海洋,实现中国经济的可持续发展。具体而言,陆海统筹是指从我国陆海兼备的国情出发,在进一步优化提升陆域国土开发的基础上,以提升海洋在国家发展全局中的战略地位为前提,以充分发挥海洋在资源环境保障、经济发展和国家安全维护中的作用为着力点,通过海陆资源开发、产业布局、交通通道建设、生态环境保护等领域的统筹协调,促进海陆两大系统的优势互补、良性互动和协调发展,增强国家对海洋的管控和利用能力,建设海洋强国,构建大陆文明与海洋文明相容并济的可持续发展格局。[3]

(三)"一带一路"倡议是中国陆海统筹战略的完美体现

根据以上的定义,并从中国目前的实际出发,陆海统筹不仅是中国领土(包括陆地和海洋)范围内的陆海统筹,而且是"国内外、东西方"的陆海统筹。而"一带一路"倡议不仅意味着陆权的回归,而且要改变中国在海洋方向的弱势地位,成为海洋强国。从经济发展的角度来看,"一带一路"倡议有利于摆脱长期以来通过海洋进行贸易对西方的依赖,转而通过陆地进行输出引领亚欧地区经济的发展。因此,"一带一路"倡议是陆海统筹的战略,是中国陆海统筹战略的完美体现。"一带一路"倡议作为陆海统筹的战略,有利于实现"陆海内外联动、东西双向开放"的全面开放格局。[4]

"战略集中是任何国家生存和取胜的前提",[5] 因此,陆海统筹需要一个核心目标,这就是发展经济,这也是"一带一路"倡议的核心主旨所在。同时,依据我国现阶段的实际情况,与邻国的领土争端主要集中在海洋方向;2018 年 3 月,习近平总书记指出,"海洋是高质量发展战略要地";对陆地资源

[1] 国家海洋局海洋发展战略研究所课题组:《中国海洋发展报告(2012)》,海洋出版社,2015,第 236 页。

[2] 刘明:《陆海统筹与中国特色海洋强国之路》,博士学位论文,中共中央党校,2014 年,第 29 页。

[3] 曹忠祥、高国力等:《我国陆海统筹发展研究》,经济科学出版社,2015,第 2 页。

[4] 《坚持共商共建共享推进"一带一路"建设打造陆海内外联动、东西双向开放新格局》,载《人民日报》2015 年 1 月 16 日,第 1 版。

[5] 吴征宇:《海权与陆海复合型强国》,载《世界经济与政治》2012 年第 2 期。

的大肆掠夺和由此造成的环境污染对人类的生存环境形成巨大的压力,在这一背景下海洋日益成为各国未来实现可持续发展的重要载体;等等。相对于陆地来说,这些都要求我们将海洋作为中国近期的战略优先方向。

四、海洋是上海参与"一带一路"建设的核心方向之一

上海北界长江,东濒东海,南临杭州湾。上海是中国的直辖市之一,国家中心城市,超大城市,沪杭甬大湾区核心城市,国际经济、金融、贸易、航运、科技创新中心,首批沿海开放城市。上海位于太平洋西岸,亚洲大陆东沿,隔东海与日本九州岛相望,居于中国南北海岸中心点,长江和黄浦江入海汇合处,是长江经济带的龙头城市。依据上海的核心优势以及面向海洋的特点,上海可以积极参与"一带一路"建设,将海洋打造成上海参与"一带一路"建设的核心方向之一。

(一) 国家和上海市对上海未来发展的规划

根据 2017 年《国务院关于上海市城市总体规划的批复》,国家对上海市的定位是:"上海是我国直辖市之一、国家历史文化名城,国际经济、金融、贸易、航运、科技创新中心。上海的城市规划、建设与发展,要立足国际国内和本地实际,主动服务'一带一路'建设、长江经济带发展等重大战略,切实在全面深化改革、创新驱动发展、优化经济结构等方面下功夫,在深化自由贸易试验区改革上有新作为,继续当好全国改革开放排头兵、创新发展先行者,为全国改革发展稳定大局作出更大贡献。要在《总体规划》的指导下,着力提升城市功能,塑造特色风貌,改善环境质量,优化管理服务,努力把上海建设成为创新之城、人文之城、生态之城,卓越的全球城市和社会主义现代化国际大都市。"[1]

2018 年 1 月,市长应勇在上海市第十五届人民代表大会第一次会议上

[1] 国务院:《国务院关于上海市城市总体规划的批复》,中国政府网,2017 年 12 月 25 日,http://www.gov.cn/zhengce/content/2017-12/25/content_5250134.htm,最后访问日期:2018 年 7 月 4 日。

指出：今后5年“是上海基本建成国际经济、金融、贸易、航运中心和社会主义现代化国际大都市的决胜期、加快建设具有全球影响力的科技创新中心的关键期、全面建设卓越的全球城市的起步期”。要“加快推进国际经济、金融、贸易、航运、科技创新‘五个中心’建设”。上海的城市核心功能要全面跃升：“基本建成与我国经济实力和人民币国际地位相适应的国际金融中心，基本建成在全球贸易投资网络中具有枢纽作用的国际贸易中心，基本建成具有全球航运资源配置能力的国际航运中心，经济中心城市的国际地位明显提升，长三角世界级城市群核心城市的作用进一步发挥。”对于参与“一带一路”建设，上海市提出要“加快建设服务国家‘一带一路’建设、推动市场主体走出去的桥头堡，搭建投资贸易和金融服务新平台”。“实施服务‘一带一路’建设行动方案，推进贸易投资便利化、金融开放合作、基础设施互联互通等专项行动”。[1]

从地位上来说，上海是中国的核心城市之一。因此，上海的发展对于国家的发展具有重要的意义。同时，上海的发展不仅是面向国内，而且要面向国际，成为卓越的全球城市。这在国家对上海的规划以及上海对自己的定位中都有鲜明的体现。同理，上海对于参与“一带一路”建设的作用毋庸置疑。

（二）上海的核心优势

1. 面向海洋

上海是中国面向海洋的超大城市，海域面积虽然不大，但它拥有世界最大的港口之一——上海港。上海港位于长江三角洲前缘，居中国1.8万千米大陆海岸线的中部、扼长江入海口，地处长江东西运输通道与海上南北运输通道的交汇点，是中国沿海的主要枢纽港，是中国对外开放、参与国际经济大循环的重要口岸。上海市外贸物资中99%经由上海港进出，每年完成的外贸吞吐量占全国沿海主要港口的20%左右。目前，上海港货物吞吐量和集装箱吞吐量均居世界第一。2017年，上海港集装箱吞吐量破4 000万标

[1] 应勇：《2018年上海市政府工作报告》，东方网，2018年1月30日，http://sh.eastday.com/m/lh2018/u1ai11186399.html，最后访问日期：2018年7月4日。

箱。依靠世界最大的港口,上海市将重点建设成为国际航运中心。2017年,上海现代航运集疏运体系和航运服务体系持续优化,国际海事亚洲技术合作中心、中国船东互保协会等一批重要航运机构落户,上海邮轮港成为亚洲最大的邮轮母港。

2. 金融

金融是上海的核心优势所在。上海是中国金融中心,几乎囊括了全中国所有的金融市场要素:上海证券交易所、期货交易所、中国金融交易所、上海钻石交易所、黄金交易所、金融衍生品交易所、银行间债券市场、中国外汇交易中心、中国资金拆借市场、国家黄金储备运营中心、国家外汇储备运营中心、上海清算所(中国人民银行清算总中心)、中国人民银行上海总部(央行征信系统中心、支票节流数据处理中心)、中国四大银行(农行、中行、工行、建行)上海总部、各大外资银行大中华总部、中国反洗钱资金监控中心、上海银行间同业拆放利率、中国保险交易所等。根据国家规划,上海将成为中国推动人民币国际化的重要前沿。截至2017年,上海的全球性人民币产品创新、交易、定价和清算中心已经初步形成,而且上海是金砖国家新开发银行、人民币跨境支付系统、全球清算对手方协会、各大外资银行大中华总部等机构的所在地。

3. 教育和科技

至2017学年末,上海市共有普通高等学校64所。其中,有49家机构培养研究生,全年招收全日制研究生5.00万人,在校全日制研究生15.15万人,毕业全日制研究生4.10万人。上海市还有民办普通高校20所,在校学生10.82万人。在此基础上,上海市大力发展科学技术。2017年,上海市科技小巨人和科技小巨人培育企业共1 798家,技术先进型服务企业274家。年内共认定高新技术企业3 247家,上海市2015—2017年有效期内高新技术企业总数达到7 642家,净增长704家。上海以全球视野、国际标准建设张江综合性国家科学中心,超强超短激光、转化医学等大科学设施开工建设,张江实验室、李政道研究所挂牌成立,张江科学城规划启动实施。智能制造、类脑芯片、石墨烯等六个共性技术研发与转化平台启动建设,科创中心重要承载区特色发展格局初步形成,大众创业、万众创新蓬勃发展,各类众创空间超过500家，是5年前的5倍，90%以上由社会力量兴办。北斗导航、人类表型组等一批重大战略项目和基础工程启动实施，量子计算机、商用航空发动机、超导带材等一批关键核心技术取得突破。

而且，作为国内第一个自由贸易试验区，上海自由贸易试验区将对照国际最高标准、最好水平，打造自贸试验区的"三区一堡"，即：建设开放和创新融为一体的综合改革试验区、开放型经济体系的风险压力测试区、提升政府治理能力的先行区、服务国家"一带一路"建设和推动市场主体走出去的桥头堡。同时，根据国家意图设立自由贸易港的安排，上海将依托洋山深水港和浦东国际机场探索建设自由贸易港。这些也是上海参与"一带一路"建设的核心优势所在。

（三）上海参与"一带一路"建设的核心领域

依据上海的核心优势，上海可以在海洋方向发力，将海洋打造成上海参与"一带一路"建设的核心方向之一，主要包括推进国际航运中心建设、推进全球海洋中心城市建设、促进与海洋有关的产业集群化发展和打造中国对外交流的"第一城市名片"等。

1. 加快推进国际航运中心建设[1]

根据国家的要求和上海市对自身的定位，上海的核心功能之一是要建成具有全球航运资源配置能力的国际航运中心。"十三五"时期，上海市的重点工作之一就是加快推进国际航运中心建设，加强与"21世纪海上丝绸之路"沿线国家的交流与合作，提升国际枢纽港对长江流域的服务能力，优化现代航运集疏运体系，努力使上海成为"21世纪海上丝绸之路"的重要节点。依托上海自由贸易试验区的改革创新，完善以船舶融资租赁、航运保险、海事仲裁、航运咨询和航运信息服务等航运现代服务业体系，推进国际航运发展综合试验区建设。加快邮轮游艇经济发展，支持邮轮游艇出入境管理等政策试点。发展海洋工程装备和大型邮轮等高技术船舶设计建造。完善邮

[1] 国家发展改革委、国家海洋局：《全国海洋经济发展"十三五"规划》，国家发改委网站，2017年5月12日，http://www.ndrc.gov.cn/zcfb/zcfbghwb/201705/U020170516530439547022.pdf，最后访问日期：2018年5月31日。

轮生产与服务配套产业链,进一步提升上海邮轮产业的国际地位和竞争力。丰富上海国际航运中心指数,发展指数衍生品。支持企业参与国际海运标准规范制定,推进航运交易信息共享和服务平台建设。积极发展各类所有制航运服务企业,在自由贸易试验区稳步推进外商独资船舶管理公司、控股合资海运公司等试点,进一步探索国际航运发展综合试验区示范政策。以国际航运中心发展为契机,吸引各类大型涉海企业总部入驻,引进涉海行业组织、中介机构、高等院校、科研机构等,建设海洋服务业集聚区,推进涉海金融、航运保险、船舶和航运经纪、海事仲裁等业态发展,形成国际航运中心的核心功能区和总部经济。

2. 推进全球海洋中心城市建设

全球海洋中心城市的内涵主要包括:全球航运中心,港口物流业发达;全球海洋科技中心;具有完备的海洋金融、海事法律等高端海洋服务业;具有宜居宜业的城市环境,能够吸引国际高端人才;具有突出的区位优势,城市发展后劲大;在全球海洋治理中扮演重要角色。依据以上内涵,上海完全有能力成为全球海洋中心城市。在国家坚持陆海统筹的大背景下,上海可以利用自身国际航运中心的地位,大力促进上海面向海洋,效仿深圳经验,真抓实干,建设成为全球海洋中心城市。对此,要推进上海建设全球海洋中心城市,在投融资、服务贸易、商务旅游等方面进一步提升对外开放水平和国际影响力,打造成为"21世纪海上丝绸之路"的排头兵和主力军;建设"中国邮轮旅游发展实验区",统筹规划邮轮码头建设,对国际海员、国际邮轮游客实行免签或落地签证,发展邮轮经济,拓展邮轮航线;发展海洋装备制造业等,构建海洋油气资源开发带和油气产业集群;等等。

3. 促进与海洋有关的产业集群化发展

从广义来说,产业,即各行各业,是经济的具体体现。从构成来看,海洋产业主要包括滨海旅游业、海洋交通运输业、海洋渔业、海洋工程建筑业、海洋船舶工业、海洋化工业、海洋油气业、海洋生物医药业等。根据上海市的产业优势和发展方向,上海将重点培育以下海洋产业集群:海洋装备制造业、海洋船舶工业、海洋油气业、海洋药物和生物制品业、海洋旅游业和航运服务业等。同时,国家支持上海建设具有特色和优势的区域海洋科技创新体系，建成具有国际影响力的海洋科技创新中心，[1]这符合将上海打造成为具有全球影响力的科技创新中心的目标。

4. 促进上海对外交往，打造中国对外交流的“第一城市名片”

海洋是世界经济运行的“蓝色大动脉”。海运至今仍然是人类最便捷、经济和无可替代的交通运输方式，[2]是国际贸易中最主要的运输方式。上海的目标是要成为国际经济、金融、贸易、航运中心[3]和国际大都市、具有全球影响力的科技创新中心、卓越的全球城市，这符合国家对上海的国际功能定位。到 2017 年底，上海口岸贸易总额占全球的 3.2%，跃居世界城市首位。中国国际进口博览会于 2018 年 11 月在上海召开。集装箱吞吐量连续 8 年位居世界第一，上海成为全国第一个、全球第五个航空旅客年吞吐量突破 1 亿人次的城市。因此，可以利用上海所拥有的贸易、航运和交通优势，将其打造成为中国对外交流的“第一城市名片”。

结　语

“一带一路”倡议是中国的大手笔，不仅有深刻的战略内涵，而且具有新颖的外交布局。它改变了长期以来中国经济发展“引进来”为主、“走出去”为辅的局面，形成了“走出去”为主、“引进来”为辅的新局面，从国内国际两个视角为新时期中国经济发展谋篇布局。它改变了长期以来重视发展与西方大国关系的历史，主动塑造中国经济发展的良好周边环境，并加强与新兴大国的关系，借重多边机制一体推动经济发展，这些必将对中国外交布局产生重要的影响。

“一带一路”倡议重在执行。首先需要领导人的亲力亲为。新一届政府

[1] 科技部、国土资源部、国家海洋局：《“十三五”海洋领域科技创新专项规划》，科技部网站，2017 年 5 月 8 日，http://www.most.gov.cn/mostinfo/xinxifenlei/fgzc/gfxwj/gfxwj2017/201705/t20170517_132854.htm，最后访问日期：2018 年 5 月 31 日。

[2] 国家海洋局海洋发展战略研究所课题组：《中国海洋发展报告（2011）》，海洋出版社，2011，第 11 页。

[3] 国务院：《国务院关于上海市城市总体规划的批复》，中国政府网，2017 年 12 月 25 日，http://www.gov.cn/zhengce/content/2017-12/25/content_5250134.htm，最后访问日期：2018 年 5 月 31 日。

执政以后，领导人即展开了全面务实的外交活动，为“一带一路”建设营造良好的环境。其次需要解决资金瓶颈。2014 年，中国借助多个场合，大力推进相关多边金融机制的建设，联合成立新开发银行，主导成立亚投行和丝路基金，并推动建立上合组织开发银行，为“一带一路”建设提供资金支持。再次，需要加强互联互通建设。基础设施是“一带一路”建设的基础，制度规章是“一带一路”建设的保证，人员交流是“一带一路”建设的桥梁，实现政策沟通、设施联通、贸易畅通、资金融通、民心相通，构建全方位、立体化、网络状的大联通格局。这些举措的开展，将会实质上促进“一带一路”倡议的实现。

中国海洋战略是指导中国海洋事业发展的总体方略。中国的海洋战略不仅包含强调制海权的海权战略，而且包含强调发展海洋经济的海洋发展战略和海洋强国战略。中国海洋战略的核心是陆海统筹，即对陆地和海洋的统一筹划。“一带一路”倡议即是中国陆海统筹战略的完美体现。如同陆海统筹作为陆地和海洋两个概念的集合，“一带一路”也是“丝绸之路经济带”和“21 世纪海上丝绸之路”两个概念的集合。这意味着在推动陆海统筹和“一带一路”建设的过程中，需要明确优先方向，避免同时出击和战略耗损。根据目前的实际，中国需要明确海洋的战略优先地位，以及优先加快“21 世纪海上丝绸之路”建设。

与此相对应，上海作为中国面向海洋的第一大城市，可以利用自身的地缘位置和核心优势，重点关注和经营海洋，包括推进国际航运中心、全球海洋中心城市建设，促进与海洋有关的产业集群化发展，打造中国对外交往的“第一城市名片”。

"21 世纪海上丝绸之路"建设:上海参与及其主要挑战

钟振明*

"21 世纪海上丝绸之路"合作倡议的提出与推进,使得中国沿海城市获得了难得的参与机会,并将反作用于"21 世纪海上丝绸之路"的建设。上海有着得天独厚的地理位置、能力基础和发展潜力,在"21 世纪海上丝绸之路"的建设过程中可以发挥至关重要的作用。然而,上海在参与"21 世纪海上丝绸之路"建设的过程中也面临一些挑战。那么,上海参与"21 世纪海上丝绸之路"建设到底会面临哪些主要挑战呢? 本文拟通过横向比较视域下上海的短板、上海城市内生性缺陷制约、上海在处理若干重大关系时所面临的挑战等角度分析此问题,在此基础上,就上海如何应对其参与"21 世纪海上丝绸"建设时所面临的主要挑战提出建议。

一、问题的产生及分析角度

建设"21 世纪海上丝绸之路"是一个庞大的系统工程,需要国内各省区市和相关国家及地区合力共建。上海作为当今东亚地区最大外贸港和中国主要经济城市,积极参与"21 世纪海上丝绸之路"建设是理所当然的。建设"21 世纪海上丝绸之路",为上海全面深化改革、扩大对外开放提供了千载难逢的历史机遇和重要平台。上海发展的目标是在 2020 年建成国际经济、金

* 钟振明,同济大学政治与国际关系学院院长助理、副教授。

融、贸易、航运"四个中心",成为社会主义现代化国际大都市,同时,完成创新驱动发展、经济转型升级的发展战略。如何将这些战略目标与上海参与"一带一路"建设结合起来?国内许多学者积极探讨了上海参与"21世纪海上丝绸之路"建设时具备的各种优势条件,但鲜有学者分析上海在参与"21世纪海上丝绸之路"建设时应当克服的主要挑战。笔者认为,可以从横向比较视域下上海的短板、上海城市内生性缺陷、上海在处理若干重大关系时所面临的挑战等角度来看待此问题。

首先,尽管最近20多年里上海城市发展取得长足进展,但与其他"21世纪海上丝绸之路"沿线城市相比,上海仍然存在一些劣势和短板。"21世纪海上丝绸之路"建设是在新的国际形势下,我国深度参与世界经济的重大举措,也是我国参与全球经济治理能力提升、推动全球治理转型承担自身责任的重大举措。上海市参与"21世纪海上丝绸之路",在地理、经贸、人才资源等方面具有明显的优势,但也存在历史经验不足、与传统的"海上丝绸之路"城市之间的竞争等问题。

与传统的参与古代海上丝绸之路的广东、广西、福建等省区相比,上海参与海上丝绸之路的历史渊源是不深的。历史上,广东省曾经是古代中国与国外贸易和文化交往中海上通道的重要起点和交通枢纽。例如,东汉时期广东就实现了东罗马到广东的通航,形成横贯东西方的海上丝绸之路;魏晋南北朝时期,广州成为海上丝绸之路的始发港;隋唐宋时期广州成为海上丝绸之路的第一大港和世界东方大港;元代时期广州是海上丝绸之路的第二大港;明清时期广东是海上丝绸之路环球贸易的唯一地区。历史上大量广东人赴"南洋"谋生,不少人选择在东南亚定居,长期的发展使岭南文化在海上丝绸之路沿线各国得到传播发展,为当今双边和多边商贸往来带来特殊的人文资源和精神动力。[1]

福建省和广西壮族自治区也和古代海上丝绸之路有着深厚的渊源。广西北海是中国古代海上丝绸之路的始发港之一,北海在中国"古代海上丝绸

[1] 卢文刚、黄小珍、刘沛:《广东省参与"21世纪海上丝绸之路"建设的战略选择》,载《经济纵横》2015年第2期。

之路”联合申报世界文化遗产项目中，具有不可或缺和不可代替的重要作用。福建是公认的古代海上丝绸之路重要的东方起点，从唐宋到明清直至近代，福建都是海上丝绸之路最重要的参与者和见证者。与上述省份相比，上海参与“海上丝绸之路”的历史经验相对不足。

“丝绸之路经济带”和“21 世纪海上丝绸之路”倡议提出后，引起了各地方之间的竞争。广东、广西、浙江、福建、山东、辽宁、天津等多个省区市均表示，要抓住“21 世纪海上丝绸之路”经济带建设新机遇。从总体上看，国内城市之间的竞争可以分为三个典型海域的竞争，一是以大连、天津为例的渤海湾地区城市之间的竞争，二是以宁波、上海为例的长三角地区主要城市之间的竞争，三是以厦门、广州为例的珠三角主要城市的竞争。

其次，上海作为一个城市本身所具有的内生性缺陷为其参与“21 世纪海上丝绸之路”带来一系列问题。上海自 20 世纪 90 年代以来取得了飞速的发展，一跃成为长江经济带的龙头城市，并成为亚洲重要金融中心和世界十大金融城市之一。然而上海城市的发展也带来许多无法忽视的问题。突出的内生性缺陷集中表现为因城市化发展而带来的资源问题、产业结构调整问题，生态建设方面的可持续发展问题等。

2012 年上海第三产业产值比重为 60.4%，比发达国家国际化大都市的水平低了近 15 个百分点，上海产业结构调整的任务十分艰巨。同时，上海经济增长和结构调整仍受到生产成本日渐提升、老龄化程度过高、土地资源稀缺、科技成果转化率低等不利因素的影响。上海是一个典型的非能源型城市，最初是随着世界范围内的产业转移，凭借着廉价的劳动力优势发展起来的，但劳动力成本优势的丧失，以及上海的资源特点和城市功能定位的确立，都决定了上海今后的产业发展的走向是产业价值链高端化，因此上海今后的发展必须要依靠技术和模式的创新，培育更多的自主品牌。这个目标的实现需要上海在贸易、金融、投资等方面不断在经验积累的过程中改革和成熟，任务艰巨。

长三角地区属典型的湿润季风气候，光照条件较好，水热条件适中，自然资源禀赋优越，具有森林、河流、湖泊、河口、海岸、湿地及近海海域等丰富多样的自然生态系统，在生态空间格局、生态系统服务功能方面具有独特优势。但是，近些年来伴随着长三角地区经济快速增长，区域资源消耗加速和环境污染加剧现象突出，资源环境瓶颈日益凸显。上海土地资源有限，人口规模却不断扩大，这一问题更为严重。加之受到城市化、工业化和产业聚集的影响，空间开发的生态适宜性严重下降。以上这些问题都为上海今后的可持续发展带来严重的制约。

再次，上海在参与"21世纪海上丝绸之路"建设时面临如何处理好若干对重大关系的问题，包括如何协调对内与对外开放的互动关系，如何处理好陆地经济与海洋经济的互动关系，如何解决国际国内政府间协调机制的互动关系，以及如何处理好政府主导和激发市场主体活动之间的关系。

"21世纪海上丝绸之路"倡议的提出，是中国政府拓展经济合作空间、深化区域整合、推进互联互通、缓解海上安全冲突的战略举措，是构建中国与沿线国家命运共同体的顶层设计。自"21世纪海上丝绸之路"概念提出来之后，各沿海省市都在努力挖掘本地区与"21世纪海上丝绸之路"的关联度，将自身的发展与"21世纪海上丝绸之路"的构想衔接，掀起一股"丝路热"。在这股"丝路热"下，上海需协调其对内和对外开放之间的关系，实现与各地方分工协作，在国家总体战略框架下，参与"21世纪海上丝绸之路"的建设。从地缘经济角度看，西南诸省应面向东南亚和南亚，重点拓展大湄公河流域和孟中印缅经济走廊，以北部湾地区作为连接西南诸省的出海通道；山东、河北和东三省则应面向东北亚，并积极开拓北极航线，直达欧洲；上海、广东、福建、浙江、江苏等省市应重点拓展东南亚和印度洋沿岸的南亚、西亚、非洲地区，及南太平洋岛国和拉美地区。上海作为海上丝绸之路的重要沿线城市，要正确定位和认清发展方向，明确自身参与的路线和区段，并权衡重点与次重点，明确优先顺序，将有限的资源集中投入建设。南海和印度洋对我国具有重要的战略意义，我国进口的80%的石油、50%的天然气和42.6%的进出口商品都要经过这条航线，因此这条航线应成为当前上海及周边省市建设的重点方向。[1]

[1] 刘宗义：《21世纪海上丝绸之路建设与我国沿海城市和港口的发展》，载《城市观察》2014年第6期。

与此同时，上海还需要协调陆地经济与海洋经济的互动关系。当前，上海陆地经济发展势头强劲，实力雄厚，海洋经济相对薄弱。作为中国黄金水道和黄金海岸结合部的上海，具有优越的区位优势。上海的海洋产业在高技术、高附加值方面也具有竞争优势。对于高度国际化的海洋航运业和造船业来说，上海自贸区采取特殊的监管政策和税收优惠，将进一步促进海洋产业的升级和技术创新，上海国际金融中心建设也必将为海洋经济的发展提供必要的金融支持。[1]

“21世纪海上丝绸之路”辐射的区域包括东南亚、南亚、西亚、中亚乃至部分欧洲区域，沿线许多发展中国家被这一战略构想涵盖进来，获得了发展平台。鉴于这一开放通道涉及国家的经济发展水平以及经济差异度，有必要加强它们之间初期的互联互通建设。互联互通建设涵盖的内容广泛，包括了通信、交通、信息化和口岸等方面的基础设施建设，涉及政府间多部门的协调。此外，还涉及基础设施或体制机制的创新，这也必然涉及各国政府之间以及国内地区政府之间的协调互动。

“21世纪海上丝绸之路”的建设，将进一步促进东西方和沿线各国之间的经济、文化交流，上海作为海上丝绸之路的沿海城市，在产业升级的过程中要更加注重协调政府主导和激发市场主体活动的互动关系。海外贸易在过去30年中对中国经济发展发挥了巨大的推动作用，但随着劳动力成本优势的丧失，像上海一样的沿海和港口城市在今后的发展必须依托技术和模式创新，发挥市场在资源配置中起基础性作用，使劳动、资本、管理、技术和知识等要素竞相迸发活力。

二、古代“海上丝绸之路”的发展

“海上丝绸之路”的发展源远流长，在秦汉时期中国便已存在。汉武帝时，开通了陆上丝绸之路，而西汉中晚期和东汉时期“海上丝绸之路”逐步形

[1] 姜睿：《“十三五”上海参与“一带一路”建设的定位与机制设计》，载《上海经济研究》2015年第1期。

成并开始发展。东汉末年至隋朝初期,北方连年战乱不断,"陆上丝绸之路"被阻断,客观上促进了"海上丝绸之路"的发展。唐朝时期国力强盛,政府采取海上贸易开放政策,设市舶使,并在扩展南海航线的基础上开辟了东海航线,同时广州也成为南海与各国通商的最重要海港。宋元时期,政府发展海外贸易的主观能动性比唐朝还强,遣使海南诸藩国,设市舶司以征收"舶税"并管理海外贸易,"海上丝绸之路"延伸至非洲东海岸和红海沿岸。[1] 明朝郑和下西洋成为古代中国航海事业的绝唱。之后,清朝时期见证了"海上丝绸之路"的凋零,由于明清的海禁政策和闭关锁国政策导致了"海上丝绸之路"的衰落。[2] 古代"海上丝绸之路"之所以有过繁荣兴盛的发展,主要原因有以下几点。

第一,国家统一、国力强大、社会经济高度发达推动商业经济的蓬勃发展,使得古代中国大量优质产品得以开拓海外市场,并满足了西亚和欧洲等地对中国商品的需求。产自中国的商品"走出去"的欲望,成为"海上丝绸之路"形成的驱动力。

第二,政府鼓励海外贸易发展的开放政策支持,并不断完善贸易制度。海上丝绸之路带来的贸易繁荣推动着贸易制度的不断完善,制度的完善又促使贸易更加兴盛。唐朝设定市舶使征收关税、管理海外交通和处理外贸事务。宋代将市舶使拓展为市舶司,并在元丰三年(1080)制定了中国历史上第一部规范海外贸易的法律——《广州市舶条》。随后,根据实际情况的变化和时代的发展需求不断修改完善相关法律条规。1293 年元代制定的《市舶抽分杂禁》是现存最早的一部完整的市舶法规。制度的渐趋完善,很大程度上减少了经济交易和行政管理中的漏洞,使得海外贸易更倾向良性发展。

第三,造船和航海技术的发展对海上丝绸之路的兴盛起到积极作用。造船和航海是古代"海上丝绸之路"发展的技术基础,造船和航海的发展促进了"海上丝绸之路"的拓展,"海上丝绸之路"的拓展又为造船和航海技术

[1] 冯承均:《诸蕃志校注》,北京:中华书局,1956。
[2] 杜瑜:《海上丝路史话》,北京:中国大百科全书出版社,2001。

的进步注入了动力,二者相辅相成。在唐宋之际,无论是中国还是波斯湾和地中海诸国,造船和航海技术都日臻发展,尤其到宋代,中国人发明了指南针,造船和航海技术更随之发达,这为"海上丝绸之路"的蓬勃发展创造了技术条件,开辟了广阔的发展前景。[1]

第四,海港区位优势和海上运输模式相比陆地运输模式存在的优势,为"海上丝绸之路"的发展创造了良机。通常而言,"陆上丝绸之路"只能毗邻邻国,再向远运,只能穿过一连串的国家和民族,如果其中有一个国家和民族发生了变乱,或有任何一个国家为垄断丝绸贸易而操纵了这条丝路,就会影响全线的畅通。而这样的变故或因战乱而使丝路中断的情况,在历史上屡见不鲜。幸运的是,我国东南沿海有 18 000 多千米的漫长海岸线,有许多终年不冻的良港和海港城市。陆路能够到达的国家,海路大都可以到达。陆路不能到达的许多海岛国家,海路也都能到达。更何况,古代中国的传统外销商品,如丝绸、瓷器、茶叶等的产区都在东南沿海,陆路西运则远离商品产区,既不经济又不方便。加之,东南沿海是外销商品如丝、瓷、茶的生产基地,又是造船、航海最发达的地区;商船的运载量也比骆驼之类的运输工具大得多,而且运费低廉,安全可靠。[2] 这些都显示出海上丝路的巨大优越性。正是因为以上这些原因,海上丝路从此日益兴盛。

然而,郑和下西洋结束后,古代"海上丝绸之路"终究走向衰败,其根本原因在于中国封建社会自给自足的自然经济结构,以及与之相适应的中央集权封建国家所推行的对外贸易政策的限制和束缚,使得包括丝路贸易在内的中国古代对外贸易遭到限制乃至遏止。古代丝路盛衰对建设"21 世纪海上丝绸之路"有着重要的启示意义。

第一,"走出去"是"丝绸之路"的核心精神。不论"陆上丝绸之路"还是"海上丝绸之路",其核心精神就是"走出去"。"走出去",就是打开国门,走向世界;闭关自守、夜郎自大则是其反面。"海上丝绸之路"的构建,秉承的是中国传统文化中敞开的胸襟、高远的目光和勇于探索的精神,用新思维、

[1] 周去非:《岭外代答》,卷二及卷三;脱脱:《宋史》,卷 186,北京:中华书局,1976。
[2] 陈炎:《海上丝绸之路与中外文化交流》,北京大学出版社,2002,第 20 页。

新创建开拓丝路的大宗贸易、外海经济乃至政治格局。

第二,应建立完善的对外开放政策和管理制度。在由国家为主控制的宋、元海外贸易中,"市舶贸易"在其中占据着重要的位置。港口设置市舶司机构,反映出朝廷对于每个港口的重视程度,而这种重视程度又是决定一个港口开展海外贸易的关键,进而直接影响该港口海外贸易的规模与范围。

第三,不断推动本国货币的国际化发展。在古代"海上丝绸之路"发展过程中,中国产品风靡全球,中国货币也随之在海外流通。唐高祖铸行的"开元通宝"在东南亚各国流通无阻;宋钱甚至在北非国家也有出土,是当时的"国际货币"。"21世纪海上丝绸之路"建设进程中,中国与越来越多的国家建立自由贸易区,扩大双边货币互换,建立一系列离岸人民币交易中心,必将推进人民币国际化。

第四,完善对沿海港口城市的布局,推动"海上丝绸之路"发展。贸易发展使得越来越多的外商进入各大港口,推动朝廷不断完善各港口城市布局。例如,唐代在登州城南街设立专用于安置新罗使节的"新罗馆"。新罗馆逐渐发展成新罗人聚居的街巷即新罗坊,以及管理新罗人贸易的机构"勾当新罗所"。宋朝广州蕃人更多,于是在唐城西侧兴建巨大的西城,城中有专业的洋货街道,如象牙巷、玛瑙巷和城线巷等。在广州四周兴建大通(今芳村)、平石(番禺"胜石")、大水(今天河)等8个繁荣卫星小镇并设8个旅游区。阿拉伯、波斯商人寓居明州也驻有"波斯团"。乾隆年间,外国船具的高级职员居住在珠江沿岸,从而形成广州十三行商办行馆。这些举措都表明了在古代丝绸之路发展过程中,不断优化城市布局,积极发展同外国商人的友好往来。

近代中国缩于陆地的原因来自两个方面:自我海禁和列强封锁。当这种"禁足"的时代已成过去时,中国人不影响他人的自由航行,但也绝不允许他人阻碍中国人的正常航行和通过海路与世界各国人民的友好交往。现代"海上丝绸之路"与古代"海上丝绸之路"一样,是中国与世界在政治、经济、文化等全方位沟通交流的重要通道。在经济全球化程度日益提升的21世纪,制定可持续发展的外向型经济和贸易政策至关重要。同时,古代"海上丝绸之路”在发展历程中曾创下的海洋经济观念、和谐共荣意识、多元共生意愿，也将为上海参与“21 世纪海上丝绸之路”建设制定相应的发展战略提供启示性理念。

三、沿海城市参与“海上丝绸之路”建设

在进入改革开放新时代后，中国沿海城市大多依托城市群的地缘、经济和文化基础，在渤海湾地区、长三角地区和珠三角地区所形成的沿海城市群内积极参与“21 世纪海上丝绸之路”建设的进程。横向比较这 3 个沿海城市群典型城市的优劣势条件，可以帮助我们发现上海在参与“21 世纪海上丝绸之路”建设时所面临的主要挑战与问题。

（一）渤海湾地区主要城市的优劣势条件——以天津、大连为例

环渤海区域参与“21 世纪海上丝绸之路”战略的优势十分突出。首先，环渤海地区的地理位置优越，处于东北亚经济圈的中心地带，向南，它联系着长江三角洲、珠江三角洲、港澳台地区和东南亚各国；向东，它沟通韩国和日本；向北，它联结着蒙古国和俄罗斯远东地区。这种独特的地缘优势，为环渤海区域经济的发展、开展国内外多领域的经济合作，提供了有利的环境和条件，成为海内外客商新的投资热点地区。其次，环渤海地区属资源型经济区域，自然资源丰富，且分布相对集中，易于开发利用。而环渤海经济圈还有丰富的海洋资源和渔业资源，同时是中国重要的农业和畜牧业基地，粮食产量占全国的 23％以上，牛羊养殖居中国之首。再次，该地区海陆空交通发达。区域内拥有 40 多个港口，构成了中国最为密集的港口群。海运、铁路、公路、航空运输线路密集，形成了以港口为中心的陆海空立体交通网络，成为沟通东北、西北和华北经济和进入国际市场的重要集散地。已初步形成以京津为中心，以沿海开放城市为扇面，以五省会城市为支点的多功能、外向型的城市群。最后，该区域产业结构调整凸现新的优势，金融环境正在改善。天津滨海新区正在建设世界最大的金融区，并对国际金融改革提供尝试。[1]

---

[1] 刘国斌：《“一带一路”基点之东北亚桥头堡群构建的战略研究》，载《东北亚论坛》2015 年第 2 期。

当然，和长三角、珠三角区域相比，环渤海地区不仅在经济总量，而且在其他许多方面也存在着明显的差距。第一，就经营环境而言，环渤海经济区内市场配置资源的能力相对较弱，致使其在体制创新上，环渤海与珠三角、长三角有一定差距。第二，就企业结构而言，环渤海虽然不乏优秀企业，但大型企业比重偏高，中小企业相对较少，缺乏活力；环渤海地区国有企业比重不仅高于长三角、珠三角，而且高于全国平均水平。第三，由于区域利益主体地方意识较强，条块分割严重，导致地区间经济协调成本高，市场化程度低，资金、人才、技术等要素流动也不够畅通。

天津和大连是环渤海地区两个具有代表性的沿海城市。天津作为中蒙俄经济走廊的主要节点和海上合作战略支点，战略的桥头堡地位优势突出。首先，天津的陆海交通区位优势明显。天津地处太平洋西岸，中国华北平原东北部，面向东北亚，是欧亚大陆桥重要节点城市，是环渤海经济带和京津冀城市群的交会点，是连接国内外、联系南北方、沟通东西部的重要枢纽，是中国参与区域经济一体化和经济全球化的重要门户，在区域经济发展和“一带一路”建设中具有重要的战略地位。其次，天津作为海上合作的战略支点。天津港同世界上180多个国家和地区的600多个港口有贸易往来。而且随着邮轮游艇等高端滨海旅游业蓬勃发展，天津已经成为我国北方最大的国际邮轮出入境口岸。再次，天津发展海洋经济拥有雄厚的经济实力、多样的海洋资源、显著的海洋科技创新能力，如天津市塘沽海洋高新技术产业开发区是全国唯一的国家级海洋高新技术开发区，因此天津发展海洋经济的基础扎实，有能力、有条件在“21世纪海上丝绸之路”建设中发挥更大的作用。最后，天津滨海新区作为全国综合配套改革试验区，依托海洋经济科学发展示范区、国家自由贸易区，以及京津冀协同发展的基础，加快推动优势产业“走出去”步伐，发挥其引领示范和辐射带动效应，为积极主动融入国家“21世纪海上丝绸之路”战略奠定了坚实基础。[1]

---

[1] 孙瑞杰、羊志洪、刘佳等：《天津市海洋经济融入“一带一路”建设的战略思考》，载《海洋经济》2016年第6期。

大连是渤海湾地区另外一个具有相当影响力的沿海城市。大连参与"21世纪海上丝绸之路"战略的两大优势条件就是"跨境电子商务"试验区的建立和"国际海铁联运"的推进。就跨境电子商务试验区而言,大连是世界经济论坛(WEF)夏季达沃斯的举办城市,拥有大连商品交易所(中国最大的农产品期货交易所、全球第二大的大豆期货市场)。借助跨境电子商务公共信息服务平台、公共业务平台和电商园区设立等推进大连跨境电子商务试验区的建设的举措,能够加快促进大连成为国际贸易服务中心。就国际海铁联运而言,作为"海上丝绸之路"战略规划的节点港口,大连港不仅具备推动东北地区与"海上丝绸之路"深度融合的区位优势,而且还拥有十分优越的软件硬件条件。大连港属于常年不冻的深水良港,其港口功能和配套比较齐全,大连港面向地域辽阔、资源丰富的东北腹地,东北地区老工业基地的振兴和大连区域性国际金融中心的建设又为大连港提供了发达的经济支持。而且大连港所在的东北腹地五种运输方式齐全,拥有完善的铁路运网、比较发达的公路运网、较为健全的航空运输体系和贯通南北的管道系统,初步形成了以邻近港口为门户,周边铁路公路为运输动脉,民用航空、管道运输、海上运输相辅的良好布局,并与国内外航线有效连通。为发展东北亚国际航运中心提供了有力保障,也为"海上丝绸之路"发展战略的实施打下了坚实的基础。

尽管大连港具有良好的天然条件和区位优势,拥有较完善的集疏运交通网络,但在建成东北亚国际航运中心的发展要求下,距实现"海上丝绸之路"的战略规划仍存在一些不足。首先,大连市港口东北腹地经济虽然较为发达,但经济增长速度缓慢,东三省内的邻近港口又与大连港相互竞争,造成货源分流,导致港口地位不断降低,而且环渤海港口群崛起及日韩等国际大型港口的挑战也使得大连港口面临着极大威胁。其次,大连港的运输交通网络过分偏重哈大运输通道所在的东北中西部地区,而东部地区缺少贯通南北的铁路和高等级公路,各种运输网络未能有效衔接。另一方面,新开发港区后方的交通体系发展滞后也使得大连港面对不少压力,面对新建港区带来的成倍增长的运输需求,新开发的太平湾和尚岛等重点港区公路集疏运条件落后,尤其缺乏与高速公路系统相衔接的快速集散疏运通道,与大规模集装箱运输和高水平物流服务的要求存在巨大差异。[1]

(二)长三角地区主要城市的优劣势条件——以上海、宁波为例

“21世纪海上丝绸之路”构想的提出使得海上贸易在国家经济发展中占据更加重要的位置。作为海上贸易的交易平台,港口已经成为国际航运中心的主体。长三角江海交汇,港口资源丰富,具有得天独厚的区位条件,是我国港口经济最发达、最具活力和竞争力的区域之一,与渤海湾海域和珠江三角洲海域的众多港口群相比,长三角港口群的布局是最为完善的,它包括上海港、浙江省和江苏省内主要港口,也是我国沿海港口群中吞吐量最大、港口密度最大的地区之一。作为海上丝绸之路的桥头堡和“一带一路”的重要交汇点,长三角港口已成为国际贸易经济流动的重要通道和通往亚洲、欧洲、美洲的必要门户。但长三角海域港口间的竞争却非常激烈,这种竞争主要表现在:第一,各港口相对独立,各自为战,建立起不同的行政体制、管理政策,导致港口建设无法协调,缺乏沟通,甚至影响港口间货物流通效率;第二,各港口距离较近,层次格局较混乱,定位不明确,港口功能相互重复,货物种类结构趋于相同;第三,长三角港口群内部干线港与支线港对接不成熟,缺乏有效协作,导致港口与腹地城市货物流通效率较低。港口层次结构性矛盾凸出,影响了长三角港口群的整体发展,降低了长三角港口群在世界其他港口群中的综合竞争力。[2]

作为长三角地区的核心城市,上海在参与“21世纪海上丝绸之路”的一个最大优势便是上海自贸区的建设。而上海自贸区建设中的一个重要目标是成为像新加坡那样的中转港。上海建设自贸区的政策为此提供了良好的政策基础。由于通过马六甲的货物绝大部分来自中日韩三国,而上海港距离日韩比新加坡近得多,不仅意味着在上海转船更经济,也能为国内企业大大降低运输成本。上海有理想的地缘位置,作为长三角经济区域的龙头上海的辐射作用也极其明显,甚至可以江海联运通过长江一直渗透到武汉、长

[1] 张哲、赵志伟、房本旭等:《关于提升大连港港口竞争力促进海上丝绸之路建设的战略研究》,载《商场现代化》2015年第13期。

[2] 郭政、董平:《“一带一路”战略下长三角港口群发展策略研究》,载《港口经济》2016年第11期。

沙这样的中部地带,加上其商业配套齐备,非常适宜建立全国性航运中心。不过,鉴于目前海运业大船化趋势越发明显,对超级中转良港的要求越发急迫,而整个东南沿海条件最适合当中转港的天然深水良港就是宁波北仑港。因此上海市在加推进参与"21世纪海上丝绸之路"的过程中,除了充分发挥洋山港的功能之外,还需借助了宁波港的港口优势来弥补自身不足。[1]

(三)珠三角地区主要城市的优劣势条件——以广州、厦门为例

珠江三角洲经济圈是中国经济三大增长极之一。作为改革开放的前沿阵地,广东早已是中国经济第一大省,却面临产业转型升级的历史性任务。在转型阶段,"21世纪海上丝绸之路"建设必将对珠三角的港口覆盖面、产业升级产生巨大促进和提升。同时,作为华侨大省的广东,其与"21世纪海上丝绸之路"沿线国家和地区有着牢固的人文纽带,这个优势将很好促进广东参与"21世纪海上丝绸之路"倡议。随着粤港澳经济一体化水平不断提高,资金、技术、人才、信息等各类要素资源加快聚集。广东和港澳间功能体系对内相对有机联系,对外则相对完整独立,因此粤港澳合作将是包括广州市在内的珠三角区域参与"21海上丝绸之路"战略的一大重要优势。

尽管广州作为珠三角区域的主要城市,在参与"21世纪海上丝绸之路"具备着突出的地缘优势、海外华人华侨优势以及长期的对外开放优势和粤港澳合作的优势,但是广州在发展过程中尚存在着一些不足,具体体现在以下几个方面。第一,产业政策不完善,产业结构不尽合理。目前,广东省对发展海洋产业的政策支持方面存在明显缺陷,特别是海洋新兴产业,如海水利用业、海洋生物医药业、海洋电力业等投入周期长、产业门槛高、研发难度大,政策的可预见性和可持续性要求高,相应的政策调整须准确及时才能有效引导海洋新兴产业快速发展。第二,区域经济发展不平衡。由于区位与资源条件的不同,珠三角地区的发展状况与粤东、粤西差别巨大。珠三角地区靠近港澳,又是改革开放的前沿阵地,经济总量大,发展海洋经济基础雄厚,具有相当的发展优势,但粤东、粤西两翼总体经济基础薄弱、基础设施不

[1] 王蕊、袁波:《中国自贸区建设对产业发展的影响》,载《国际经济合作》2013年第11期。

完善，海洋经济以粗放型为主，海洋资源优势未转化为海洋经济优势。[1]第三，部分企业对“海上丝绸之路”沿线市场认识不够。目前，大多数粤企是以自发形式“走出去”的，由于政府对如何“走出去”缺乏统筹和政策指引，信息不畅。很多广东企业对当地法律、政策、产业等了解不够，导致“走出去”后发现与想象反差较大，影响“走出去”的成效。

同样，作为“21世纪海上丝绸之路”国家战略中的排头兵和主力军之一，厦门在参与“21世纪海上丝绸之路”建设中亦具有独特的优势：首先，拥有得天独厚的海港优势，地缘优势明显。厦门是经国务院批复设立的经济特区，是我国东南沿海重要的中心城市。厦门面向东南亚，处于太平洋、印度洋、大西洋航运的枢纽位置，是对外主要的通商口岸。厦门素来被誉为中国沿海最好的港口之一，厦门港具有港阔、浪小、水深、不冻、不淤等特点，具有发展航运的天然海港优势。厦门独特的海港优势为其融入“21世纪海上丝绸之路”建设提供了战略地缘优势。其次，厦门作为经济特区和改革开放发展前沿城市，具备经济特区的发展优势。厦门特区经济整体发展稳健良好，经济发展整体率先转型升级，整个厦门特区的经济发展增长都充满活力，产业结构转型底气足，创新优化强。再次，庞大的厦门籍华侨华人优势。在“海上丝绸之路”沿线国家和地区中，厦门籍海外华侨华人在文化、经济、科技、人脉资源等方面实力雄厚，对海外政治制度和环境基础较为熟悉，能够为厦门融入“21世纪海上丝绸之路”发展承担起更大的历史使命，发挥更加实际的效用。

（四）我国沿海城市参与“21世纪海上丝绸之路”的共同挑战

上述三大沿海城市群的典型城市积极参与“21世纪海上丝绸之路”建设，并展现了各自的优势条件。与此同时，它们也面临着一些相似的挑战性问题。从国内环境看，这些沿海城市存在着新的“海上丝绸之路”始发地的城市竞争，因而在城市间沟通协调方面存在问题。“21世纪海上丝绸之路”上升为国家战略后，国家必然要进行大规模的投资，由此引起各地方之间的

[1] 刘继森、张聪颖：《21世纪海上丝绸之路与广东对外开放新格局》，载《经贸实践》2017年第2期。

竞争。争论古代丝绸之路和海上丝绸之路的起点，实际上就是各地方盲目竞争的一种表现。与此同时，三大海域主要港口城市在各个区域内都也存在着临近港口竞争矛盾凸显的问题，例如，东三省内的邻近港口与大连港之间相互竞争，造成货源分流，导致大连港港口地位不断降低。上海港与邻近港口，如宁波北仑港以及浙江省和江苏省内主要港口间的竞争也非常激烈。这种竞争主要表现在：各港口相互独立，各自为战，建立不同的行政体制、管理政策，导致港口建设无法协调，缺乏沟通，甚至影响港口间货物流通效率；各港口距离较近，层次格局较混乱，定位不明确，港口功能相互重复，货物种类结构趋于相同。[1]

从外部环境看，中国提出的“21 世纪海上丝绸之路”战略倡议已令沿线大国竞争态势日趋凸显。美国近年来推行“印太”地缘战略，为维护其在西太平洋的海上霸权，极力阻挠中国走出第一岛链。除了加强在亚太的前沿军事存在外，美国还利用中国与邻国的岛屿与海洋权益争端，渲染“中国海上威胁”和“依靠实力改变现状”，以此强化与该地区部分国家的安全合作，使得这些国家“安全上依靠美国”的局面进一步固化，政治上对中国崛起的疑虑持续上升，因而对开展“21 世纪海上丝绸之路”框架下的合作心存犹豫和警惕。[2] 昔日东亚地区的经济巨人日本，近年来在政治上不断鼓动菲律宾、越南等国与中国争夺南海主权，拉拢印度参与“民主安全菱形”计划，在经济上倡议日本-湄公河伙伴关系计划。作为仅次于中国的亚洲新兴经济体，印度多年来一直将南亚和印度洋看作本国势力范围，对“21 世纪海上丝绸之路”倡议抱有疑虑。印度明确反对“中巴经济走廊”，提出针对“21 世纪海上丝绸之路”的“印度洋季风”计划，加强与印度洋国家的经济文化联系，以削弱“一带一路”的影响。此外，斯里兰卡、孟加拉国、新加坡等“21 世纪海上丝绸之路”沿线小国也担心“21 世纪海上丝绸之路”的建设将使本国产业受到冲击，甚至盲目接受美日等西方媒体的歪曲，认为本国经济可能被中国资本控制，成为中国的经济附庸，继而在政治和安全问题上也被迫向中国让

[1] 陈万灵、何传添：《海上丝绸之路的各方博弈及其经贸定位》，载《改革》2014 年第 3 期。
[2] 刘宗义：《21 世纪海上丝绸之路建设与我国沿海城市和港口的发展》，载《城市观察》2014 年第 6 期。

步。因此，近年来一些“21世纪海上丝绸之路”沿线国家纷纷实施大国平衡战略。[1]

四、上海面临的挑战

“21世纪海上丝绸之路”是在秉承开放包容原则下的一个合作、发展的理念和倡议，并不是实体组织和一体化的机制。它是一个多领域、全方位、内外开放相结合的战略构想。该战略构想的内涵是推进中国与周边国家加快实施自由贸易区战略，构建中国与周边的地区国家的区域一体化新格局，并利用这个契机和平台，扩大与完善中国对外投资空间，增加中国在全球经济合作中的话语权。[2] 在国家大战略格局下，国家主席习近平在2014年8月来上海考察时明确要求上海按照国家统一规划、统一部署，参与“丝绸之路经济带”和“海上丝绸之路”建设，推动长江经济带建设。这是上海在“十三五”期间，在国家大战略下的新使命。[3] 作为长江经济带的龙头，无论从区位还是政策支持上而言，上海参与海上丝绸之路建设都无疑具有较大优势。另一方面，受到上海本身条件和外部环境等影响，随着海上丝绸之路的建设和发展，上海在参与“21世纪海上丝绸之路”建设时所面临的一系列挑战也逐渐地显现。

首先，上海“四个中心”建设面临多方面的发展瓶颈。上海于20世纪90年代中期明确提出“四个中心”建设目标，即国际经济、金融、贸易和航运中心。其间尽管对“四个中心”建设的内涵、格局，以及“四个中心”轻重缓急顺序排列有所改变，但将“四个中心”作为上海城市转型的目标却是共识。为了实现这一目标，上海于“十五”期间开始尝试和探索城市转型，“十一五”期间确立了“以服务经济为主的产业结构”转型发展方向，“十二五”期间率先提出了“创新驱动、转型发展”发展主线，基本勾勒出以“创新驱动发展、经济

[1] 韦红、尹楠楠：《“21世纪海上丝绸之路”东南亚战略支点国家的选择》，载《社会主义研究》2017年第6期。

[2] 肖琳：《海陆统筹共进，构建“一带一路”》，载《太平洋学报》2014年第2期。

[3] 郭泉真、李晔：《长江经济带是“两带一路”的关键》，载《解放日报》2014年8月12日，第1版。

转型升级"为路径,以"四个中心"建设为目标的城市转型蓝图。在这期间,上海已经基本形成了与"四个中心"相匹配的城市发展规模与水平。但在"四个中心"建设的实际层面,上海仍然存在一些不足。上海"四个中心"建设虽然呼应城市功能提升的转型发展主线,从工业化单一城市功能向金融、贸易、航运等多功能的城市转型升级业已全面展开,但与服务经济相匹配的体制机制仍有待建立与完善。从"四个中心"建设的关键内涵看,国际金融中心取决于人民币的国际化地位、国际贸易中心取决于大宗商品的定价权、国际航运中心取决于转口贸易规模,在这些方面,上海仍然缺乏核心优势。在全球化与信息化交互作用背景下,随着上海开放度的不断提升,未来影响"四个中心"建设路径的关键变量将从以往传统的物质生产力,逐步转向信息生产力所决定的科技创新与业态创新变量,使得通往"四个中心"的道路既不能简单套用国际经验,也不能墨守成规,而是要牢牢把握全球化与信息化发展的特点,顺势而为。例如,以互联网和数字技术为载体的科技创新,如大数据管理、云计算、移动网络等。新的空间流动意义上的要素集聚与功能辐射成为"四个中心"建设所必须面对的新挑战。

其次,上海自贸区建设对于推动上海参与"21 世纪海上丝绸之路"建设意义重大,两者存在相互促进的关系,但迄今为止,上海自贸区建设仍然存在诸多不足。没有自贸区带来的贸易和投资便利,"21 世纪海上丝绸之路"对周边国家吸引力不大;但离开"21 世纪海上丝绸之路"的基础设施建设,也难以打造真正意义上的自贸区,更难以实现自贸区的升级与发展。上海自贸区运行以来最显著的成效是海关进出口程序的简化、外商投资限制的减少、贸易便利化的提升。当前上海自贸区的进一步发展还面临着加快政府职能转变、扩大投资领域的开放、推进贸易发展方式的转变、深化金融领域的开放创新和完善法制领域的制度保障五项基本任务。但是,上海自贸区的发展依然存在自贸区功能有待提升、自贸区贸易额增长不明显、自贸区与国家战略结合不够、自贸区法律不够完善等问题。[1]

[1] 张时力:《中国自贸区建设与"21 世纪海上丝绸之路"——以上海自贸区建设为例》,载《社会科学研究》2016 年 1 月。

再次,上海面临与国内其他沿海港口城市和与其他国家和地区港口城市竞争的问题。在同国内其他沿海港口城市竞争方面最具挑战的问题来自长三角地区港口间的竞争。该地区各个港口之间相互独立,彼此之间建立了不同的行政管理体制;各港口建设功能定位不明确,缺乏科学分工;港口群内部主要干线港与支线港缺乏有效合作,降低港口货物流通效率。此外,上海同釜山、高雄、香港和新加坡等港口城市也存在着明显的竞争。

最后,上海目前面临国内和国际两个方面进一步发展的资源约束,包括政策资源、市场资源、自然资源、文化资源等方面的约束。上海企业和人才走出去的意愿和动力不强,社会、经济、文化领域的众多优势资源和要素长期沉淀在狭小的本土空间内难以得到优化配置。上海本身的"大城市病"如交通拥堵、环境污染、生态恶化、资源紧张、高房价等,如果不能及时得到解决,将严重影响上海城市的竞争力和吸引力,限制上海参与"21 世纪海上丝绸之路"建设的能力。

"21 世纪海上丝绸之路"倡议是在世界经济中心发生转移、中国实力和国际影响力提升的情况下提出的,有着来自外部和内部的良好发展机遇。位于东海之滨、我国海岸线的居中点、长江的出海口,又是我国开放程度最高、对外贸易最发达、经济实力最强的国际金融中心上海,只有积极参与"21 世纪海上丝绸之路"建设,才能够更好地发展自身经济、进行产业再升级,成为一个名副其实国际大都市。但是上述挑战也是上海在发展过程中所不能忽视的。因此,在发展过程中,上海要把握好发展与挑战这一矛盾体,由挑战促发展,由发展迎挑战。

五、上海应对挑战的政策建议

上海参与"21 世纪海上丝绸之路"面临来自政治、经济、安全、城市发展、地理环境等多方面的挑战。上海所面临的挑战,有其普遍性也有特殊性。对挑战中的共性,可以总结其他城市应对的一般性思路作为借鉴;针对上海参与"21 世纪海上丝绸之路"所面临的特殊性挑战,应该对其进行分类,采取不同的方式予以解决。对于自身建设不足所带来的挑战,可以通过发展来不断完善参与“海丝”的配套设施，打造出一个拥有完善的基础设施、政策环境、文明社会的承接平台；对于政策和关系的处理方面的不足，可以通过充分的互动来解决，对内加强与中央和其他沿海城市的互动，对外加强与沿线城市的互动，并充分发挥人文互动的作用，构建充分互动的发展共同体；面对信息交流不畅、发展理念不同等带来的挑战，可以通过沟通交流来达成共识。搭建政策沟通的信息平台，拓展人文交流、民间交流的渠道，深化理念沟通的意识，将上海深化参与“21 世纪海上丝绸之路”的行动作为一种共识传递给各相关方。

（一）应对挑战的一般性做法

1. 寻求政策支持

“一带一路”倡议提出 5 年来，“一带一路”国内统筹协调机制基本建立起来，破除了国内协调方面的困难。2015 年 2 月，中央成立“一带一路”建设工作领导小组，办公室设在国家发展和改革委员会，由西部开发司牵头协调，外交部、商务部等部门共同推动，下设综合组、丝绸之路组、海上丝绸之路组和对外合作组，[1] 机构设置的高规格体现了国家对“一带一路”建设的高度重视。另一方面，国务院出台了包括交通、贸易、能源、旅游等一系列对接“一带一路”的文件。教育部、科技部等部门也相继发布《推进共建“一带一路”教育行动》《推进“一带一路”建设科技创新合作专项规划》等文件。目前，几乎所有省份和节点城市都已出台“一带一路”对接方案。

2. 加大配套设施投资力度

中国对“一带一路”配套设施的投资力度在金融保障方面得到了极好的体现。2014 年 12 月，国家外汇管理局、中国投资有限责任公司、中国进出口银行、国家开发银行共同出资设立丝路基金，重点是在“一带一路”发展进程中寻找投资机会并提供相应的投融资服务。丝路基金首期注册资本 100 亿美元，专门为“一带一路”框架内经贸合作和双多边互联互通提供投融资支

[1] 相均泳：《全面推进“一带一路”发展战略对接》，国际在线，2016 年 3 月 28 日，http://news.cri.cn/2016328/c2d2e285-e0ba-9207-bba4-59df7c99448b.html，最后访问日期：2018 年 3 月 1 日。

持。截至2016年底,丝路基金重点追踪项目已有100多个,实际投资额约40亿美元;中国国家开发银行在沿线国家累计支持项目逾600项,贷款余额超1 100亿美元;中国进出口银行支持“一带一路”、国际产能和装备制造合作项目603项,贷款余额同比增加13%。[1] 同时,作为首个由中国倡议设立的多边金融机构,资本规模高达1 000亿美元的亚洲基础设施建设投资银行顺利完成筹建工作,自2016年进入运营阶段。[2] 新成立的亚投行开创了国家融资新模式,成为“一带一路”参与国解决资金难题的重要平台。

3. 制定优惠法规政策

2015年3月,中国政府正式发布了《推动共建丝绸之路经济带和21世纪海上丝绸之路的愿景与行动》,地方政府纷纷跟进,制定出台了一系列的相关优惠政策来保证“一带一路”建设的顺利进行。“一带一路”建设是中国今后对外开放和对外经济合作的总纲领,是综合开放的网络,其中任何节点都可能成为起点,[3] 各地相关优惠政策的出台,也使得“一带一路”建设在全国范围内顺利进行,加快了对外辐射的范围和走出去的进度。

4. 加强机制建设

“一带一路”作为一个整体平台,在该平台下的诸多跨国活动具有区域性或区域间公共产品属性。[4] 所以“一带一路”倡议本身就是中国向世界贡献的一个公共产品,“一带一路”的发展理念具有非排他性和非竞争性的特征,但是其涉及的具体项目仍需要良好的机制来保证有效的沟通和协商。“一带一路”倡议提出以来,已建立了亚投行、丝路基金、区域合作平台等机制,随着合作的深入,机制需要进一步完善。中国需要以大国心态,遵循国际公共产品创新完善的普遍规律,广泛征求各方意见达成共识,循序渐进地深入推进机制建设、完善激励机制、利益分配机制和争端解决机制。[5]

[1] 陈果静:《打通资金通路服务“一带一路”》,载《经济日报》2017年4月26日,第5版。
[2] 傅梦孜、徐刚:《“一带一路”:进展、挑战与应对》,载《国际问题研究》2017年第3期。
[3] 苏格:《全球视野之“一带一路”》,载《国际问题研究》2016年第2期。
[4] 黄河:《公共产品视角下的“一带一路”》,载《世界经济与政治》2015年第6期。
[5] 王亚军:《“一带一路”倡议的理论创新与典范价值》,载《世界经济与政治》2017年第3期。

(二) 以发展解决难题

1. 完善基础设施建设

基础设施建设分为两个方面,一是上海自身基础设施的建设;二是深度参与"21 世纪海上丝绸之路"的基础设施建设。基础设施互联互通是"21 世纪海上丝绸之路"建设的优先领域。促进海上交通互联互通,要抓住关键通道、关键节点和重点工程,要与沿线国家共建海上公共服务设施,加强执法能力建设,提供海上安全公共产品,保障海上通道安全;要支持相关国家港口、码头及信息网络等骨干通道建设,促进海上物流和信息流的有效衔接;要加强海洋合作政策交流沟通,促进海上贸易投资便利化。[1]

2. 科学制定城市发展战略规划

"一带一路"的布局建设需要从长远的角度来考量,上海想要在海上丝绸之路的主导性地位则必须以世界城市为定位,以长期、全局眼光为视野,构建全面的城市发展战略规划。上海应该在发展中建立城市功能评价体系,不断丰富、改善发展理念,将上海国际大都市建设目标定义为"实力中心"和"引力之都"的结合,配合"四个中心"定位,确立上海在软实力方面的文化之都、创新之都、机遇之都、人居之都的定位,[2] 细化城市经营理念,以海上丝绸之路为跳板,真正建设成国际性大都市。

3. 解决内生性不足

上海面临着严峻的产业结构调整以及培育以现代服务业为核心的现代产业体系的任务。作为我国经济中心以及长江经济带的龙头城市,上海应集中发展总部经济、平台经济和绿色低碳经济,不断优化其高端要素集聚、高端价值链塑造、高端商务服务功能培育、高端产业结构提升和高端发展管理输出的城市高端运作模式。上海积极参与"21 世纪海上丝绸之路"建设将会给长江经济带其他地区和城市的产业升级和产业转移带来促进作用,同时也将推动上海自身的产业再升级。

---

[1] 刘赐贵:《发展海洋合作伙伴关系、推进 21 世纪海上丝绸之路建设的若干思考》,载《国际问题研究》2014 年第 4 期。

[2] 屠启宇:《谋划中国的世界城市:面向 21 世纪中叶的上海发展战略研究》,上海三联书店,2008 年版。

(1) 着力解决"大城市病"对上海进一步发展的制约

伴随着经济和城市化的快速发展,上海的"大城市病"也愈益凸显,而"大城市病"已经成为上海自身发展及其带动区域发展的主要障碍,治理"大城市病"势在必行。防治"大城市病",除改善和优化大城市本身内部的空间结构外,还要跳出大城市以外,从更大范围的区域出发,建设和完善整个区域以大城市为核心的城市体系的空间结构。同时,要根据大城市的发展规律,维持大城市的开放性、流动性、多样性和异质性,促进大城市及以此为核心城市的城市体系各成员城市的合作与发展,推动城市化和区域化、全球化的健康发展。[1]

(2) 统筹区域发展,提升协同发展能力

统筹区域内资源配置,缩小区域差距,推动区域一体化平衡发展,既是为上海可持续发展谋求不竭动力,也是破除当前"大城市病"的有效举措。

(3) 推动构建长三角经济圈城市角色定位,为上海打造持续发展的后方

上海面临着严峻的产业结构调整以及培育以现代服务业为核心的现代产业体系的任务。作为我国经济中心以及长江经济带的龙头城市,上海应集中发展总部经济、平台经济和绿色低碳经济,不断优化其高端要素集聚、高端价值链塑造、高端商务服务功能培育、高端产业结构提升和高端发展管理输出的城市高端运作模式。上海积极参与"一带一路"建设将会给长江经济带其他地区和城市的产业升级和产业转移带来促进作用,也同时实现了上海自身的产业再升级。

4. 营造良好宽松的发展环境

上海因其经济中心和国际大都市的定位,具有建立更加灵活宽松创新机制的可能。上海的自贸区建设就是提供良好发展环境的实践,与此同时,上海应研究将中关村国家自主创新示范区有关试点政策在上海的推广。在加强自贸试验区、各类科技园区、工业园区硬件建设的同时,在有针对性地"引进来"和"走出去"政策等软件方面为企业创造良性互动、宽松有序的创新氛围,从引进创新人才、提供创新资金和场地、鼓励国际交流,到重视保护

[1] 王桂新:《中国"大城市病"预防及其治理》,载《南京社会科学》2011年第12期。

企业专利产品、简化各项审批程序、减少对企业的行政干预等各方面营造良好氛围，构建起区域创新体系和创业乐园。

5. 创建文明城市，优化区域环境

上海当前环境保护工作仍然十分严峻，居民环保意识亟须加强，可持续发展能力仍需提高。创建文明城市、美丽城市，需要构建多部门、多领域的大气污染协同治理机制，制定严格的产业准入目录和污染排放标准；与此同时，推动长三角地区大气污染联防联控，带动区域环境的改善，为长三角地区打下可持续发展的基础。

（三）以联动破除瓶颈

1. 政策联动

“一带一路”倡议从提出到现在，经历了由理念到框架，由框架到战略规划，由战略规划到深入实施的逐层和高效引导的演进过程。在这个演进过程中，中央与地方政府进行了诸多政策层面的互动，最终确立下来“一带一路”发展的整体规划。如要深入参与“海上丝绸之路”规划，就必须对规划演进过程中的中央与地方政策联动有深刻的了解。

（1）与中央政府的互动

上海作为“一带一路”的先导和长江经济圈的核心城市，在机制建设、优惠政策和发展授权方面有着先天性优势，可以相对便捷地获得中央政府的相关支持，这种外在驱动力和上海自身参与动力相结合，可以迅速提升上海在“21世纪海上丝绸之路”建设和长江经济圈中的影响力与地位。与此同时，上海在获得中央大力支持的基础上，也要结合自身实际，提出适合上海发展的新模式、新想法，创新发展思路和参与方式，反向塑造中央政府对上海的扶植政策，达到双方良性互动、政策联动的目的。

（2）与地方政府的联动

与其他各区域携手构建发展共同体，避免内部竞争造成的资源消耗，并逐步确立起上海在区域发展共同体中的主导地位。上海处于长江经济带，从经济体量、发展潜力、政策扶植等方面来看，有充分的条件成为长江经济带的发展龙头。以上海为先锋和主导，统筹区域内甚至沿长江经济带的资源,可以形成规模效应,显著提高对外竞争力。在“一带一路”倡议提出之后,中国许多沿海城市都试图充当海上丝绸之路的关键节点,并与其他城市展开全方位的竞争,在这个过程中,大量的资源被浪费。上海在与中央政府互动的过程中,需要得到中央政府对上海在海上丝绸之路国内主导城市地位的支持。上海有了成为区域内主导者的必要性,结合上海自身充分的发展条件,可以带领长江经济带的发展向更高阶段迈进,通过合作实现多赢。

(3) 与沿线城市的互动

以城市间互访加强经济、政治、安全、人文等方面的协作。加强沿线合作是“21世纪海上丝绸之路”建设的优先领域和重点任务,具有基础性和示范性效应。“21世纪海上丝绸之路”建设首先应是中国与沿线国家与城市共同推进海上务实合作的进程。[1] 上海可以通过城市外交推动上海在全球城市合作中发挥作用,统筹好国内国际两个大局,把推动上海全球城市合作作为民间外交工作的一个切入点和着眼点,通过增强上海城市的软实力和影响力来推动上海在全球城市合作中发挥重大作用。同时,上海作为“21世纪海上丝绸之路”沿线上最大的城市,也承担着牵头构建区域安全体系的责任。除了上海合作组织这一重要的反恐安全合作平台以外,上海还需要配合国家战略,发挥国际大都市的作用,在中央政府领导下建立长效化的反恐机制,还可以更进一步与“一带一路”沿线国家和地区逐步健全反恐体制和机制,合作构建“一带一路”区域合作安全体系,[2] 共同应对沿线区域的不确定因素。

2. 关系联动

(1) 推广“共商、共享、共建”的发展理念,构筑发展共同体

对中国“一带一路”倡议的发展理念方面的质疑主要来自美国和日本,其中美国又是破除质疑的关键,抓住处理好与美国关系这个“牛鼻子”,才能够加强合作,互利共赢。“共商、共享、共建”是符合绝大多数国家和地区的发展思维的,但是这种互惠互利的发展理念又总是会被一些国家的舆论炒作或政治纷争所绑架,从而导致对抗情绪的产生。上海作为“海上丝绸之

[1] 刘赐贵:《发展海洋合作伙伴关系、推进21世纪海上丝绸之路建设的若干思考》,载《国际问题研究》,2014年第4期。

[2] 王海燕:《“一带一路”战略与上海的作用》,载《中国周边外交学刊》2015年第2期。

路"的重要一环,也承担着处理好沿线外交责任、推广互利共赢发展理念的任务。事实上,在"海上丝绸之路"的合作平台提倡的是开放性和包容性,这恰好暗合了上海这座城市的发展理念。在这个合作平台上,各个国家都可以扬长避短、各取所需,以此所构建的利益相互交织的发展共同体是"海上丝绸之路"长期存在的基础。

(2) 扮演好对内整合、对外发展的桥梁性角色,统筹对内和对外关系

上海与"一带一路"和长江经济带沿线的众多省区市和国家在资源能源供需和上中下游产业链等众多方面存在互补性,具有建立该区域资源整合方面互补的机制、路径和模式的潜力和基础。对内,上海应发挥其在长江经济带区域标准化建设的标杆优势,推动长江经济带区域的标准一致化建设,打破地域间的标准壁垒和政策壁垒,建设长江经济带统一大市场和生产基地。对外,通过"一带一路",上海一边连接亚太经济圈,一边连接发达的欧洲经济圈,是"一带一路"倡议中的创新中枢、经贸中枢、金融中枢、物流中枢和信息中枢。上海应该充分利用自身在"一带一路"倡议中的重要地位,利用自贸试验区建设的多项试点和政策,推动"21 世纪海上丝绸之路"沿线地区和城市对上海标准的认可、对互惠互利发展模式的认可。上海作为国内和国外发展沟通的桥梁,应将对各方都适合、各方协商都认可的标准和理念适时推广到长江经济带和"21 世纪海上丝绸之路"沿线各国和地区,使中国从国际标准和规则的追随者和学习者转变为国际标准和规则的制定者和主导者,为上海自身和长江经济带在国际区域经济合作竞争中占据更加有利的地位发挥重要作用。

(3) 以上海为主体进行人文交流,构筑上海"社交圈"

推进"海上丝绸之路"跨城市、跨国家间人文交流与国际合作,对形成文化领域方面以上海为中心的人文交流平台,对上海谋求在"海上丝绸之路"发展战略中占据有利地位有着重要作用。构筑上海的文化"社交圈"既要根据上海的实际辐射能力和对方的需求来适度扩大文化影响范围,为沿线城市和国家提供更多类型的文化产品和服务,又要吸引更多的"海上丝绸之路"沿线城市和国家参与这个人文交流的国际合作,使合作机制更加具有活力和持续性。

(四) 以沟通增进共识

沟通的核心是寻求认可和支持,具体到上海参与"海上丝绸之路",就是向外讲好上海故事。政策沟通为上海寻求国内外的广泛共识提供了行动连贯性的保证,使上海在对外沟通的过程中能够进退有度、沟通有效。在这个过程中,文化是一个重要的抓手,能够绕过政治、经济方面的阻碍打破困局,另辟蹊径;结合理念沟通的方式,能够快速争取沿线城市和国家民众理解和认同,事半功倍。

1. 政策沟通

(1) 与中央的沟通中获取参与的主体地位

作为迈向卓越的全球城市,上海本身的城市定位选择受其独特的政治经济地位影响,体现了国家战略导向下中央与地方的互动关系。上海城市定位演变和城市发展受到大"城市基因"及其演化的隐含影响,在中国复兴的大背景下,上海自身蕴含的国际城市所独有的自然禀赋条件和发展潜力同时发挥作用,其中心城市地位始终如一。

(2) 与地方的沟通中确立参与的主导角色

上海是长江经济带中的一部分,与其他各部分构成一个有机的整体,但是这个整体在新的发展水平上迫切需要一个主导性角色的引领。2009年国务院发布《关于推进上海加快发展现代服务业和先进制造业建设国际金融中心和国际航运中心的意见》,正式提出上海要打造国际经济中心、国际金融中心、国际贸易中心、国际航运中心。"一带一路"倡议提出后,上海又被赋予了跨区域合作的时代特性,这些都有利于打造上海在长江经济带中的龙头地位。上海"领头羊"作用的发挥,结合独特的地缘优势、政策优势和"一带一路"的发展契机,将促使在机制创新基础上的区域内和区域间的产业互补、城市互动、基础设施共建的一体化进程,并实现结构调整、要素流动和资源配置。

(3) 与国外的沟通中深化上海优势

与国外的政策层面的沟通其实就是谋求他国政府和公众对"海上丝绸之路"建设和上海在其中的重要地位的基本理解和明显的认同,换言之,就是确立政治互信和上海认同。在与国外进行政策沟通的过程中，政府层面的对话机制是沟通的主要渠道。

2. 文化沟通

在国家的大力推动下，“海上丝绸之路”建设在实践层面已经拥有了重大的进展，与此同时，上海需要更加注重以文化沟通为核心的软实力的建设，这既是推进“海上丝绸之路”建设的应有之义，也为深化双边多边合作奠定坚实的民意基础和社会基础。文化的沟通交流因其触动了人们的思想，进而可能影响到政府的决策，从而对国与国之间的关系产生直接重大的影响，所以“国之交在于民相亲”。习近平主席在谈到建设“丝绸之路经济带”时，特别强调了“民心相通”，只有使民众受益，海上丝绸之路建设才能得到沿线国家民众的支持。[1] 2016 年 12 月，中央全面深化改革领导小组第三十次会议指出，软力量是“一带一路”建设的重要助推器。上海是发挥文化沟通的重要平台，以上海为主场和核心的文化沟通机制的形成，对上海在“21 世纪海上丝绸之路”建设中确立地位、增进共识的重要举措。在文化沟通的过程中，加强公关宣传，通过画报、视频、网络、新媒体等多种形式公开报道一系列具有良好经济和社会溢出效应的民生项目，塑造良好的上海形象，宣传上海的文化理念。

3. 理念沟通

理念沟通是深化共识，破解矛盾的又一重要举措。在“一带一路”建设的过程中，其所传递的“亲诚惠容”、合作共赢的理念，成为构筑“一带一路”合作平台的重要基础。“一带一路”倡议提出后，在国际上引发了强烈反响和不同解读。“一带一路”沿线各国由于自身原因，对“一带一路”倡议总体上持欢迎态度，但域外大国的态度也分为了欢迎、观望和冷处理等几种类型。[2] 对于沿线大国，它们既想分享“一带一路”建设可能带来的好处，又担心不确定性因素和潜在风险，所以保持怀疑、观望态度。世界上各国对“一带一路”倡议持有不同的态度，固然有出于考虑本国战略利益等方面的

---

[1] 刘赐贵：《发展海洋合作伙伴关系、推进 21 世纪海上丝绸之路建设的若干思考》，载《国际问题研究》2014 年第 4 期。

[2] 马建英：《美国对中国“一带一路”倡议的认知与反应》，载《世界经济与政治》2015 年第 10 期。

原因，也是因为"一带一路"倡议未能被世界各国所充分理解。"一带一路"所传播的发展理念，是根植于中国儒家文化的发展义利观，是中国儒家传统的国家治理理念推及世界后进行的理论创新，既体现了中国的国情，又考虑了全球治理改革的需要。这种义利观突出了以义为先、合作共赢、共同发展的导向，本质上是一种具有中国特色的经济外交理念。[1] 上海应该针对参与"21 世纪海上丝绸之路"时与沿线国家和地区遇到的发展理念方面的矛盾，进行理论研究和话语体系建设，以加强国际传播、舆论引导、理念互信等方面的努力。"一带一路"倡议提出以来，中国的"朋友圈"正在不断扩大，已吸引全球 100 多个国家与国际组织共同参与，并与 40 多个国家和国际组织签署合作协议。[2] 这充分说明中国所提出的"一带一路"的发展理念倡议是得到了大多数国家的认可和支持的，在这个背景之下，上海推动"海上丝绸之路"的发展并作为其主导推动力量的理念沟通是大有可为的。同时，在理念沟通的过程中，也要注意规范与沿线地区、国家之间的利益分配理论体系，维护好上海自身的利益。

上海可以成为"21 世纪海上丝绸之路"的运输纽带，成为沿线城市互联互通的沟通桥梁，可以成为多元化合作的推动力量，可以扮演命运共同体的区域先行者。上海的优势不仅表现在其自身巨大的增长潜力，更表现在面对挑战迎难而上变劣势为优势的创新力与发展活力。"21 世纪海上丝绸之路"是"一带一路"倡议中的重要组成部分，上海依托海上丝绸之路的建设，以创新型思维解决参与中遇到的挑战，踏实发展，必将在未来中国的伟大复兴中迎来更大的发展机遇。

---

[1] 李向阳：《"一带一路"建设中的义利观》，载《世界经济与政治》2017 年第 9 期。

[2] 新华社：《张高丽在博鳌亚洲论坛 2017 年年会开幕式上的主旨演讲》，中国政府网，2017 年 3 月 25 日，http://www.gov.cn/guowuyuan/2017-03/25/content_5180748.htm，最后访问日期：2018 年 3 月 12 日。

上海参与“一带一路”建设的战略定位与方向

王海燕*

2018年是习近平主席提出“一带一路”倡议5周年，“一带一路”快速经历了宣布期、消化期和反应期，从理念转化为行动，很快进入规划和落实阶段。按照有关报告，“一带一路”建设从提出到2049年初步建成分为战略动员阶段、战略规划期、战略施行期“三步走”战略，时间跨度达35年。国内将“一带一路”视为我国推动形成全面开放新格局，进一步拓宽开放范围和层次，完善开放结构布局和机制的重要平台，各省区市明确各自在“一带一路”中的定位及发展重点，对今后的推进工作做出具体安排；国际社会将这一世纪蓝图视为巨大发展机遇和构建人类命运共同体的重要路径，多国将其与本国未来发展战略对接，参与度远超初步预期进展，呈现出百舸争流的态势。

自从2014年5月，习近平主席在亚信峰会之后考察上海时强调，上海作为全国最大的经济中心城市，在国家发展大局中占有重要位置，要按照国家统一规划、统一部署，参与“丝绸之路经济带”和“21世纪海上丝绸之路”建设、推动长江经济带建设等国家战略，努力促进长三角地区率先发展、一体化发展，明确了上海参与“一带一路”建设的重要地位和发展方向以来，上海积极融入“一带一路”建设当中，不断调整发展目标。2015年3月，李克强总理在《政府工作报告》中提出拓展区域发展新空间，首次提出统筹实施“一带一路”、长江经济带和京津冀协同发展“三大支撑带”与西部大开发、东北振兴、中部崛起和东部率先发展“四大板块”战略组合，确立了上海在“一带一路”布局中的地位，即作为长江经济带的支撑龙头协同四大板块共同参与

* 王海燕，华东师范大学国际关系与地区发展研究院副研究员。

“一带一路”建设，发挥重要支点作用。2018 年两会上，上海进一步提出加快形成全方位开放新优势的发展定位和目标，即实施服务“一带一路”建设行动方案，推进贸易投资便利化、金融开放合作、基础设施互联互通等专项行动，举全市之力筹办好首届中国国际进口博览会；同时加快建设开放型经济体系的风险压力测试区，依托洋山深水港和浦东国际机场探索建设自由贸易港。[1]

我国开展“一带一路”建设并非只是为了解决西部发展和稳定问题的权宜之计，而是举全国之力全面对外开放的长期战略。因此，上海作为我国最发达地区龙头的参与就显得尤为重要，亟须主动将本地区未来发展与国家的发展战略有效衔接，带动“一带一路”建设并找到上海的发展机会。

一、上海参与“一带一路”建设的优势

长江经济带东起上海、西至云南，涉及上海、重庆、江苏、湖北、浙江、四川、湖南、江西、安徽、贵州、云南共 11 个省市。这是中国经济最发达的地区，仅占全国 2.1%的国土面积，却集中了全国 1/4 的经济总量和 1/4 以上的工业增加值，被视为中国经济发展的重要引擎。同时，在东西双向开放战略之下，长江经济带与依托亚欧大陆桥的丝绸之路经济带相连接，构建沿海、沿江、沿边全方位开放新格局，被认为是仅次于“沿海经济带”的我国经济增长“第二极”。[2]

上海作为我国最发达地区长江经济带的引擎参与“一带一路”建设具有独特优势。

一是区位优势。上海位于太平洋西岸，亚洲大陆东沿，中国南北海岸中心点，地处长江入海口，东向东海，南濒杭州湾，海陆位置优越。上海早已是世界第一大集装箱吞吐港，处于海上丝绸之路的上游地区，以上海为龙头的长江经济发展带可借助长江流域“黄金水道”的地理优势，成为中国经济稳增长的新动力和新支撑，带动我国目前区域经济发展的格局由目前的“沿海

[1] 走出去智库(CGGT)战略投资部：《31 省市 2018“一带一路”工作部署全景》，新华丝路网，2018 年 2 月 27 日，http://silkroad.news.cn/2018/0227/85942.shtml。

[2] 《长江经济带升至国家战略内陆开发开放再提速》，中央政府网，2014 年 4 月 29 日，http://www.gov.cn/xinwen/2014-04/29/content_2668519.htm。

一竖”转变为T形结构，[1]带动内陆地区发展，对我国由沿海向内陆、延边发展战略意义重大。上海还是我国第一个倡导的国际多边合作机制上海合作组织的发祥地，多次成为上海合作组织、亚信峰会、APEC等丝路沿线重大国际组织会议承办地，同时是中国-中亚天然气管道“西气东输”能源的主要承接地和援疆项目的重要省市之一，与丝绸之路经济带核心地区中亚国家和俄罗斯等国家和地区有着密切联系和互动关系。综合来看，上海作为“一带一路”的重要交汇点和亚洲龙头的区位优势地位无可替代。

二是制度创新优势。上海是第一个推进国家自由贸易区建设的省市，其制度创新先发优势突出。上海自贸区作为我国打造新一轮开放型经济的“试验区”，制度创新是核心，主要集中于以负面清单为核心的投资管理制度，以贸易便利化为重点的贸易监管制度，以资本项目可兑换和金融服务业开放为目标的金融创新制度，以政府职能转变为导向的事中事后监管制度，[2]对推进我国经济领域治理体系和治理能力现代化做出了有益探索。上海自贸区的“境外投资项目备案管理制度”等一些做法已经在全国很多地方复制，效果良好。[3] 更重要的是，目前我国正在由国际规则的跟随者和参与者向制定者和领先者转变时期，上海的制度创新将助力我国应对全球新一轮贸易投资自由化制度建设的挑战，搭建高端合作平台，创新开放型经济体制机制，提高我国建设自贸区的制度建设能力和治理能力，全面提升我国在全球经济治理中的制度性话语权，呼应我国“一带一路”国家战略，示范和带动效应突出，影响深远。

三是经济优势。上海是中国国民生产总值最高、人口第一的城市，上海于2008年成为我国首个迈进“人均GDP1万美元俱乐部”的省区市，已达到中等发达国家水平；[4] 2017年首次突破人民币3万亿元，达到人民币

[1] 《长江经济带升至国家战略内陆开发开放再提速》，中央政府网，2014年4月29日，http://www.gov.cn/xinwen/2014-04/29/content_2668519.htm。

[2] 屠海鸣：《以自贸区为切入点推进上海建设制度创新高地》，载《新闻晨报》2015年2月6日，第A25版。

[3] 吴凯：《上海自贸区凸显制度创新优势》，载《经济日报》2014年12月31日，第3版。

[4] 林小昭：《2014年北京上海内蒙古等八个省份人均GDP突破1万美元》，载《第一财经日报》2015年1月28日。

30 133.86亿元，居中国城市第一位。[1] 首先，上海对外货物贸易占比显著，2017年上海口岸货物进出口总额79 211.40亿元，为中国对外贸易额27.79万亿元的28.5%，占比超过1/4。其中，与“一带一路”沿线国家和重要节点城市建立经贸合作伙伴关系，货物贸易额占全市比重达到五分之一，对发达经济体进出口占半壁江山；外省市经上海口岸进出口比重提高，口岸辐射带动作用增强，在中国对外贸易中的地位极其重要。[2] 其次，上海“创新驱动、转型发展”的改革红利初步释放，“调结构”为“稳增长”激发出更多活力，上海工业增加值增速与工业总产值增速相当。2017年节能环保、新一代信息技术、生物医药、高端装备、新能源、新能源汽车、新材料等战略性新兴产业制造业完成工业总产值占全市规模以上工业总产值比重达到30.8%，经济效益继续提升。[3] 再次，上海市服务业发展质量和效益均有提高，近年来在信息产业、交通运输业、邮电通信业、金融和保险业、旅游业等领域不断发展。上海的经济龙头地位必将带动“两带一路”经济的发展。

四是产业优势。上海产能过剩的矛盾不突出，产业优势明显，经济结构逐步优化。上海借鉴五大世界级都市圈在形成过程中都有产业集群作为支撑的经验，已形成北面精品钢材及延伸产业集群，南面世界级化工产业带，东南面国内微电子生产线最密集区，西北面集产、学、研、检测、展示、竞技、文化于一体的汽车城，长江口造船及港口设备产业集群，临港集装箱、物流产业集群，新兴的生物医药和中药产业集群等八大产业集群。但与全国不同的是：首先，上海第二产业比重远超第 ·和第二产业，2017年第三产业增加值占上海市生产总值的比重为69.0%，服务业增速平均快于制造业，超过成为拉动经济增长的主动力；[4] 其次，全国进入“新常态”后服务业增长主要依靠传统服务业，而上海服务业增长的主要动力是金融、贸易、商务等现代服务业；再次，全国“新常态”下经济增长主要依靠传统产业升级换代，而

[1] 励漪：《2017年上海全市生产总值首次突破3万亿》，人民网，2018年1月19日，http://sh.people.com.cn/n2/2018/0119/c134768-31163605.html。

[2] 《2017年上海市国民经济和社会发展统计公报》，上海市统计局网站，2018年3月8日，http://www.stats-sh.gov.cn/html/sjfb/201803/1001690.html。

[3] 同上。

[4] 同上。

上海产业融合发展趋势突出，新技术、新产业、新业态、新模式的“四新”经济成为经济发展的新亮点，2018 年为大力培育发展“四新”经济，提高中小微企业创新能力，上海市还专门发放新经济“四新券”。可以说，作为中国经济最发达地区，上海对“两带一路”的产业带动作用遥遥领先于国内其他地区。

五是人才集聚和科技创新优势。首先，上海拥有数量庞大的中国最富创新意识、最有活力且最具创新能力的人才群体，2017 年，上海加大海外人才和高层次人才引进培养力度，推进实施两批共 22 条海外人才出入境试点政策，引进海外人才 110 426 人；2017 年新当选两院院士 13 人，占全国 10.2%。[1] 其次，上海已基本建成国内最完善的区域科技创新体系之一，形成若干个国际先进水平的技术创新活跃的产业集群和若干个国际先进水平的、有优势的重点学科；在若干个重点领域拥有一批国际先进水平的科技领军人物和重点行业的国际知名企业家；拥有若干个国际先进水平的科研基地和研发中心；涌现了若干个国际先进水平的重大科技成果。2017 年，上海市科技小巨人和科技小巨人培育企业共 1 798 家，技术先进型服务企业 274 家；共认定高新技术企业 3 247 家，全市 2015—2017 年有效期内高新技术企业总数达到 7 642 家，净增长 704 家；共落实高新技术企业减免所得税141.62 亿元，高新技术企业减免税金额及户均减免税金额均在全国领先；共认定高新技术成果转化项目 493 项，其中，电子信息、生物医药、新材料等重点领域项目占 87.4%；至年末，共认定高新技术成果转化项目 11 462 项，累计已有 172 家科技创新企业在上海股权托管交易中心“科技创新板”挂牌。再次，上海已形成鼓励发明创造的良好氛围和机制。2017 年受理专利申请 131 746 件，其中，发明专利申请 54 633 件；全年专利授权量为 70 464 件，其中，发明专利授权量为 20 681 件；全年 PCT 国际专利受理量为 2 100 件，比 2016 年增长 34.6%；至年末，上海市有效发明专利达 100 433 件，每万人口发明专利拥有量达 41.5 件，比上年增长 17.9%；全年经认定登记的各类技术交易合同

---

[1] 《2017 年上海市国民经济和社会发展统计公报》，上海市统计局网站，2018 年 3 月 8 日，http://www.stats-sh.gov.cn/html/sjfb/201803/1001690.html。

21 559件，比2016年增长1.7%；合同金额867.53亿元，增长5.4%。[1] 最后，外资研发中心规模和数量不断增长。截至2017年底，上海外资研发中心累计已经达到426家，其中，40家为全球研发中心，17家为亚太区研发中心；20家外资研发中心的投资超过1 000万美元；吸收中方研发人员总数超过4万人，硕士以上学历占52%，在上海的外资研发中心以占内地总数四分之一的规模，居全国首位。外资与本土的创新元素加速融合，外资研发中心在面向全社会创新主体的上海研发公共服务平台也很活跃，同时上海正在推动一批外资研发中心能级提升，中外共生共享创新成果已成为上海具有全球影响力的科创中心建设中不可或缺的一股力量。[2] 目前，已有多家外资在沪研发中心的级别均为全球最高级，已从“服务中国”发展到“服务亚太”或“服务全球”。从全球性或区域性研发总部的数量上看，在研发投入强度最大的1 000座城市的排名表上，上海目前仅次于东京和硅谷，在国际上处于比较领先的水平。[3]

六是文化优势。上海拥有深厚的近代城市文化底蕴和众多历史古迹，江南的吴越传统文化与世界各地移民带入的多样文化相融合，形成了特有的“海纳百川，兼容并蓄”中西大汇融的海派文化，成为东西方文化交流的中心。尤其是上海的建筑文化、舞台文化、音乐文化、书画文化、影视文化、民俗文化和饮食文化等，中西并存、中外合璧、互相影响、风格独特，形成了特有的创风气之先，不闭关自守，不故步自封，不拒绝先进，不排斥时尚的开放性特点；创造性与扬弃性相结合的特点；对异质文化具有包容性，善于接受新鲜文化因子海纳百川的多元性特点。2017年上海市成功举办第三十四届“上海之春”国际音乐节、第十九届中国上海国际艺术节、第二届上海艾萨克·斯特恩国际小提琴比赛、上海国际电影电视节、上海世博会博物馆开馆、第五届市民文化节等重大文化活动，在国际上产生越来越大的影响。这些正好与“两带一路”沿线国家和地区东西方文化交汇、多宗教汇聚、多元文

[1] 《2017年上海市国民经济和社会发展统计公报》，上海市统计局网站，2018年3月8日，http://www.stats-sh.gov.cn/html/sjfb/201803/1001690.html。

[2] 吴为群：《外资研发中心加快融入上海创新体系》，载《解放日报》2018年2月11日，第1版。

[3] 李茜：《上海筹谋全球科技创新中心》，载《上海金融报》2014年11月14日。

化并存与交融的特点契合，形成其最具吸引力和综合竞争力的优势，将促进"两带一路"区域的相互理解、友好合作与包容性发展。

二、上海参与"一带一路"建设的战略定位

上海既是"一带一路"的交汇点和我国江海航运的重要节点，又是中国(上海)自贸区制度试验推广的龙头和亚太经济圈创新与投资的引擎，未来30年的上海将向成为具有全球意义、拥有自身独特优势、具备引领和借鉴意义的成功城市方向发展，目前上海已到了带动"一带一路"区域发展的新阶段。上海需要找到自己在国际、国内、长三角地区和上海地区四个层次的定位和发展机会，将长江经济发展带与"一带一路"建设对接，整合国内外、区内外资源，促进亚欧非地区物畅其流、人畅其通，构建统一高效的区域大市场，从各方面构建区域合作体系。上海对外可为发展中国家、转型国家、新兴经济体国家与欧美发达国家争夺更多的市场份额、国际规则制定权和话语权，在世界多极化趋势利益再分配中起到与自身实力相匹配的主导作用。对内可一方面继续支持西部大开发、东北地区等老工业基地全面振兴，以海陆重点口岸为支点，形成与沿海连接的西南、中南、东北、西北等经济支撑带；另一方面支持东部地区率先发展，推进长三角地区经济一体化，深化泛珠三角区域经济合作，加强环渤海及京津冀地区协同发展，完善差别化的区域发展政策，引导产业由东向西梯度转移，在交通一体化、生态环保、产业升级转移等方面率先取得实质性突破，从而构建起"一带一路"沿线最大的一个城市群、一个基地和四个中心。

(一)"一带一路"最大城市群

英国地理学家戈特曼1957年第一次明确提出了"城市群"的概念，他认为，城市群是城市发展到成熟阶段的最高空间组织形式，是在地域上集中分布的若干城市和特大城市集聚而成的庞大的、多核心、多层次城市集团，是大都市区的联合体。在全球城镇化进程与经济全球化进程双重加快的时代背景下，城市群正在作为国家参与全球竞争与国际分工的全新地域单元，深

刻影响着国家的国际竞争力和21世纪全球经济的新格局。目前世界公认的六大城市群依次为以纽约为中心的大西洋沿岸城市群、以芝加哥为中心的北美五大湖区城市群、以东京为中心的太平洋沿岸城市群、以伦敦为中心的城市群、以巴黎为中心的欧洲西北部城市群和以上海为中心的长江三角洲城市群。[1] 如果到2020年上海建成社会主义现代化国际大都市，上海依托发达的长三角经济圈将可能建成“一带一路”欧亚非地区最大城市群，成为亚太经济圈东头最发达的引擎，发挥其巨大的辐射功能，有效带动“一带一路”发展。

（二）“一带一路”服务业中心

上海服务业的潜力巨大，可争取到2020年将上海基本建成“一带一路”区域最大的国际经济中心、贸易中心、金融中心、航运中心以及物流集散中心和信息服务中心，促进“一带一路”的物流、资金流、信息流和人流双向或多向频繁互动，尤其注重国内长江经济发展带发达地区与中西部、西南部后发达省区的资源产业互补和对接，丝绸之路经济带沿线国家与海上丝绸之路沿线国家通过中国上海找到出海口和陆路资源能源大通道的互补和对接。特别是金融领域，已经争取到金砖国家开发银行等中国主导或积极参与的“一带一路”国际区域组织金融机构落户上海，力争到2020年建成继纽约、伦敦之后的第三大国际金融中心，更好地服务于“一带一路”建设，为我国重塑国际金融体系做出独特的贡献。

（三）“一带一路”先进制造业基地

全国最尖端的钢铁、汽车、客运飞机、核电站、轮船、石油炼化等制造实力都集中在上海。上海制造业实力雄厚，人均劳动生产率相对较高，产业集中度高，一直将科技含量高、附加值高、产业关联度高、符合环保等可持续发展要求的现代制造业作为经济建设的重点，形成了垂直和水平分工协作较为完整的产业链格局，注重打造集制造业中心、研发设计中心、营销中心和管理控制中心为一体的我国现代制造业中心，占据产业链的高端地位，现代

---

[1]《世界公认的六个大型城市群，中国上榜一位》，新浪网，2018年3月3日，http://k.sina.com.cn/article_6341594066_179fd0bd2001007s2d.html? from=travel。

制造业逐步成为推动其经济增长的重要力量。新形势下，上海可依托强大的制造业，对内辐射到周边，带动长三角的产业升级和跨越式发展，建立上中下游一体化的生产链条和产业集群；对外通过帮助中亚、西亚、东南亚等“一带一路”沿线国家完善产业结构，带动长三角区域产业走出去，重构区域产业分工体系发挥巨大的引领和带动作用，形成优势互补、分工协作、共同发展的合力，构建“一带一路”最大、最先进的制造业基地。

（四）“一带一路”交通枢纽中心

上海已形成由铁路、水路、公路、航空、管道等五种运输方式组成的，具有超大规模的综合交通运输网络。上海港是中国最大的枢纽港，将建设交通强国和卓越的全球城市目标融为一体，加快长三角一体化发展，用全球视野、国际标准推动上海交通高质量发展，促进枢纽型、功能性、网络化的国际大都市一体化交通体系不断完善和提升。上海已经和正在建成四通八达、辐射“一带一路”中国最大的航空港，形成了由地面道路、高架道路、越江隧道和大桥以及地铁、高架式轨道交通组成的立体型市内交通网络。上海已建成我国最多的高铁、普铁和公路线路以及世界最大的海河港口，连接我国最长的天然气管道、最多的输电线路和最快的通信网络。随着上海自贸区、长三角一体化的建成，上海交通枢纽的领先优势将得到加强，构建起连接国内外立体交叉的互联互通交通网络，成为“一带一路”最发达便捷的综合交通枢纽中心。

（五）“一带一路”科技创新中心

上海具有历史悠久的众多高中低等不同层次面向国际的院校、科研机构和医院，上海正努力在实施创新驱动发展战略上占领主动，加快向具有全球影响力的科技创新中心聚焦。今后 15～20 年，通过本地众多科研院所与世界顶级机构的对接与合作，上海将有可能建设成为“一带一路”最具规模和水平较高的教育中心、科研中心和医疗中心，逐步建成一个体系完善、结构合理、资源丰富、创新能力强、创新效率高，能实现主体联动、资源流动、市场推动、区域互动的“一带一路”地区最前沿、类别最丰富、最具规模、最具全球影响力的科技创新中心，这将是上海未来最具增长潜力、最具竞争力的领域。

（六）"一带一路"人文合作交流中心

上海借助深厚的近代城市文化底蕴与全球各地移民带入的多样文化融合，形成了特有的海纳百川的海派文化，与"一带一路"倡导的包容、尊重多样文明的精神十分契合，成为"一带一路"沿线最具城市品牌形象和吸引力的国际都市。上海与国际接轨的文化创意、影视娱乐、教育培训、会展、数字动漫、旅游、媒体等诸多文化创意产业正在蓬勃发展。上海将可能成为"一带一路"最具活力、最能吸纳全球顶尖创意人才，能够领导世界时尚潮流、影视潮流、文化潮流、体育潮流、传统和新媒体潮流等的国际都市，有效地促进人心相通，未来上海将可能建设成为"一带一路"最具创意和规模的人文合作交流中心。

三、上海参与"一带一路"建设面临诸多挑战

上海成为"一带一路"的龙头是新时期顺应时代发展要求的一个重大机遇，也是与其自身发展水平相适应、自我提升的一种选择，既具有可行性和可能性，也面临一些严峻的挑战需要应对和解决。

（一）区域安全问题

由于"一带一路"沿途国家众多，经济差异、文化差异、认知差异巨大，部分国家间矛盾重重，区域内外存在众多不确定因素。我国国内人口密集的大都市安全保障问题，中亚、西亚等局部地区面临域内外恐怖主义、宗教极端主义和民族分裂主义等非传统安全的长期严峻挑战，亟须沿途国家和地区共同应对。

（二）资源问题

上海是"一带一路"人口最密集、制造业规模最大的地区之一，因此也是消耗资源最多的地区之一。如何确保粮食、水和能源等自然资源和战略资源长期稳定的可获得性，确保上海实现经济高质量的增长以及城市环保可持续的成功发展一直是上海需要面对的重大问题。

（三）内外协调问题

“一带一路”沿线国家众多，需要协调的部门众多，要更加有效地发展，促进政策联通并有效执行，亟须协调上海与沿线合作国家之间、上海与长江三角洲合作省区市之间和上海本地各部门之间的合作关系；并应对“一带一路”沿线还有部分国家尚未加入世贸组织，贸易规则不统一的问题。

（四）产业结构调整问题

“一带一路”区域与全球一样，存在产业从发达国家向发展中国家、沿海发达地区向中东西部欠发达地区转移的趋势。为在“一带一路”区域占领新市场、提高创新能力、降低成本、获取资源等多方面战略发展目标，进一步提升在全国乃至国际市场的竞争力，上海存在迫切需要进一步优化产业结构，有选择地承接部分国内外高技术含量、高附加值的产业，与“一带一路”沿线国家和地区优势互补、联动发展，重构地区产业结构的问题。

（五）电子商务问题

上海的自贸区建设和“四个中心”建设都离不开安全、便捷、高效的电子商务平台。缺乏具有国际规模和知名度的国内国际知名电子商务平台是上海目前和未来发展需要解决的一个紧迫问题。

（六）企业走出去动力不足问题

上海拥有庞大数量的在国内极具优势的国企和民营企业，近年来，这些企业加快了走出去的步伐，呈现出民营企业对外投资热情高涨，成为对外投资主力军；对外直接投资项目地区以亚洲为主，对北美、避税地的投资增速快；批发与零售业是主要投资方向，制造业规模偏小；地区分布差异大，对中西南亚等“一带一路”地区投资动力不足的特点。为跟进我国“一带一路”的长期发展战略，契合中西南亚国家对外国投资、技术、设备等的庞大需求，开辟更广大的利润空间，积极主动地拓展欧美、土耳其、日本、韩国等国家和地区也在争夺的“一带一路”沿线国家市场，上海企业应充分发挥其拥有更多对外投资经验和中高端产品生产能力的优势，积极走出去。

四、上海参与"一带一路"建设的方向

上海也正在制定未来30年的规划，与我国的"一带一路"建设时间点相契合。上海将可以通过"走出去、引进来"，将我国"一带一路"建设与上海四个中心、科创中心和自贸区建设联动，通过上海带动的长三角发达地区与我国西北、西南、东北三边后发达地区的互动，上海所处的我国沿海、沿江发达经济带与周边亚洲国家和地区、非洲发展中国家和地区以及欧洲发达国家和地区近中远期发展战略的对接与融合。发挥上海的比较优势，促进上海与沿线国家和地区物流、资金流、人流、信息流畅通高效，构建亚太合作示范区，形成对外开放的新格局，从以下方向将上海未来的发展与"一带一路"倡议对接：一可成为我国推进国家"一带一路"建设的排头兵，同时可将"一带一路"作为上海技术先导开放、创新发展的新载体；二可将"一带一路"作为长三角服务长江流域、服务全国的新平台；三可成为"一带一路"对外开放的重要枢纽。

（一）合作构建常态化的区域安全体系

上海作为"一带一路"最大城市之一也是反恐的重点地区。上海亟须配合国家战略，发挥国际大都市的作用，在中央政府领导下，建立长效化的反恐机制。除了建立与各省市联动的反恐机构、反恐信息网、反恐部队外，上海还可以更进一步，与"一带一路"沿线国家和地区逐步健全反恐体制和机制，合作构建"一带一路"区域合作安全体系：一是在区域维和行动、打击制毒贩毒、反洗钱、反海盗等方面共同推动构建国际反恐综合体系；二是建立信息共享网络和联防联动机制，适时分享对"一带一路"沿线国家国际恐怖组织和人员的信息；三是分享反恐经验，并吸收欧美等世界各国经验，与中西南亚等国家和地区合作培训反恐人员，精细分工；四是积极参与区域或次区域以及大型活动的多边反恐合作、联合搜救和反海盗合作等，如上海合作组织的反恐机制、东海等地的跨国反恐对话与合作等；五是促进"一带一路"综合治理，倡导"尊重多样文明，谋求共同发展"的上海精神，举办不同文明之间的对话论坛，促进"一带一路"综合治理，发展民生，标本兼治，共同铲除恐怖主义毒瘤。

（二）搭建区域合作的多机制、多层次平台

上海应利用其在"一带一路"龙头地位的独特优势，在国家支持下从根本上获得内在和外在驱动力，积极搭建起"一带一路"区域合作的多机制、多层次合作平台，提升上海建设"一带一路"的能力和影响力。一是积极推进区域合作机制建设，如上海合作组织、亚信会议、金砖国家合作机制等与"一带一路"相关的众多机制；二是积极参与次区域合作机制的活动，如中俄哈蒙四国六方机制、中哈霍尔果斯国际边境合作中心跨境自由贸易区建设、长江三角洲合作机制等；三是积极参加我国其他省区与"一带一路"国家和地区间的重要机制与活动，如中国-亚欧博览会、欧亚经济论坛、东北亚经济论坛、东南亚区域论坛等。通过这些重要机制和活动将我国发达的长三角区域与后发达的西北、西南和东北三边连为一体，将长江经济带与"一带一路"连接起来，通过承办会议、智力支持、争取区域机制分支机构落户上海、企业投资等提升"一带一路"的区域合作能力和水平，形成良性频繁互动的格局，促进地区繁荣。

（三）推动区域标准一致化建设，建设统一大市场

上海应发挥其在国内和"一带一路"区域标准化建设的标杆优势，利用自贸区建设的多项试点和政策，推动"一带一路"区域的标准一致化建设，打破省区间、国家间的标准壁垒和规则壁垒，建设"一带一路"统一大市场。一是积极推动食品、化工、汽车零部件、服装、医疗用品等众多行业标准一致化；二是建立统一的进出口检验检疫标准、交通运输标准、金融业务和创新标准、海关与税务的查验和通过等功能领域的标准；三是建立地区间、国家间各对口部门间可协调合作的标准执行、监督与追溯机制；四是建立持证上岗制度，主导"一带一路"区域的专业培训，将对各方都适合、各方协商认可的标准适时推广到"一带一路"沿线各国和地区，从国际标准和规则的追随者和学习者转变为制定者和主导者，为我国和"一带一路"沿线国家在国际区域经济合作竞争中占据更加有利的地位和参与建立更加公正合理的国际经济秩序发挥重要作用。

（四）主动构建"一带一路"的资源整合体系

上海与"一带一路"沿线的我国众多省区和其他国家在资源能源供需和

上中下游产业链上等众多方面存在互补性。随着我国在能源资源领域逐步对民营企业放开，应鼓励上海及长三角地区的国营和民营企业走出去，一是积极参与哈萨克斯坦、缅甸等"一带一路"资源能源富集国家和地区的油气等一次能源及其他矿产资源的招投标项目；二是积极参与西部大开发西电东送的项目建设，积极开发中西南亚国家的太阳能、风能、水能等新能源，并积极参与南海和东海海上油气开发和风能开发等项目，探索上海参与开发资源能源项目的新模式和新路径；三是与哈萨克斯坦、俄罗斯、泰国等粮、油主要出口国建立良好的技术支持、加工设备帮助等长效合作机制；四是积极引进"一带一路"沿线国家和地区的企业落户上海自贸区，为尚不发达的合作伙伴降低合作门槛，培育和帮助这些企业发展壮大，形成产业互补、投资相互依赖的互嵌式格局；五是帮助中亚等内陆国家在上海建立物流基地，通过上海港走向海洋，与"一带一路"有效对接，发挥上海不可替代的引领作用。一旦形成将成为"一带一路"最大的资源整合区，既解决"一带一路"资源的供需问题，又能为该区域起到极大的示范和带动作用。

（五）确立产业发展的优先重点领域

"一带一路"沿线国家和地区正面临新一轮产业结构调整和提升，上海应结合比较优势选择移出和承接的产业，积极探索产业转移合作模式，并站在"一带一路"的广阔区域确立产业发展的优先重点领域，有进有出，重点发展高科技产业、先进制造业和现代服务业。一是明确淘汰污染严重、耗费资源多且生产效率低的产业；二是确定向"一带一路"沿线国家转移设备和技术依然领先、能为当地带来巨大收益的产业，在转移时必须考虑到与当地需求、经济发展水平和环保要求的对接，如上海纺织等众多有优势技术和设备企业的产能可主动向棉花主要产区的中亚、西亚有需求的国家转移；三是转移的产业也可以从单纯的制造业转变为制造业、服务业和研发产业多领域的综合性转移；四是主动、有选择地争取承接具有未来发展优势的创新型、高科技产业。上海应与"一带一路"国家和地区建立利益共享机制，整合该地区更加合理有序，产业分工和产业链条更加清晰科学差异化发展而非同质化竞争的区域产业体系，创造互利共赢的产业格局。

(六) 大力引进和培育国内外知名和有潜力的电子商务企业

要占领未来经济发展的制高点,上海必须下大力气发展电子商务。上海不但要有本土具有国际规模的电子商务企业,还要以吸引世界众多各具特色、规模和服务质量一流的电子商务企业落户上海,构建起"一带一路"最具规模、服务质量最好的电子商务平台为最紧迫的发展任务。一是上海应吸引欧美国家最具世界规模和创新理念和能力的电子商务企业在上海建立中国分公司,建立行业世界标杆;二是重点选择"一带一路"沿线国家和地区最有特色或规模最大的电子商务企业进行合作,鼓励他们在上海设立分支机构;三是重点培育部分具有潜力的上海本土电子商务企业,或扶植其他省区具有快速发展能力的电子商务企业落户上海;四是与我国其他省区与"一带一路"沿线国家和地区有合作关系的电子商务企业合作,鼓励他们落户上海或建立上海分公司,如与新疆克拉玛依市的国内首家云计算交易平台新疆中亚商品交易中心合作;五是与"一带一路"协调建立人民币跨境支付等业务,将产业、新媒体和金融服务等进行深度融合。上海电子商务平台的建设和模式创新,将为我国企业抱团经营,与国外强势企业进行市场竞争,合作制定产业标准,影响全球信息产业和商业发展格局做出突破性贡献。

(七) 从各方面为创新最大化和企业主体营造良好宽松的氛围

未来20年,所有国家和地区面对的最大挑战仍旧是创新,服务创新变得越来越重要。欧美国家的服务业比重已超过75%以上,我国2013年首次超过工业达46%,上海达62%,因其经济中心和国际大都市的定位,具有建立更加灵活宽松激励创新机制的可能。上海应研究将中关村国家自主创新示范区有关试点政策向上海推广,从自贸区、各类科技园区、工业园区等的硬件建设,和对"一带一路"国家和区域更加优惠和有针对性的"引进来"和"走出去"政策等软件方面为企业创造良性互动、宽松有序的创新氛围,从引进创新人才、提供创新资金和场地、鼓励国际交流,到重视保护企业专利产品、简化各项审批程序、减少对企业的行政干预等各方面营造良好氛围,构建"一带一路"区域创新体系和企业家创业乐园。

人文交流与
“一带一路”建设

“一带一路”沿线国家的国际学生流动

程　妤*

绪　论

2013年习近平提出“一带一路”倡议，受到全世界范围内的广泛关注。5年来，这一重大的系统工程，始终坚持“共商、共建、共享”原则，积极致力于促进沿线各国经济繁荣与区域经济合作，加强不同文明交流互鉴，促进世界和平发展。实践证明，这是一项造福世界各国人民的伟大事业。“一带一路”倡议以政策沟通、设施联通、贸易畅通、资金融通、民心相通为主要内容，可以说“一带一路”既涉及基础设施建设、贸易投资、产业合作等硬实力的合作，也涉及政策、文化、人才等软实力的协同。在某种意义上，软实力的影响胜于硬实力。在这一过程中，人才是“一带一路”建设的支点和关键。来华国际学生作为人才资源和人文交流的载体，如何影响“一带一路”倡议的实施，是本文的重点。

（一）人力资源与“一带一路”建设

世界经济发展的历史证明，一个国家或地区工业化水平的进步离不开丰富的人力资源。在经济学中，资源被看作是为了创造物质财富而投入生产实践中的要素的总称，包括物力资源、财力资源、信息资源、人力资源等，而人力资源被视为最宝贵的资源。世界经济发展的历史证明，一个国家或

* 程妤，同济大学国际文化交流学院、副教授。作者所指导研究生靳茜对本文的数据收集与定量分析做出重要贡献，在此表示感谢。

地区工业化水平的进步离不开丰富的人力资源。"一带一路"倡议虽然由中国倡导和推进,但实质上是惠及各参与方的共建共享项目,就此而言,"一带一路"倡议并非单纯意义上的国际产能合作,它也是提高沿线国家工业化水平的重要抓手,而人力资源则是深化推进"一带一路"倡议的核心资源。

2015 年,由中国与全球化智库(CCG)与社科文献出版社发布的《中国留学发展报告(2015)》称,随着"一带一路"和亚投行的推进,中国社会面临着从"引进来"向"走出去"的转型,在这一转型过程中,中国企业将更多地到"一带一路"沿线国家投资,但既熟悉当地情况,又了解中国文化的人才极为短缺。这些都表明,国际化的人才无疑成了转型能否成功的关键要素之一,而互派国际学生无疑是培养人才的最佳方式。因此加强"一带一路"沿线国际学生的双向往来,尤其是加强来华国际学生的培养势在必行。

(二)"一带一路"沿线国家间的教育合作与国际化人才培养

国际化的人才的培养离不开各国间的教育交流与合作。毫无疑问,"一带一路"倡议的提出为推动区域教育大开放、大交流、大融合提供了契机。近年来,为促进"一带一路"沿线各国间的教育交流与合作,中国政府与教育界做出了重大努力。2016 年 7 月,由教育部牵头制定了《推进共建"一带一路"教育行动》,这一纲领性文件指出"一带一路"沿线国家教育加强合作、共同行动,是共建"一带一路"的重要组成部分。而其中来华留学教育为"一带一路"建设提供人才支撑和智力支持,是落实"一带一路"倡议的构成要素。因此,近年来孔子学院、中外合作办学机构与项目等平台的兴起、中国与"一带一路"沿线国家签署学历学位互认协议与多边教育协议以及积极开展与周边国家的教育交流活动,共建教育研究培育基地等,都是促进与沿线各国的教育交流与合作的表现。

(三)"一带一路"沿线国家国际学生增长显著

随着"一带一路"的提出与发展,来华国际学生数量明显增长。据中国统计局及教育部国际司的数据显示,2016 年全球来华国际学生规模突破 44 万人,我国成为亚洲最大、全球第三的留学目的地国,其中"一带一路"沿线 65 个国家和地区在华国际学生达 20 余万人,同比增幅达 13.6%。CCG 也在《中国留学发展报告(2017)》蓝皮书中指出,2017 年“英美留学增速放缓,‘一带一路’沿线国家成来华留学主要增长点”。而中国近年来也已为“一带一路”沿线国家培养各类人才 10 万余名,涉及交通、钢铁、教育、电力、农业、医疗、金融等领域。完成学业后,他们归乡或留在中国,国际学生为促进所在国与中国的交流贡献着力量。

(四) 服务于“一带一路”建设的人才培养的推进

为促进“一带一路”沿线国家人才的培养,国家和政府也出台了一系列政策文件作为支持。具有代表性的文件是教育部的《推进共建“一带一路”教育行动》,它将“开展人才培养培训工作”作为三大重点教育合作之一(另外两个是“开展教育互联互通合作”和“共建丝路合作机制”),文件指出:实施“丝绸之路”留学推进计划;设立“丝绸之路”中国政府奖学金,为沿线各国专项培养行业领军人才和优秀技能人才;全面提升来华留学人才培养质量,把中国打造成为深受沿线各国学子欢迎的留学目的地国。同样,各式“一带一路”沿线国家人才培训活动的开展也有所发展。2016 年 3 月,中国华文教育基金会设立“‘一带一路’人才培训专项基金”,在未来 10 年支持中国与“一带一路”沿线国家开展人才培训项目。2017 年 9 月 19 日,“2017‘一带一路’人才培训学位班暨研修班”开班仪式在北京举行。此培训项目包括学位班和短期研修班两种类型:清华大学承办“一带一路”中国法硕士班、“一带一路”公共管理硕士班;短期研修班包括清华大学承办的“设施联通研修班”、复旦大学承办的“资金融通研修班”、华侨大学承办“贸易畅通研修班”等。这些政策文件以及人才培养活动都为“一带一路”沿线国家的人才培养做出了贡献。

研 究 意 义

本研究拟通过以及历史面板数据分析对“一带一路”沿线国家国际学生流动规律、动因、影响进行分析,定位“一带一路”沿线国际学生流动的短板国家、语言互通的薄弱国家,从而提出促进与“一带一路”沿线国家国际学生流动政策建议。研究意义体现在如下几个方面:

1. 国际人才流动与国家人才战略意义

作为知识载体,人才是"一带一路"贸易、交通、法律等领域合作的决定性因素。从全球范围来看,国际人才流动的趋势日益明显,国际人才流动的规模和复杂程度日益提高,[1] 因而,可以断定并预见到,"一带一路"建设进程的推进,已经并将进一步推动生产要素在"一带一路"沿线国家与中国间的流动,作为重要生产要素和资源的人才国际流动也将日益显著。接受高等教育的国际学生是国际人才流动的重要组成部分以及流动形式,他们是"一带一路"国际人才流动的主体,势必影响到各国的人才战略。

2. 教育开放与教育国际交流的意义

国际学生流动是教育开放、教育国际交流的晴雨表,也是教育服务贸易的重要内容之一。通过国际学生流动的现状与趋势,可以反映并预测教育开放与教育国际交流中的问题以及未来发展。

3. 来华留学教育发展的意义

《推进共建"一带一路"教育行动》提出:"全面提升来华留学人才培养质量,把中国打造成为深受沿线各国学子欢迎的留学目的地国。"本文也将为打造沿线各国学子欢迎的留学目的国提供建议。

一、全球来华国际学生流动现状分析

全球化背景下,国际学生流动已经成为高等教育国际化的重要体现。"一带一路"沿线国家来华国际学生是全球国际学生流动的重要组成部分,沿线国家来华国际学生的流动和全球国际学生流动密不可分,互相影响。在全球国家联系更加紧密的背景下,对近年来全球国际学生流动的现状及其规律进行分析也是必不可少的。

在全球化浪潮袭来的今天,国际学生数量大幅增长。Open Doors 统计数据表明,2017 年,全球高等教育阶段国际学生人数已超过 460 万。目前,国际学生数量已成为衡量各国教育国际化水平的重要指标。如表 1 所示,根

[1] OECD (2008), *The Global Coopetition for Talent: Mobility of the Highly Skilled*.

据联合国教科文组织(UNESCO)的数据资料,世纪之交的 2000 年,世界各国接收的国际学生的总数为 208 万人;进入新世纪 5 年后的 2005 年,增加到 285 万;到 2015 年,世界各国接收的国际学生的总数已达到 457 万。据推测,到 2020 年国际学生总数可以到达 580 万。

表 1　2000—2015 年世界各国接收国际学生总数变化　(单位:万人)

年份	2000 年	2005 年	2010 年	2015 年
人数	208	285	374	457

资料来源:联合国教科文组织

(一) 全球国际学生流动区域分布及历年变化

而从区域分布上看,根据联合国教科文组织公布的统计数据,2015 年全世界八大区域国际学生的流入和流出规模情况如表 2 所示。

表 2　2015 年全世界八大区域国际学生的流入和流出规模　(单位:人)

地区	流入人数	流出人数
阿拉伯国家	327 370	431 201
中东欧	558 063	440 077
中亚	40 086	247 833
东亚和太平洋	817 920	1 233 518
拉美和加勒比地区	96 804	238 458
北美和西欧	2 532 957	654 019
南亚和西亚	58 831	472 818
撒哈拉以南的非洲	142 075	322 054
全球	4 574 107	4 574 107

从表 2 我们不难发现,2015 年全世界各区域国际学生的流入和流出情况呈现出一定的不均衡性。流入方面,其中北美和西欧地区占据全球国际学生的 55%以上。这些地区的主要发达国家如美国、英国、德国、法国等,它们拥有世界上顶级的高等教育体系和丰富的教育资源,成为国际学生出境求学的主要目的地国。而教育资源相对匮乏的中亚、南亚和西亚、拉美和加

勒比地区则接收国际学生较少，都没有超过 10 万人；流出方面，东亚和太平洋地区是输出国际学生最多的区域，已经超过 120 万人，其次是北美和西欧地区，其他几大区域则相对均衡一些。

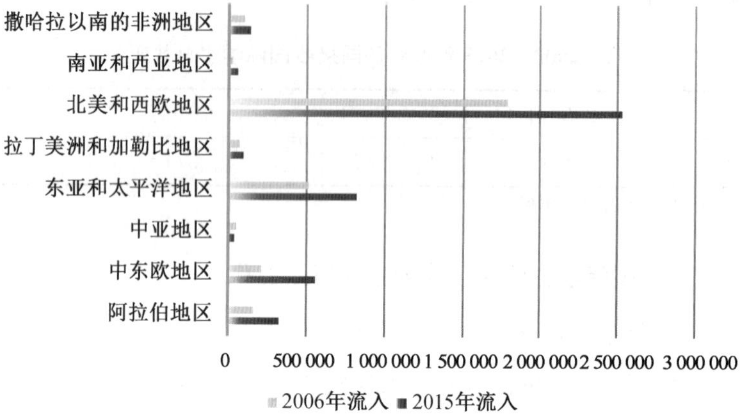

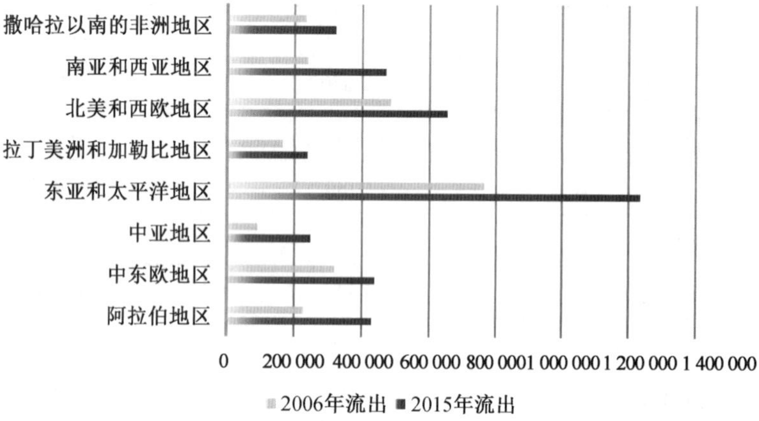

图 1　2006 年和 2015 年全球国际学生流入和流出情况比较[1]

纵向上，通过比较 2006 年与 2015 年全球国际学生流入与流入情况，如图 1 所示，可以发现，绝对数量方面，各个区域在这 10 年间国际学生流动的人数都有很大的提升，这与全球高等教育人数的扩张以及全球的政治、经济环境有关，各国对于国际学生流动的重视程度也在提升。其中，国际学生的

[1] 资料来源：联合国教科文组织。

流入方面，2015年与2006年相比，中东欧地区接收的国际学生增加了1.5倍多，东亚和太平洋地区接收的国际学生人数也增长了近60%；流出方面，变化较为明显的是中亚地区，出境学生10年间增加了近1.7倍多，南亚和西亚地区也增加了近1倍。

（二）全球国际学生求学目的地国选择分析

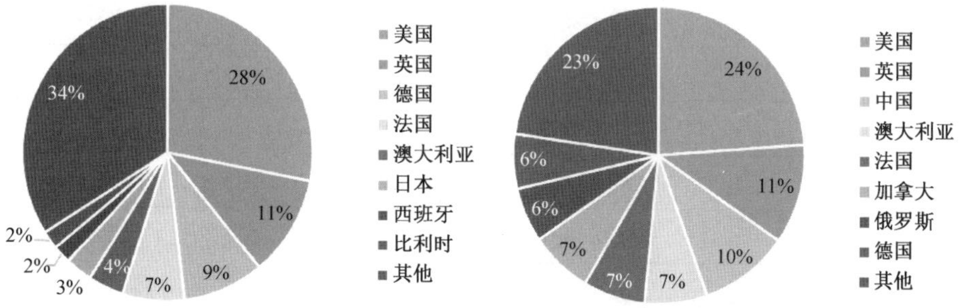

图2　2001年和2017年国际学生top目的地国[1]

从图2来看，美国和英国是两个最主要的留学目的地国，其国际学生在2001年占全球流动学生总数近40%，在2017年，这一比例减小到了35%，而在未来这一比例可能会进一步下降，况且现在这两国的国际学生绝对数量已开始下降。如表4所示，2017年11月13日，由美国教育协会（Institute of International Education）发布的《2017美国门户开放报告》显示，2016/17学年，美国接收国际学生人数第二年突破100万，达到1 078 822人，比2015/16学年的1 043 839人增长了3.4%（2015/16学年比上一年增长了7.1%），接收国际学生的人数是排名第二的英国的两倍多。美国接收国际学生总数历年来持续增长，但是增速已明显放缓，英国亦是如此。增速下降的原因可能是两国收紧边境管制，对签证申请人进行"严格审查"，另外，美英两国都将会限制毕业生们在完成学位后继续留在当地生活和工作的各项需求，申请工作签证将会变得更加困难，而这些做法会阻碍大批国际学生进入两国学习。

［1］ 资料来源：Project Atlas。

表 4　2015/16 和 2016/17 学年各国家接收国际学生总数及年增长率[1]

国家	2015/16 学年（人）	2016/17 学年（人）	增长率
美国	1 043 839	1 078 822	3.4%
英国	496 690	501 045	0.9%
中国	397 635	442 773	11.4%
澳大利亚	292 352	327 606	12.1%
法国	309 624	323 933	4.6%
加拿大	263 855	312 100	18.3%
俄罗斯	282 921	296 178	4.7%
德国	235 858	251 542	6.6%
日本	152 062	171 122	12.5%
西班牙	76 057	94 962	24.9%
荷兰	74 894	81 392	8.7%
新西兰	50 525	67 890	34.4%

从不同的国家接收国际学生的情况来看，国际学生的留学目的地将会出现重大的变化。相比 2015/16 学年，2016/17 学年的年增长率超过 10%的国家有中国、澳大利亚、加拿大、日本、西班牙和新西兰等国家，中国、澳大利亚和加拿大成为全球接收高等教育国际学生的主要增长国，这和前面所说的“东亚和太平洋地区接收的国际学生人数在逐步增多”是一致的，新的受欢迎的留学目的地可能会变成澳大利亚、加拿大、爱尔兰、新西兰等这些以英语为母语的国家。另一方面，在亚洲，特别是中国，取得了较大的成功，中国现在已经吸引了 40 多万名国际学生来华学习。这些变化可能与政策性原因有关，随着“一带一路”沿线项目的持续推进，中国拓宽了对“一带一路”沿线国家国际学生留学通道，对国际学生实施优惠就读、就业政策吸引，接收了许多“一带一路”沿线国家的国际学生。

通过以上数据分析，随着国际政治形势的变化，国际教育的新趋势也在

[1] 资料来源：Project Atlas。

渐渐显露。之前大受国际学生欢迎的英美两国现在的国际学生人数在逐渐减少,而欧洲其他国家和以澳洲为代表的其他英语国家的受欢迎程度在增加,以中国为代表的东亚国家在接收国际学生方面也呈现出了强劲的势头。

二、"一带一路"沿线国家来华国际学生流动现状分析

进入21世纪以来,"一带一路"沿线国家来华国际学生规模逐步扩大,本文立足于2006—2015年10年间"一带一路"沿线国家来华国际学生流动的数据,计算相关的比重和指标,分析其发展现状,总结其规律特点,从而全面把握"一带一路"沿线国家来华国际学生流动状况。

(一)"一带一路"沿线国家来华国际学生总量概况

如图3所示,近10年来,"一带一路"沿线65个国家和地区的来华国际学生总量规模庞大,且一直保持着上升的态势。2015年,沿线65个国家和地区的来华国际学生总人数达到了189 754人,是2006年的近4倍,比2014年增长7.4%。

图3 2006—2015年"一带一路"沿线国家历年来华国际学生总人数及年增长率[1]

[1] 数据来源:教育部。

表5列出了2006—2015年全球来华国际学生与"一带一路"沿线国家来华国际学生人数的总量及增长情况，从中可以看出，横向上，"一带一路"沿线国家来华国际学生人数在宏观规模上是逐年明显上升的，但是纵向上看，自2009年以来，除去2013年，其在相对增长速度上呈现减缓的趋势。不仅是"一带一路"沿线国家来华国际学生增长速度减缓，全球来华国际学生亦是如此，这与全球政治、经济以及全球的留学环境都有关。但是我们不难看出，如图4所示，"一带一路"沿线国家来华国际学生人数的年增长率始终是高于全球增率的，特别是在2013年，高出了4.6个百分点，差异相对显著。且"一带一路"沿线国家来华人数占全球来华人数比例也是逐年升高的。

表5　2006—2015年全球及"一带一路"沿线国家历年来华国际学生人数情况

指标 年份	全球来华国际学生人数		"一带一路"沿线国家来华国际学生人数		
	人数(人)	增长率	人数(人)	增长率	占全球来华人数比例
2006	161 343	—	50 090	—	31.1%
2007	196 003	21.5%	66 732	33.2%	34.1%
2008	215 229	9.8%	78 743	18.0%	36.6%
2009	239 074	11.1%	94 914	20.5%	39.7%
2010	264 451	10.6%	110 422	16.3	41.8%
2011	297 845	12.6%	126 809	14.8%	42.6%
2012	331 681	11.4%	144 070	13.6%	43.4%
2013	362 033	9.2%	163 990	13.8%	45.3%
2014	384 835	6.3%	177 618	7.7%	45.9%
2015	408 515	6.2%	189 754	7.4%	46.5%

从"一带一路"沿线各个国家的来华国际学生情况来看，数量排在前十位的国家比较稳定。如表6所示，泰国、俄罗斯、越南、印度、印度尼西亚等国的来华国际学生占据主要部分，并且泰国从2009年至今始终排在第一位，并且历年一直占据"一带一路"沿线国家总人数的10%～12%，这些说明沿线国家来华学生的区域集中度相对较高，特别是聚焦在周围的东南亚、中亚的一些国家。

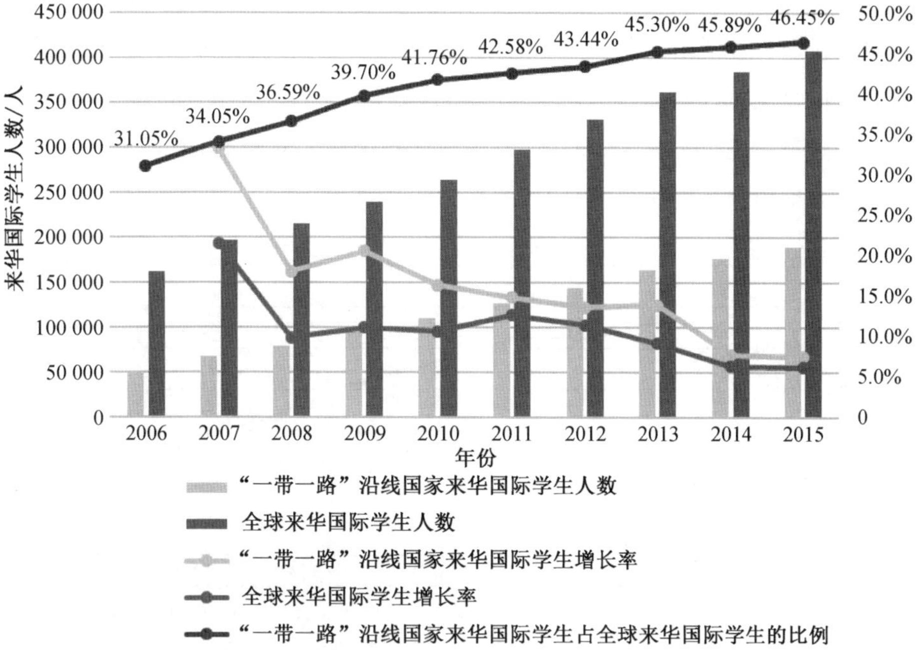

图 4　2006—2015 年全球及"一带一路"沿线国家来华国际学生人数及年增长率

表 6　2006—2015"一带一路"沿线国家来华国际学生排名前十位国家情况

（单位：人）

国家 年份	泰国	俄罗斯	越南	印度	印度尼西亚	巴基斯坦	哈萨克斯坦	蒙古国	马来西亚	新加坡
2006	5 431	5 000	7 252	5 634	5 486	3 307	1 804	2 664	1 745	1 392
2007	7 364	7 256	9 784	7 189	6 603	4 445	3 831	3 685	1 906	1 482
2008	8 300	8 551	10 318	7 979	7 083	5 160	5 647	4 763	2 087	2 073
2009	11 391	10 654	12 616	8 447	7 919	5 738	6 481	5 720	2 759	3 196
2010	13 065	12 398	12 813	8 924	9 459	7 329	7 841	6 227	3 779	3 602
2011	14 435	13 444	13 846	9 831	11 163	8 583	8 478	7 284	4 338	4 685
2012	16 924	15 018	13 175	10 401	13 169	9 642	9 870	8 427	5 991	4 234
2013	20 292	16 217	12 913	12 039	13 540	11 313	11 659	8 285	6 155	5 349
2014	21 783	17 473	10 803	14 508	14 228	13 502	12 422	8 083	6 751	5 545
2015	20 283	16 609	10 537	17 464	12 811	16 010	14 007	7 631	6 715	5 106

从纵向上看，如图 5，“一带一路”沿线国家排名前十位来华国际学生总数量也是不断上升的，在 2015 年达到了 127 173 人，占据 65 国总人数的 67%。但是也可以明显看出，“一带一路”沿线国家排名前十位的来华国际学生总数量占比是不断下降的，这说明虽然集中度相对较高，但是未来的趋势是来源地更趋多样化。

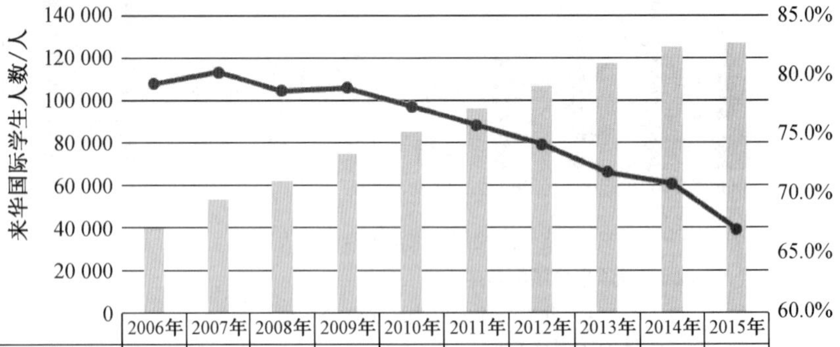

	2006年	2007年	2008年	2009年	2010年	2011年	2012年	2013年	2014年	2015年
前十名该年总人数	39 715	53 545	61 961	74 921	85 437	96 087	106 851	117 762	125 098	127 173
占比	79.3%	80.2%	78.7%	78.9%	77.4%	75.8%	74.2%	71.8%	70.8%	67.0%

图 5　2006—2015 年“一带一路”沿线国家来华国际学生人数前十位国家总人数及占比

(二)“一带一路”沿线国家来华国际学生分区域(不同收入、不同地区)概况

1. 按经济体发展水平划分

本部分主要根据世界银行的划分标准，按照不同的经济发展水平，将“一带一路”沿线国家划分为高收入国家、中高收入国家、中低收入国家、低收入国家四类(表 7)，分别分析不同经济发展程度国家的来华国际学生现状(图 6)。

表 7　“一带一路”沿线国家收入水平划分情况[1]

高收入国家	阿联酋、阿曼、爱沙尼亚、巴林、波兰、捷克、卡塔尔、科威特、拉脱维亚、立陶宛、沙特、斯洛伐克、斯洛文尼亚、文莱、新加坡、匈牙利、以色列
中高等收入国家	阿尔巴尼亚、阿塞拜疆、白俄罗斯、保加利亚、波黑、俄罗斯、哈萨克斯坦、黑山、克罗地亚、黎巴嫩、罗马尼亚、马其顿、塞尔维亚、泰国、土耳其、土库曼斯坦、伊拉克、伊朗

[1] 资料来源：世界银行，巴勒斯坦不详，共 63 国。

（续表）

中低等收入国家	埃及、巴基斯坦、不丹、东帝汶、菲律宾、格鲁吉亚、吉尔吉斯斯坦、柬埔寨、老挝、蒙古国、孟加拉国、缅甸、摩尔多瓦、斯里兰卡、塔吉克斯坦、乌克兰、乌兹别克斯坦、印度、印度尼西亚、约旦、越南
低收入国家	阿富汗、尼泊尔

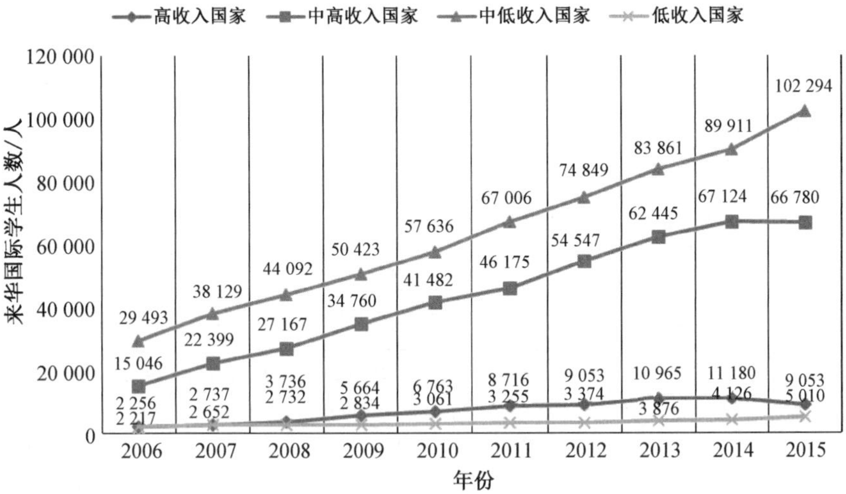

图 6　2006—2015 年“一带一路”沿线不同收入水平的国家来华国际学生数量趋势图[1]

从图 6 可以明显看出，当前沿线国家来华国际学生主要来自中低收入国家和中高收入国家，近年来两者始终占据四类收入国家的前两位。如表 8 所示，自 2013 年以来两者人数始终保持在 14 万人以上，并且占比保持在 88%以上，特别是在 2015 年，来自中高收入和中低收入国家的国际学生总人数达到 169 074 人，占比也达到了 89.1%，其中来自中低收入国家的国际学生人数达到了 102 294 人，占比 54%，处于主导地位。但是相比较而言，来自 17 个高收入国家的国际学生就相对较少，这与这些发达国家人口数本身就相对较少有关。我们也可以发现，高收入国家的来华国际学生也是不断增长的，特别是 2013 年之后突破了 1 万人。而只占有阿富汗和尼泊尔两个国家名额的低收入国家来华国际学生人数就更少了，但是也是处于不断上升的

[1] 资料来源：世界银行，巴基斯坦数据不详。

趋势。

表 8 2006—2015 年“一带一路”沿线不同收入水平的国家来华国际学生数量及占比[1]

年份＼指标	高收入国家		中高收入国家		中低收入国家		低收入国家	
	人数（人）	占比	人数（人）	占比	人数（人）	占比	人数（人）	占比
2006	2 217	4.5%	15 046	30.7%	29 493	60.2%	2 256	4.6%
2007	2 757	4.2%	22 399	34.0%	38 129	57.8%	2 632	4.0%
2008	3 736	4.8%	27 167	35.0%	44 092	56.7%	2 732	3.5%
2009	5 664	6.0%	34 760	37.1%	50 423	53.8%	2 834	3.0%
2010	6 763	6.2%	41 482	38.1%	57 636	52.9%	3 061	2.8%
2011	8 716	7.0%	46 175	36.9%	67 006	53.5%	3 255	2.6%
2012	9 053	6.4%	54 547	38.5%	74 849	52.8%	3 374	2.4%
2013	10 965	6.8%	62 445	38.8%	83 861	52.0%	3 876	2.4%
2014	11 180	6.5%	67 124	38.9%	89 911	52.2%	4 126	2.4%
2015	9 053	4.9%	66 780	36.5%	102 294	55.9%	5 010	2.7%

2. 按区域情况划分

按照各国所处的地理位置不同，本文参照《“一带一路”沿线国家五通指数》将沿线国家划分为了 5 个区域。如图 7 所示，我国在“一带一路”不同地理区域来华国际学生布局中，东南亚沿线各国所占比重最大，如图 8 和图 9 所示，东南亚相关各国来华国际学生在 2015 年以 73 242 人占据沿线国家总人数的 38.6%，并且历年来高居首位，居于主体地位。在 11 个东南亚沿线国家中，来自泰国、印度尼西亚、越南 3 国的国际学生占据了前三位，均超过了 1 万人，3 国加起来总的来华国际学生数量达到了 43 631 人，在东南亚沿线国家来华国际学生数量中占到接近 60%。

[1] 资料来源：世界银行，巴基斯坦数据不详。

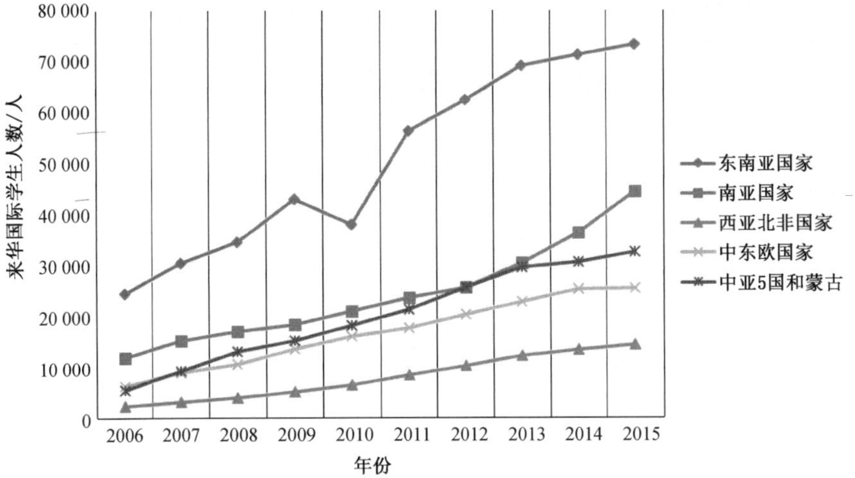

图 7 “一带一路”沿线不同区域来华国际学生数量趋势图

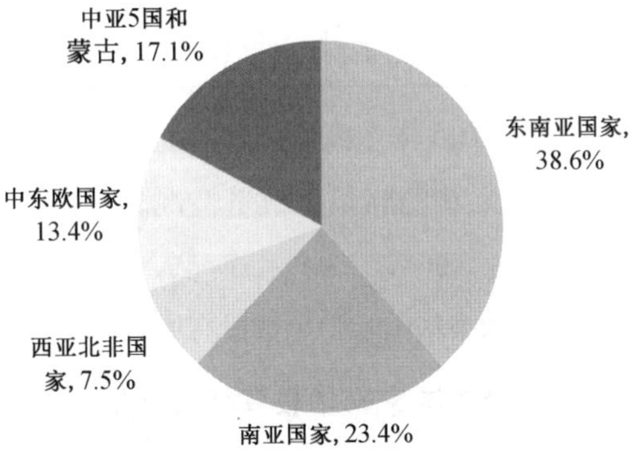

图 8 2015 年“一带一路”沿线国家各区域来华国际学生人数所占比例

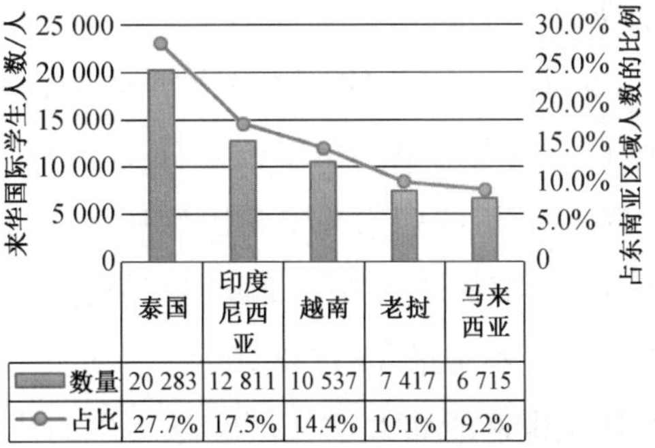

图 9 2015 年东南亚沿线国家来华国际学生前五名及占比

表 9　2006—2015 年"一带一路"沿线国家及区域来华国际学生人数及所占比例

年份＼指标	东南亚国家		南亚国家		西亚北非国家		中东欧国家		中亚及蒙古国	
	人数（人）	占比	人数（人）	占比	人数（人）	占比	人数（人）	占比	人数（人）	占比
2006	24 410	48.7%	11 824	23.6%	2 240	4.5%	6 165	12.3%	5 451	10.9%
2007	30 354	45.5%	15 160	22.7%	3 058	4.6%	8 909	13.4%	9 251	13.9%
2008	34 391	43.7%	16 894	21.5%	3 834	4.9%	10 568	13.4%	13 056	16.6%
2009	42 799	45.1%	18 276	19.3%	5125	5.4%	13 544	14.3%	15 160	16.0%
2010	37 900	34.3%	20 867	18.9%	6 394	5.8%	15 873	14.4%	18 134	16.4%
2011	56 169	44.3%	23 565	18.6%	8 287	6.5%	17 561	13.8%	21 227	16.7%
2012	62 394	43.3%	25 602	17.8%	10 199	7.1%	20 304	14.1%	25 571	17.7%
2013	69 194	42.2%	30 389	18.5%	12 203	7.4%	22 686	13.8%	29 518	18.0%
2014	71 216	40.3%	36 295	20.6%	13 342	7.6%	25 277	14.3%	30 488	17.3%
2015	73 242	38.6%	44 286	23.4%	14 265	7.5%	25 440	13.4%	32 521	17.1%

表 9 显示了 2006—2015 年东南亚国家、南亚国家、西亚北非国家、中东欧国家及中亚及蒙古国家来华国际学生数量情况。可以看出，2015 年上述地区来华国际学生数量占比为 38.6%、23.4%、7.5%、13.4%和 17.1%。值得注意的是，2013 年来，南亚地区的来华国际学生数量有所上涨，且占比保持在 20%左右。

（三）"一带一路"沿线国家来华教育结构分析

除按照沿线国家收入水平和区域划分外，还可以从来华国际学生的学习类别、学历情况以及经费来源等几个方面来分析其现状。

1. 按照学生类别

如图 10 所示，2006—2015 年的 10 年间，"一带一路"沿线国家来华国际学生中，学历生和非学历生都呈现出增长态势，但学历生已超出了非学历生。10 年间，"一带一路"沿线国家来华学历生从 25 258 人增长到 111 183 人，增量接近 8.6 万人。值得注意的是，2005 年学历生的数量就已经超过了非学历生，但是两者差距不是很大；自 2010 年起，学历生的规模大幅度领先于非学历生规模，比重也逐渐加大，2015 年，学历生的比重已达 58.6%。这说明我国的高等学历教育逐步得到"一带一路"沿线国家学生的认可，也说

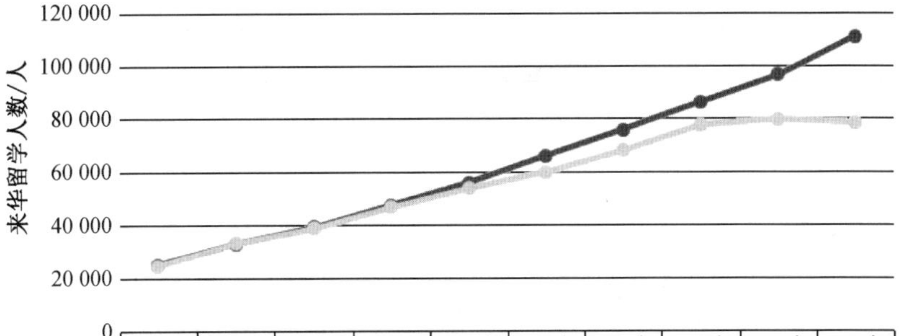

	2006年	2007年	2008年	2009年	2010年	2011年	2012年	2013年	2014年	2015年
学历生	25 258	33 348	39 653	47 861	56 170	66 184	75 883	86 398	96 843	111 183
非学历生	24 832	33 384	39 090	47 063	54 252	59 995	68 187	77 592	79 775	78 571

图 10　2006—2015 年“一带一路”沿线国家来华国际生学历变化趋势

明我国与其他国家和地区签署学历学位互认协议这一工程初见影响。

就学历层次而言，如表 10 和图 11 所示，从数量上看，“一带一路”沿线国家来华国际学生以本科生为主，虽然其在学历生中的比重逐年递减，但历年仍以绝对数量优势占据学历生榜首，其次是研究生，最后是专科生。值得关注的是，研究生占学历生的比重从 2005 年的 12.6%增长到 29.6%，增加了 17 个百分点。说明沿线国家来华国际学生的留学学历层次越来越高。

表 10　2006—2015 年“一带一路”沿线国家来华国际学生学历层次数量和占比

指标 年份	学历生			学历生占比	非学历生			
	专科（人）	本科（人）	研究生（人）		语言生（人）	学者（人）	进修生（人）	预科（人）
2006	751	21 320	3 187	50.4%	9 123	9	6 701	0
2007	827	28 514	4 007	50.0%	15 724	13	7 143	0
2008	634	33 381	5 638	50.4%	20 359	18	7 245	0
2009	720	38 809	8 332	50.4%	23 174	18	8 697	359
2010	917	43 820	11 433	50.9%	25 982	23	8 199	915
2011	1 029	50 167	15 618	52.2%	26 418	16	9 378	1 075
2012	1 316	54 822	19 745	52.7%	29 536	13	10 541	1 434
2013	1 739	61 511	23 148	52.7%	34 145	58	11 236	1 718
2014	2 211	67 465	27 167	54.8%	34 746	75	11 469	1 894
2015	2 929	75 319	32 935	58.6%	33 357	76	12 030	2 229

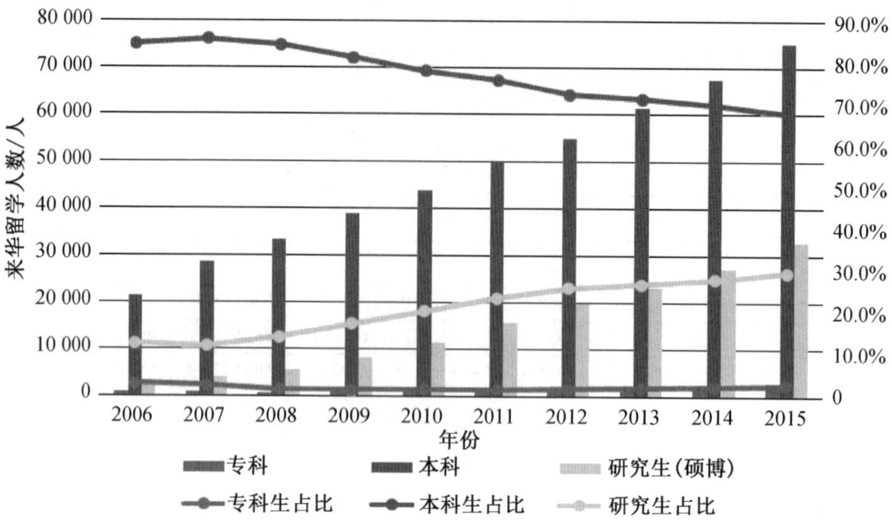

图 11 "一带一路"沿线国家历年来华国际学生学历层次数量和占比

2. 按照经费来源

如图 12 所示,近年来,"一带一路"沿线国家的自费生与公费生的数量都是持续上涨的,分别从 2006 年的 46 617 人和 3 975 人增加到了 2015 年的 162 018 人和 27 736 人,增加了近 250%和 500%。

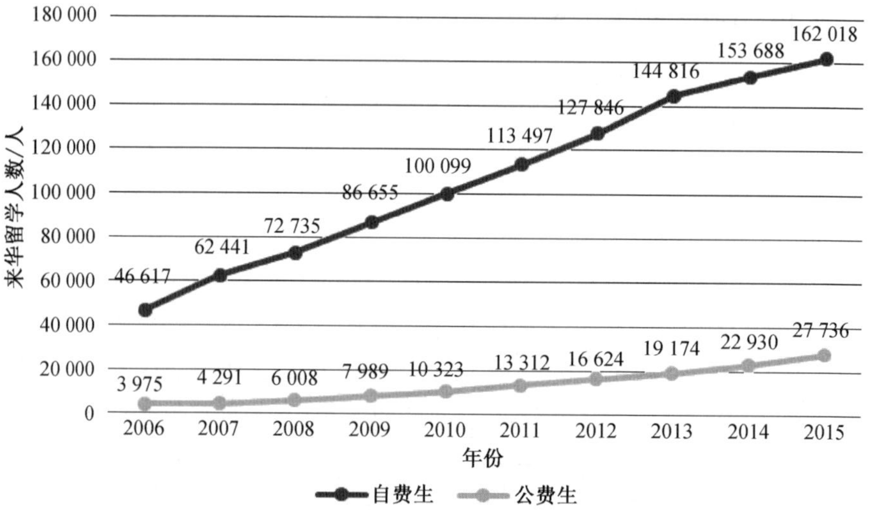

图 12 2006—2015 年"一带一路"沿线国家来华公费生和公费生数量情况

如图 13 所示，纵向方面，于绝对数量而言，从 2006—2015 年，自费生人数一直多于公费生人数，且两者差距相对较大；横向方面，于历年相对增速而言，从 2008—2015 年，公费生的年增长率是要大于自费生增长率的，特别是在 2013 年后，公费生的增长率是逐年上升的，自费生则相反。

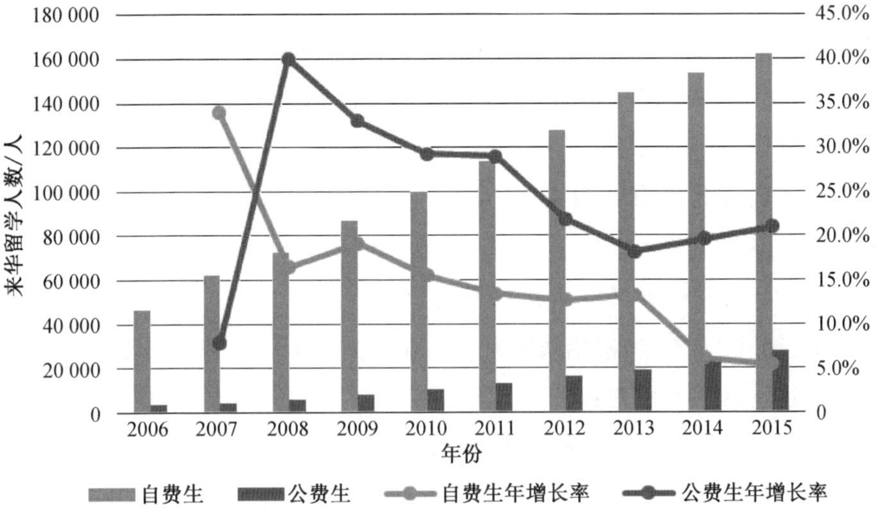

图 13 "一带一路"沿线国家历年来华公费生和公费生数量及年增长率情况

(四) "一带一路"沿线国家来华国际学生特点

立足于"一带一路"沿线国家来华国际学生 2006—2015 年的数据，分析"一带一路"沿线国家来华国际学生的总量、不同区域和不同收入水平的国家现状，可以发现目前同沿线国家的来华国际学生表现出以下特点。

1. 规模总量可观，占比偏低

"一带一路"横跨亚欧大陆，覆盖 65 个国家和地区，发展潜力巨大。近年来，沿线国家来华国际学生总量不断创下新高，自 2010 年突破 10 万人以来，2016 年已达 20.8 万人，增长了近 9 倍。其历年增长的绝对人数也是不断上升，且"一带一路"沿线国家来华国际学生人数的年增长率始终高于全球历年增率。但是不可否认的是，"一带一路"沿线国家来华国际学生人数占全球来华国际学生人数的比重相对较低一些，近年来维持在 45%左右。总的来看，沿线国家来华国际学生发展势头强劲，但与总量规模不断扩大形成对比的是其年增长率的降低，甚至在2013年跌破了10%。我国对沿线国家国际学生的吸引还有提升的空间。

2. 区域间不均衡，集中度高

通过分区域分析可以看出，“一带一路”沿线国家的来华国际学生主要来源于东南亚地区，其次为南亚地区，即主要集中于周边的国家和地区，地理位置相对较远的西亚北非、中东欧地区的来华国际学生人数则相对较少，这使得“一带一路”倡议作为一个整体的协同机制，沿线国家间的教育合作与交流的作用难以发挥最大的潜能。但是，近年来，其他领域国家的来华国际学生人数有上升趋势，不断扩大辐射半径，以实现区域内的教育优势互补、共同发展。

3. 结构多样，学历生占比缓慢增长

通过分析“一带一路”沿线国家来华国际学生的学习年限、学历层次、学费来源等状况，发现在相对数量上，沿线国家来华国际学生以长期生、学历生、自费生为主。从学习层次来看，沿线国家来华国际学生从语言生、专业进修生到本、硕、博等各类学历生种类齐全，其中语言生在其中占据了不小的比例。

三、“一带一路”沿线国家来华国际学生规模的影响因素分析

（一）模型建构

借鉴来华留学引力模型，构建如下四个面板数据回归模型：

$$\begin{aligned} student_{it} = & \alpha_0 + \alpha_1 st/te_{it} + \alpha_2 enrollment_{it} + \alpha_3 avgdp_{it} \\ & + \alpha_4 export_{it} + \alpha_5 import_{it} + \alpha_6 techexport_{it} \\ & + \alpha_7 tour_{it} + \alpha_8 fdi_{it} + \alpha_9 gdp_{it} + \alpha_{10} telephone_{it} \\ & + \alpha_{11} labor_{it} + \delta_i + \lambda_i + \varepsilon_{it} \end{aligned} \qquad (1)—(4)$$

1. 被解释变量

四个模型中，$student_{it}$ 依次代表“一带一路”沿线第 i 个国家 t 年来华国际学生总规模（模型1）、自费生规模（模型2）、学历生规模（模型3）、来华留学国际学生占比（模型4）。

2. 解释变量

（1）教育水平

一国师生比 st/se 以及高校入学率（$enrollment$）作为一国教育水平的变量，即本文的解释变量，st/te_{it} 代表第 i 个国家 t 年学校师生比，$enrollment_{it}$ 代表第 i 个国家 t 年高校入学率。

（2）经济水平

人均 GDP（$avgdp$）与购买力平价 GDP（gdp）体现一国经济水平。

（3）外资政策

使用外国直接投资（fdi）作为衡量该国外资政策的指标。外国直接投资的增加，可以提升该国生产水平和消费水平，增加对进口的需求，同时，也存在通过提升的生产力替代进口，促进出口的作用。

（4）开放度

使用该国对华进口贸易（$import$）、出口贸易（$export$）、高科技出口贸易（$techexport$）、国际旅游规模（$tour$）来体现一国的开放程度。

（5）要素禀赋

根据数据的可获得性，本文选择高等教育入学率（$education$）和劳动力人口比例（$labor$）来反映国家之间差异性的要素禀赋。按照传统贸易理论，要素禀赋是影响一国（地区）进出口贸易的重要因素。

（6）信息化水平

“一带一路”沿线国家，大部分为发展中国家，且国与国之间发展不平衡，国际参与度各异，难以搜集到全面、齐全的信息化数据。本文使用人均电话订阅数（$telephone$）作为信息化变量。信息化程度高更有利于商业信息的搜集、贸易信息的处理。

最后，δ_i，γ_i 为国别虚拟变量，λ_t，θ_i 为时间虚拟变量，ε_{it}，η_{it} 为扰动项。

（二）数据说明

本文搜集了 2006—2015 年数据，其中，各国来华国际学生规模数据来自《全国来华留学统计年鉴》。2006—2015 年“一带一路”沿线国家对华贸易进口额与对华贸易出口额，引用自联合国商品贸易统计数据库（comtrade.un.

org)。模型中使用的其他数据包括:GDP(现价美元)、货物和服务进口(现价美元)、货物和服务出口(现价美元)、外国直接投资净额(现价美元)、电话订阅数(个)、总人口数(人)、劳动力总人数(人)均来自世界银行数据库(data.worldbank.org)。巴勒斯坦、阿富汗、伊朗等国存在数据缺项,在分析中剔除缺项年度的该国数据。

(三) 结果分析

模型1对“一带一路”沿线国家来华国际学生规模进行面板数据分析,共计32个国家10年合计218个变量,整体显著性水平 $F=0.0000$, $R^2=0.1439$,整体模型具有显著性(表11)。其中,具有显著性的解释变量包括:人均GDP、出口贸易额、高科技出口额、外商直接投资、购买力平价GDP、电话订阅数、劳动人口比例。

表11 影响来华国际学生规模因素的实证分析

Fixed-effects (within) regression　　Number of obs=218

Group variable: country　　Number of groups=32

F(11,175)=9.28

corr(u_i, Xb)=−0.783 5　　Prob > F=0.000 0

tn	Coef.	Std.	Err.	tP>|t|	[95% Conf.	Interval]
高校师生比	−57.909 56	47.844 36	−1.21	0.228	−152.335 8	36.516 65
高校入学率	−3.065 317	21.717 12	−0.14	0.888	−45.926 49	39.795 86
人均GDP	2 758.471	1 406.457	1.96	0.051	−17.329 09	5 534.272
进口贸易额	260.535	1 090.554	0.24	0.811	−1 891.796	2 412.866
出口贸易额	−2 056.564	883.713 1	−2.33	0.021	−3 800.671	−312.457 1
高科技出口额	−511.513 9	269.191 7	−1.90	0.059	−1 042.794	19.766 16
国际旅游规模	132.079 8	328.197 8	0.40	0.688	−515.655 5	779.815 1
外商直接投资	4.884 194	2.709 624	1.80	0.073	−.463 552 9	10.231 94
购买力平价GDP	4 429.232	1 481.537	2.99	0.003	1 505.252	7 353.213
电话订阅数	922.471 2	534.944 3	1.72	0.086	−133.301 6	1 978.244
劳动人口比例	−286.094 3	106.479 8	−2.69	0.008	−496.244 2	−75.944 36
_cons	−85 405.77	30 887.81	−2.77	0.006	−146 366.3	−24 445.21

（续表）

```
-------------+----------------------------------------
sigma_u |   5 946.704 2
sigma_e |   1 322.837 3
rho |  .952 849 69  (fraction of variance due to u_i)
------------------------------------------------------
F test that all u_i=0:  F(31, 175)=20.16     Prob > F=0.000 0
```

在 $P<0.1$ 显著水平下，人均 GDP，出口贸易额、高科技产品出口额、外商直接投资、购买力平价 GDP、电话订阅数以及劳动人口比例影响到"一带一路"沿线国家来华国际学生规模。即一国教育水平与其来华国际学生规模没有显著相关关系，而经济水平、对外政策、开放度、要素禀赋、信息化水平等皆影响到"一带一路"沿线国家来华国际学生规模。

模型 2 以自费生为被解释变量，面板数据分析 32 个国家 10 年合计 218 个变量，整体显著性水平 $F=0.0000$，$R^2=0.1403$，整体模型具有显著性（表 12）。

表 12　影响自费生规模因素的实证分析

Fixed-effects (within) regression　　Number of obs=218

Group variable: country　　Number of groups=32

F(11,175)=8.84

corr(u_i, Xb)=−0.737 2　　Prob > F=0.0000

oe	Coef.	Std.	Err.	tP>|t|	[95% Conf.	Interval]
高校师生比	−45.221 51	43.687 85	−1.04	0.302	−131.444 4	41.001 38
高校入学率	−1.689 659	19.830 43	−0.09	0.932	−40.827 25	37.447 93
人均 GDP	2 552.681	1 284.27	1.99	<u>0.048</u>	18.029 54	5 087.332
进口贸易额	228.974 4	995.811 6	0.23	0.818	−1 736.372	2 194.321
出口贸易额	−1 824.538	806.940 1	−2.26	<u>0.025</u>	−3 417.125	−231.950 8
高科技出口额	−483.024	245.805 5	−1.97	<u>0.051</u>	−968.148 8	2.100 869
国际旅游规模	126.764 8	299.685 5	0.42	0.673	−464.698 2	718.227 7
外商直接投资	4.178 981	2.474 224	1.69	<u>0.093</u>	−.704 178 5	9.062 14

（续表）

购买力平价 GDP |	3 788.126	1 352.828	2.80	0.006	1 118.168	6 458.084
电话订阅数 |	832.022 7	488.470 8	1.70	0.090	−132.029 3	1 796.075
劳动人口比例 |	−241.596 1	97.229 34	−2.48	0.014	−433.489 1	−49.703 08
_cons |	−73 442.6	28 204.42	−2.60	0.010	−129 107.2	−17 778.02

-------------+------------------------------------

sigma_u | 5 231.996

sigma_e | 1 207.915 1

rho | .949 395 93 (fraction of variance due to u_i)

F test that all u_i=0： F(31，175) =21.95 Prob > F=0.000 0

在 $P<0.1$ 显著水平下，人均 GDP，出口贸易额、高科技产品出口额、外商直接投资、购买力平价 GDP、电话订阅数以及劳动人口比例影响到“一带一路”沿线国家自费来华国际学生规模。

模型 3 以学历生规模为被解释变量，面板数据分析 32 个国家 10 年合计 218 个变量，整体显著性水平 $F=0.002\,3$，$R^2=0.013\,5$，整体模型具有显著性（表 13）。但解释变量皆不具有显著性，即学历生规模不受到经济、教育、开放度、开放政策、要素禀赋等的影响。

表 13 影响学历生规模因素的实证分析

Fixed-effects (within) regression Number of obs=218

Group variable：country Number of groups=32

F(11,175)=2.79

corr(u_i，Xb)=−0.5213 Prob > F=0.0023

degree |	Coef.	Std.	Err.	tP>|t|	[95% Conf.Interval]	
高校师生比 |	−63.196 39	32.751 83	−1.93	0.055	−127.835 8	1.443 024
高校入学率 |	8.892 847	14.866 44	0.60	0.550	−20.447 75	38.233 44
人均 GDP |	1 509.232	962.789 1	1.57	0.119	−390.941	3 409.404
进口贸易额 |	−393.685	746.538 1	−0.53	0.599	−1 867.062	1 079.692

（续表）

出口贸易额	−826.516 8	604.945 3	−1.37	0.174	−2 020.444	367.410 7
高科技出口额	−197.223 7	184.275	−1.07	0.286	−560.911 2	166.463 7
国际旅游规模	170.795 4	224.667 6	0.76	0.448	−272.611 4	614.202 2
外商直接投资	0.208 984 2	1.854 871	0.11	0.910	−3.451 813	3.869 782
购买力平价GDP	1 413.577	1 014.185	1.39	0.165	−588.032 2	3 415.186
电话订阅数	259.379 7	366.195 8	0.71	0.480	−463.348 9	982.108 3
劳动人口比例	−76.554 67	72.890 7	−1.05	0.295	−220.412 7	67.303 32
_cons	−17 889.63	21 144.23	−0.85	0.399	−59 620.15	23 840.89

sigma_u | 3 069.690 6

sigma_e | 905.547 48

rho | .919 943 87 (fraction of variance due to u_i)

F test that all u_i=0: F(31, 175)=14.96 Prob > F=0.000 0

F test that all u_i=0: F(31, 172)=13.71 Prob > F=0.000 0

模型4以来华国际学生占该国流出国际学生总数比例为被解释变量，面板数据分析32个国家10年合计218个变量，整体显著性水平 $F=0.000$，$R^2=0.234\ 6$，整体模型具有显著性（表14）。在 $P<0.1$ 显著水平下，人均GDP，出口贸易额、国际旅游规模、购买力平价GDP影响到"一带一路"沿线国家来华国际学生占比。人均GDP高的国家，来华国际学生占比更低，说明学生选择其他国家的可能性更大。其他指标对来华留学占比起正向影响作用。

表14 影响来华留学占比因素的实证分析

Fixed-effects (within) regression	Number of obs=218
Group variable: country	Number of groups=32
F(11,175)=14.80	
corr(u_i, Xb)=−0.984 9	Prob > F=0.000 0

（续表）

ratio	Coef.	Std.	Err.	tP>|t|	[95% Conf.	Interval]
高校师生比	−2.959 433	2.198 423	−1.35	0.180	−7.298 268	1.379 403
高校入学率	1.182 366	0.997 890 4	1.18	0.238	−0.787 083 3	3.151 815
人均 GDP	−260.860 3	64.625 96	−4.04	0.000	−388.406 9	−133.313 7
进口贸易额	−46.393 37	50.110 39	−0.93	0.356	−145.291 9	52.505 13
出口贸易额	221.234 9	40.606 16	5.45	0.000	141.094	301.375 7
高科技出口额	−3.391 676	12.369 22	−0.27	0.784	−27.803 72	21.020 37
国际旅游规模	33.286 7	15.080 52	2.21	0.029	3.523 599	63.049 8
外商直接投资	−0.032 838 4	0.124 505 8	−0.26	0.792	−0.278 564 6	0.212 887 8
购买力平价 GDP	359.550 1	68.075 87	5.28	0.000	225.194 7	493.905 5
电话订阅数	−23.183 8	24.580 41	−0.94	0.347	−71.696 01	25.328 41
劳动人口比例	−2.711 285	4.892 693	−0.55	0.580	−12.367 56	6.944 994
_cons	−10 903.17	1 419.279	−7.68	0.000	−13 704.28	−8 102.064

sigma_u | 733.905 24

sigma_e | 60.783 689

rho | 0.993 187 21 (fraction of variance due to u_i)

F test that all u_i=0: F(31, 175)=23.45 Prob > F=0.000 0

四、"一带一路"沿线国家国际学生的贸易效益分析模型构建与数据说明

（一）模型构建

借鉴相关研究的做法本文构建如下两个面板数据回归模型：

$$
\begin{aligned}
import_{it} = & \alpha_0 + \alpha_1 student_{it} + \alpha_2 market_{it} + \alpha_3 fdi_{it} + \alpha_4 open_{it} \\
& + \alpha_5 education_{it} + \alpha_6 labor_{it} + \alpha_7 information_{it} \\
& + \delta_i + \lambda_i + \varepsilon_{it}
\end{aligned} \tag{5}
$$

$$
\begin{aligned}
export_{it} = & \beta_0 + \beta_1 student_{it} + \beta_2 market_{it} + \beta_3 fdi_{it} + \beta_4 open_{it} \\
& + \beta_5 education_{it} + \beta_6 labor_{it} + \beta_7 information_{it} \\
& + \gamma_i + \theta_i + \eta_{it}
\end{aligned} \tag{6}
$$

1. 被解释变量

模型 5 中，$import_{it}$ 代表第 i 个国家 t 年对华进口货物贸易额；模型 6 中，$export_{it}$ 代表第 i 个国家 t 年对华出口货物贸易额。

2. 解释变量

（1）国际人才流动

来华留学国际学生规模（*student*）作为国际人才流动变量，即本文的解释变量，$student_{it}$ 代表第 i 个国家 t 年来华留学国际学生总数。

（2）该国市场规模

市场规模（*market*）的大小影响到该国进口货物的需求量，参照魏浩、袁然对市场规模量化方法，使用该国第 t 年 GDP 加当年进口量减去出口量。[1]

（3）外资政策

使用外国直接投资（*fdi*）作为衡量该国外资政策的指标。外国直接投资的增加，可以提升该国生产水平和消费水平，增加对进口的需求，同时，也存在通过提升的生产力替代进口，促进出口的作用。

（4）贸易开放度

使用出口贸易占 GDP 比重来反映该国的贸易自由化度（*open*）。贸易开放度高，进口量大，同时进口生产要素也会促进出口，出口随之增长。

（5）要素禀赋

根据数据的可获得性，本文选择高等教育入学率（*education*）和劳动力

[1] 魏浩、袁然：《国际人才流入与中国进口贸易发展》，载《世界经济与政治论坛》2017 年第 1 期。

人口比例(*labor*)来反映国家之间差异性的要素禀赋。按照传统贸易理论，要素禀赋是影响一国(地区)进出口贸易的重要因素。

(6) 信息化水平

“一带一路”沿线国家大部分为发展中国家,且国与国之间发展不平衡,国际参与度各异,难以搜集到全面、齐全的信息化数据。本文使用人均电话订阅数作为信息化变量。信息化程度高更有利于商业信息的搜集、贸易信息的处理

最后,δ_i, γ_i 为国别虚拟变量,λ_t, θ_i 为时间虚拟变量,ε_{it}, η_{it} 为扰动项。

(二) 结果分析

模型 5 对华进口贸易模型分析了 54 个国家 10 年合计 424 个变量,整体显著性差异水平 $F=0.0000$, $R^2=0.8212$,整体模型具有显著性(表 15)。其中,具有显著性的解释变量包括:来华国际学生规模($P<0.01$)、市场规模($P<0.01$)、高等院校入学率($P<0.1$)以及劳动力人口比例($P<0.01$)。对华出口贸易模型分析了 54 个国家 10 年合计 421 个变量,整体显著性差异水平 $F=0.0000$, $R^2=0.5631$,整体模型具有显著性。其中,市场规模($P<0.1$),劳动力人口比例($P<0.01$),外商直接投资($P<0.1$)以及高等院校入学率($P<0.1$)是具有显著性的变量。

表 15 国际人才流动对进出口贸易影响的实证分析

被解释变量 / 解释变量	进口	出口
	模型 5	模型 6
student	0.000 030 8*** (8.22e−06)	−0.000 025 1 (.000 025 6)
market	1.147 474*** (.064 425 9)	1.289 898*** (.201 995 3)
fdi	−0.000 335 4 (0.000 302 3)	0.001 605 5* (.000 94)
open	−0.000 143 8 (.000 145 4)	0.000 097 8 (.000 452 9)
education	0.003 354* (.002 087 6)	0.015 876 3* (.006 507 1)

（续表）

被解释变量 解释变量	进口	出口
	模型 5	模型 6
labor	0.002 005*** (.000 495 7)	0.008 411 5*** (.001 545 1)
information	−0.000 121 1 (.000 081 4)	−0.000 304 (.000 255 7)
常数项	−7.843 954(1.529 204)	−15.934 76(4.797 538)
F	0.000 0	0.000 0
样本量	424	421
国别数	54	54
R^2	0.821 2	0.563 1

注：***，**，*分别表示在1%、5%和10%的显著性水平下，拒绝"回归系数显著为零"的原假设，括号中数值为标准误差。

（1）国际人才流动对该国进出口贸易的影响

一国来华国际人才对促进该国对华进口贸易有显著影响，换而言之，流向中国的"一带一路"沿线国家国际人才越多，中国对该国的出口贸易越受益。而对华国际人才流动对该国对华出口贸易并无显著影响。来华国际人才带来了其母国市场潜在的贸易机会、销售渠道、商业管理等方面的信息。实践经验也印证了这一点，多年来，"一带一路"沿线国际来华国际学生在就读期间以及毕业后，从事对华进口贸易工作的实例不胜枚举。而从事对华出口贸易相关工作的实例则是近两三年才慢慢涌现，且相比对华进口贸易产品的广泛性，对华出口主要集中在食品等少数产品门类。

（2）市场规模与要素禀赋对该国对华进出口贸易的影响

市场规模与要素禀赋仍是影响"一带一路"沿线国家对华进出口贸易的显著因素，"一带一路"沿线国家市场规模差异大，以 2015 年例，印度的市场规模是不丹的 1 375 倍，劳动人口比例最高的卡塔尔达 72.90%，最低的东帝汶仅为 2.31%，土耳其高等院校入学率最高，达 94.73%，乌兹别克斯坦仅为 8.78%。一方面，这显示了"一带一路"沿线国家作为贸易伙伴，要素禀赋的差异性；另一方面，也显示了"一带一路"沿线国家市场规模与要素禀赋的增长可能性，以及进出口贸易增长的空间。

(3) 外商直接投资与贸易开放度对该国进出口贸易的影响

外商直接投资仅对“一带一路”沿线国家对华出口贸易有影响，贸易开放度则没有显著影响。外商投资的增加有利于该国对华出口贸易的增长，可以解释为外商投资所增长的生产力，构成对华出口的重要产业基础。“一带一路”沿线国家出口贸易的GPD占比对该国进出口贸易额都没有显著影响，主要是受到“一带一路”沿线国家复杂的政治经济情况影响所致。

结　论

接受高等教育的国际学生是国际人才流动的重要组成部分以及流动形式，是“一带一路”国际人才流动的主体，本文对国际人才流动的实证性分析使用了来华国际学生的数据。通过对2006—2015年面板数据的分析，得出结论：“一带一路”国家对华贸易进口受到其自身市场规模与要素禀赋的影响，同时其对华人才流出也显著促进了该国对华进口贸易量。对于中国而言，无论从“一带一路”倡议所倡导的“民心相通”的角度，还是单单从促进中国对“一带一路”沿线国家出口贸易的角度看，吸引国际人才来华工作、留学都十分重要。在这过程中，以下问题应得到更多重视：

(1) 重新认识来华国际学生教育的功能

通常认为，来华国际学生教育具有增加教育收入、提升教育质量、引入多元文化以及带来政治与社会效益四个功能。伴随我国对教育投入的增加，大学特别是一流大学对收入功能并不敏感，并普遍认为来华国际学生教育对“提升教育质量”的作用十分有限。多元文化对校园环境与社会环境的益处仍未深入人心，对来华国际学生教育的政治与社会效益的研究仍有待深入。因此，来华国际学生教育更多是以“指标”的形式，来体现其重要性。

本文验证了来华国际学生对中国商品出口的“贸易创造效应”，证实“一带一路”沿线国家流入中国的人才带来了中国出口贸易的增长，拓宽了对来华国际学生教育经济效益的认识。此外，实践表明不少来华国际学生与在华工作移民间存在的亲缘关系以及相互间的身份转换（如毕业后在华就业、工作后的深造或在职培训等)，对来华国际学生教育的认识也应上升到更高层面，即:将之作为促进我国与“一带一路”国家的国际人才流动，获取我国对外开放不可或缺的国际人才的重要手段。

(2) 制定有针对性的国际人才吸引策略

国际人才流动与贸易创造效应间的一个悖论是:越是来自历史文化差异大的国家的移民越可能促进贸易的增长，但国际人才(国际学生)更倾向流向历史文化接近的国家。因此，我国吸引“一带一路”国际人才的策略，例如来华留学奖学金等，应更偏向历史文化差异大的中东和东欧国家。同时，关注和提升这些国家来华留学、就业人才的条件和环境，采取有效提升其跨文化适应性、减少文化冲突的措施，有针对性吸引目标国家(地区)国际人才来华学习、就业。

(3) 制定贸易、投资与国际人才培养吸引的组合策略

增加“一带一路”沿线国家的市场规模与要素禀赋，会有效促进其对华贸易的增长。这也体现了中国与“一带一路”沿线国家作为“命运共同体”的关系。而“一带一路”沿线国家中，诸多发展中国家的市场规模与要素禀赋还有较大的发展空间与可能。此外，实证研究显示，对“一带一路”沿线国家的直接投资，只在一定程度上影响到中国进口贸易，而对中国出口贸易并没有显著影响。从上述结论出发，中国对“一带一路”沿线国家的投资，在考虑回报率的同时，也要考虑对其市场规模、要素禀赋增长的长期经济与社会效益，以及对中国急需货物生产的长期影响。因此，要研究制定针对“一带一路”沿线不同国别的贸易、投资与人才培养和吸引的组合策略，培养和吸引贸易、投资所需的国际人才，同时通过投资带动要素禀赋增长，例如高等教育入学率的提升，反哺国际人才培养。

(4) 充分利用中国高等教育开放的红利

作为服务贸易的一类，来华留学教育本身也是教育服务贸易的一种模式，长期以来，我国在教育服务贸易领域总体存在着逆差，但逆差主要体现在与美、英、澳等发达国家间的教育服务贸易上。2010 年，《国家中长期教育改革和发展规划纲要(2010—2020 年)》提出:“实施留学中国计划，扩大来华国际学生规模”，此后，国家留学基金委与各级政府、教育部门都相应制定了

发展规划，出台了相关的支持政策。来华留学奖学金、国际学生社团、国际学生实习就业政策等在近年来都取得显著进展。这都为“一带一路”沿线国家国际学生来华学习创造了良好的环境。在“一带一路”倡议提出前，就已形成一定规模的在华留学国际学生群体。

“一带一路”倡议提出后，改变了以往中国大学开展国际合作竞相追逐欧美大学、世界一流大学的局面，教育国际合作不断向“一带一路”沿线国家拓展。加上已有的几乎覆盖全球的孔子学院布点，掌握在中国高等教育领域的“一带一路”沿线国家学生与教师资源、信息资源、文化资源乃至政治资源，已形成一个巨大的红利宝库。但对这些红利的利用还明显不足，已经“走出去”或有志于此的企业与高校之间并没有找到足够的对接口。笔者建议可以考虑从以下方面入手，搭建“一带一路”建设的跨界接口：①高校在发展智库的同时，也应重视并开发为中国企业提供商业咨询、对口人才培养等功能；②加快推进外国人工作签证的地区性调研以制定出适应各地人才市场与经济发展的、更为细致可行的签证政策细则；③加强人力资源与社会保障部门和高校的合作，探索和总结在华外国人人才市场经验，建立有效、有序、安全的外国人人才市场体系。

数据的可及性是“一带一路”沿线国家实证分析中的难点。本文“信息化水平”指标选择了固定电话订阅数，结果显示，固定电话订阅数对沿线国家进出口并没有显著影响。“一带一路”沿线国家互联网与移动通信数据的不完整使之不能进入模型的数据分析。这种情况在基础设施建设数据领域非常常见，从而限制了依据数据分析进行相关科学决策的可行性。这也从另一个侧面说明了跨国流动人才的重要性，他们在弥补信息不完整、不对称的过程中作用甚至是不可取代的。

“一带一路”沿线国家国际学生的对华贸易创造效应初显，抓住机遇，利用和扩大该效应，作者建议应加强如下工作：

一是“一带一路”沿线国家来华国际学生规模增长放缓，应进一步扩大学生规模、提升“一带一路”沿线来华国际学生教育服务项目质量。自 2013 年来，国家基金委、国家汉办设立了针对“一带一路”沿线国家国际学生特定专业培养的奖学金。各高校在相关部门与社会支持下，加大了对“一带一路”沿线国家国际学生的招生宣传力度,设计并实施了一系列针对“一带一路”沿线国家国际学生的教育项目。但数据表明,“一带一路”沿线国家来华国际学生增长率虽高于全球平均水平,却呈现出增长率逐年下降并趋于全球平均值趋势。移民贸易创造效应,在发展中国家与发达国家,以及发展中国家之间的贸易中更为显著。因此,应当将“一带一路”沿线国家来华国际学生教育事业作为一项长期工作,除国家保持投入侧重的同时,应通过国际学生服务管理学会平台、各类国际教育会议平台等,加强各高校间的经验与资源分享,促进这项事业的发展。

二是实现资源的更有效利用,开展包括国际学生在内的移民效益总体评估与跟踪。贸易效应只是对移民的成本和收益进行总体评估的一个组成部分。一些国家的经验表明,即使贸易影响总体上是逆差,但也可以通过移民的人力资源贡献、税收贡献来加以抵消。移民总体效益的评估,是制定移民政策基础。伴随我国综合国力的提升,对国际人才吸引力的加大,包括国际学生在内的移民效益评估,以及系统的移民研究应得到更多重视。

三是进一步规范来华国际学生服务管理,加强和完善创业与就业指导,建立国家移民管理局,完善移民管理政策与法律。包括外国国际学生在内的移民群体的增加,是我国作为开放大国的必经过程。2018 年 3 月 13 日,提请十三届全国人大第一次会议审议的中国国务院机构改革方案中,包含了组建国家移民管理局的提案,负责外国人停留居留和永久居留管理、难民管理、国籍管理等。这标志着我国移民管理已迈入了新阶段。未来的移民管理政策应是兼顾国家安全与经济增长,兼顾社会需求与移民个人发展的,既符合国际一般惯例又具有中国特色的政策体系。

四是加快中国购物网站与电子支付的西进,利用好来华国际学生的口碑效应、中介效应。“一带一路”沿线国家互联网与电子商务的发展具有显著的不均衡性,同时,在具备一定互联网发展基础的国家,购物网站与电子支付绝大多数以舶来品为主。而我国的购物网站与电子支付已在来华国际学生中积攒了口碑,一些国际学生甚至在业余时间从事网络代购的业务,且长期国际学生普遍有将中国的网络购物、移动支付“带回国”的强烈愿望。加快中国购物网站与电子支付的西进,为国际学生的贸易创造效应提供更有力的技术平台，充分利用与发挥好来华国际学生的口碑效应和中介效应，在“一带一路”沿线国家，或占领市场空白，或与国际电子商务巨头开展公平竞争。

“一带一路”沿线来华国际学生的贸易创造效应已得到实证数据验证，应将之作为“一带一路”倡议建设的成效加以考虑，下一步，抓住机遇，充分利用与扩大贸易创造效应，有利于缓解我国国际贸易伙伴的不均衡性。

"一带一路"智库合作联盟中高校智库发展现状及特点探析

吕　蕊*

"一带一路"智库合作联盟于2015年4月由中共中央对外联络部牵头，联合国务院发展研究中心、中国社会科学院、复旦大学成立。理事单位60多家，包括了国内大部分对"一带一路"有权威研究的智库。高校智库作为学术前沿阵地是"一带一路"智库合作联盟中的重要组成成员，自"一带一路"倡议推进以来，高校智库的研究报告以及政策建议为"一带一路"的软环境建设提供了极大的助益。"一带一路"智库合作联盟自成立以来取得了丰富的成果，因此归纳整理当下高校智库对于"一带一路"的研究状况以及研究重点，对于明晰我国高校智库"一带一路"研究的阶段状况、发掘其优势与不足以及寻找今后科学研究的努力方向具有重要意义。

本文主要基于网络报刊数据整理归纳当下高校智库关于"一带一路"研究的成果。数据来源为中国知网期刊文章以及高校官方网站的公开信息，使用高级检索功能，以"一带一路"与"丝绸之路"为核心关键词，搜集相关研究成果和系列学术活动（包括公开发表的学术文章、科研项目、专著译著、学术会议报告以及相关讲座），作为考察高校智库"一带一路"成果优劣的标准之一。本次研究范围涵盖"一带一路"智库合作联盟中33家高校理事单位，有效成果起止时间为2015年1月1日至2017年12月31日，在对相关理事单位的科研成员构成和成果数量、内容整理总结的基础上，总结了我国高校

* 吕蕊，同济大学政治与国际关系学院外交系副主任、副教授。特别感谢同济大学政治与国际关系学院2016级研究生张东泽对本文的贡献。

"一带一路"智库的特点。

一、"一带一路"高校智库研究状况概述

"一带一路"智库合作联盟中高校智库理事单位共33家，其中复旦大学、外交学院、深圳大学、天津外国语大学、大连海事大学、黑龙江大学、重庆大学等7家理事单位由于网络权限问题，数据统计不完善，不在本次数据统计与分析行列。"一带一路"高校智库涉及研究人员1 024人，相关研究著述、文章、学术活动数量为673项，研究议题涉及战略理论研究、国别研究、时事评论、政策解读与建议等，研究方向多元化，经济、政治、文化、生态、社会、旅游等领域均有相关研究成果，其中经济研究是当下"一带一路"研究的热点

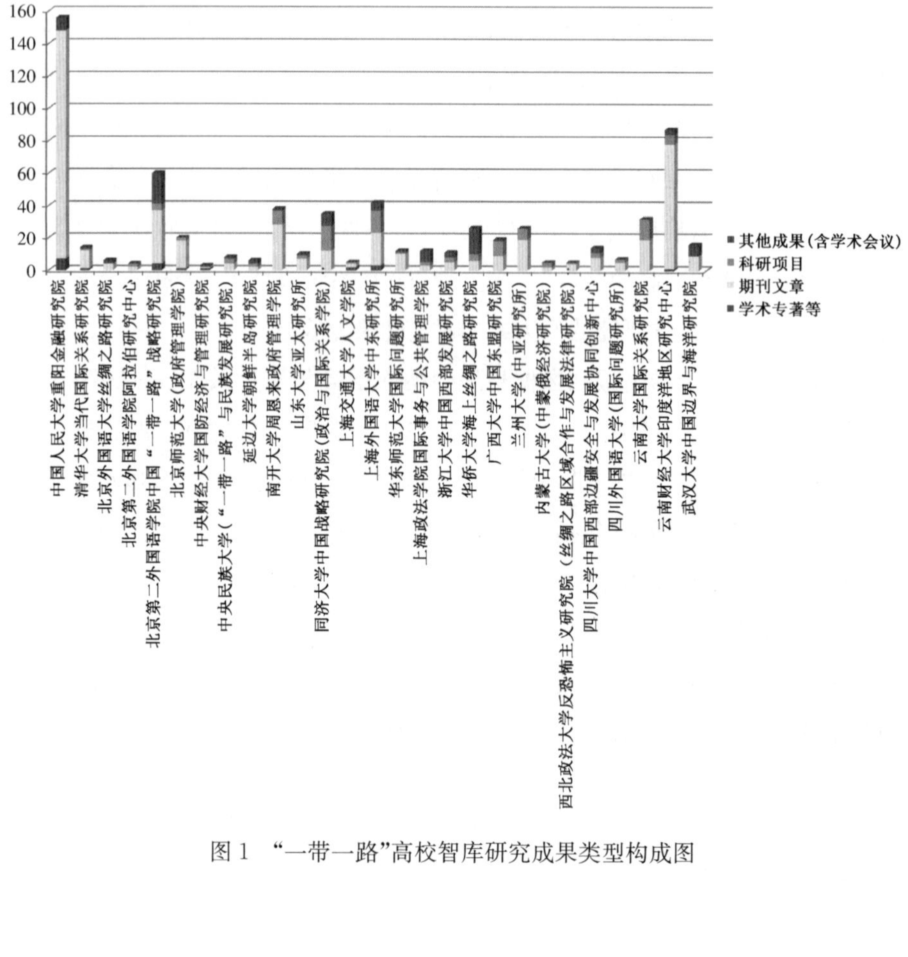

图1 "一带一路"高校智库研究成果类型构成图

和主要方向。高校“一带一路”智库研究成员中，正高人员数量占比 46%，副高人员数量占比 32%，相对来说研究力量较为雄厚，为“一带一路”的研究、推进与发展提供了强大的后备力量。而需要说明的是，个别高校“一带一路”智库依托或挂靠于独立学院，因此其智库师资力量以所在学院的师资力量为准。就高校“一带一路”智库的研究成果来说，由于决策咨询报告保密性的特点，本研究主要集中于科研力量。在科研成果产出中，高校智库主要以期刊文章为主，成书著述、科研项目等其他科研形式相对较少，并且仅少数高校智库形成了有特色的“一带一路”相关研究刊物、报告（如华侨大学的《海丝通讯》，同济大学的《“一带一路”研究简报》等），多数高校的“一带一路”研究成果则散见于智库成员的个人成果之中。

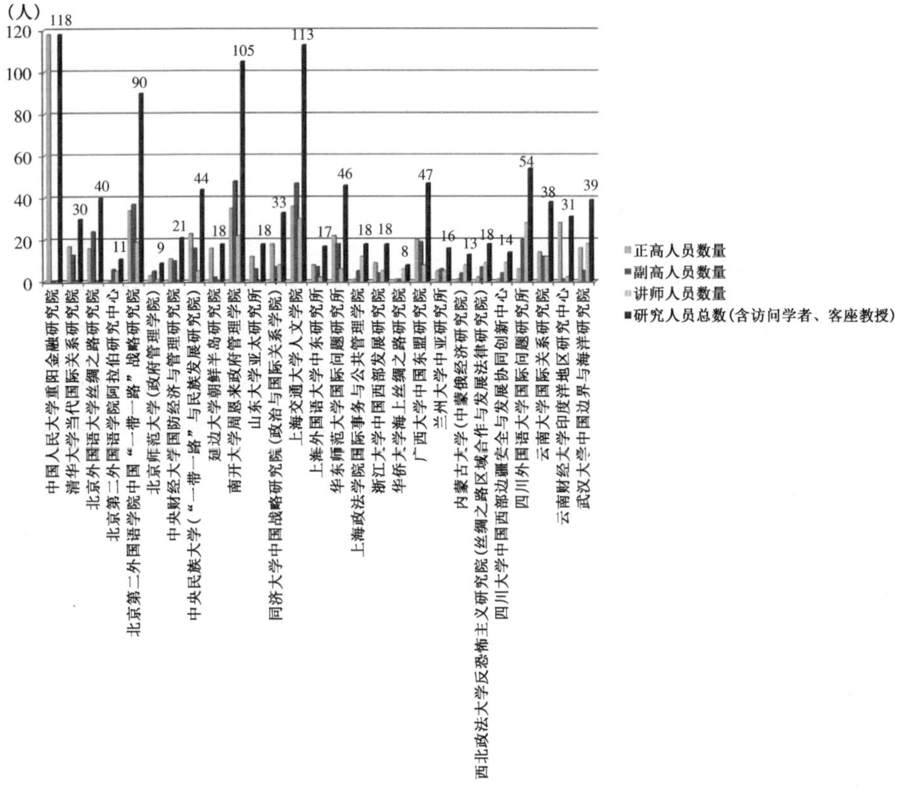

图 2　“一带一路”高校智库研究人员数量构成图

“一带一路”智库合作联盟仍在初步发展阶段，而高校“一带一路”智库在响应国家政策号召之下纷纷成立，仍在起步阶段。因此依据现有数据来看，虽然高校“一带一路”智库科学研究人员众多，形成了相关的研究报告，为国家“一带一路”倡议的推进做出了重大贡献，但是高校智库的相关研究成果数量与研究人员数量未成正比，研究质量、研究力度与专业程度仍有缺漏和不足，研究成果形式相对较为单一，研究特色与着重点仍不突出，诸类问题为高校“一带一路”智库的建设提出了挑战。

二、高校智库“一带一路”研究特点分析

高校“一带一路”智库建设自 2015 年之后迅速在国内发展起来，助力国家“一带一路”倡议的推进与发展。通过对“联盟”中高校理事单位的信息梳理，依据其“一带一路”研究内容、师资构成、研究成果等方面可总结归纳出当下我国高校“一带一路”智库的研究特点和发展进度。

（一）区域特色显著

33 家高校智库对于“一带一路”倡议的研究具有明显的区域特色，其研究偏好往往与该单位所处的地理位置密切相关，其研究的侧重点往往集中于自身所处区域与“一带一路”倡议的关系以及周边国家与“一带一路”的关系。33 家高校理事单位中，东北三省高校 3 所（黑龙江大学、延边大学朝鲜半岛研究院、大连海事大学“一带一路”研究院），北京市高校 8 所（中国人民大学重阳金融研究院、清华大学当代国际关系研究院、外交学院战略与和平研究中心、北京外国语大学丝绸之路研究院、北京第二外国语学院中国“一带一路”战略研究院、北京师范大学、中央财经大学国防经济与管理研究院、中央民族大学），天津市高校 2 所（南开大学周恩来政府管理学院、天津师范大学），山东省涉及高校 1 所（山东大学亚太研究所），上海市高校 6 所（复旦大学“一带一路”联合研究中心、同济大学中国战略研究院、上海交通大学人文学院、上海外国语大学中亚研究所、华东师范大学国际问题研究所、上海政法学院国际事务与公共管理学院），浙闽粤地区高校 4 所（浙江大学中国西

部发展研究院、华侨大学海上丝绸之路研究院、广西大学中国东盟研究院、深圳大学),中国中部地区高校 3 所(内蒙古大学、西北政法大学反恐怖主义研究院、武汉大学中国边界与海洋研究院),西部地区高校 6 所(四川大学中国西部边疆安全与发展协同创新中心、四川外国语大学、重庆大学、兰州大学、云南大学国际关系研究院、云南财经大学印度洋地区研究中心)。全国高校"一带一路"智库的分布特征表现为沿海沿边集中扎堆,内陆中部地区智库数量匮乏,由此可见地理位置在相当程度上左右高校智库的建设与发展。

图 3 "一带一路"高校智库区域分布图

"一带一路"倡议分为"丝绸之路经济带"和"21 世纪海上丝绸之路",从整体的研究趋向来说,沿海地区的高校智库侧重"海上丝绸之路"的研究,而内陆地区的高校则侧重"丝绸之路经济带",仅个别高校智库能够全面兼顾两者。"一带一路"倡议主要涉及五大地缘战略板块,即东南亚、南亚、俄罗斯中亚板块以及中东和中东欧板块,其他地区虽有涉及,但相较于这五大板块来说其重要性明显略次。国内高校智库从某种程度上来说是依据该地缘战略板块选择研究焦点的。以下将按照地区因素梳理各高校智库的研究现状。

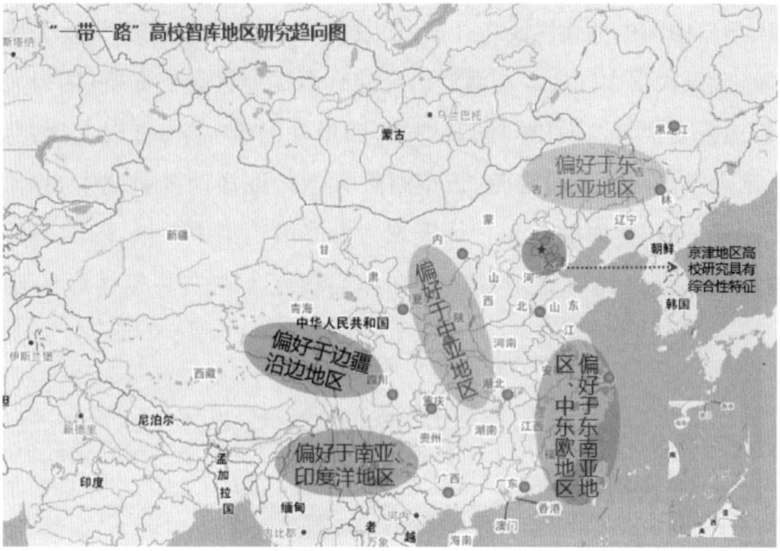

图 4 “一带一路”高校智库区域研究偏好图

东北地区的两所高校黑龙江大学与延边大学对“一带一路”倡议的研究具有显著的地区特色。黑龙江大学与延边大学地处中国东北部地区，毗邻朝鲜半岛与俄罗斯，就国际问题而言长期从事朝鲜半岛与俄罗斯问题研究。自“一带一路”倡议提出以来，东北地区积极借力国家政策，探索“一带一路”倡议与东北亚地区发展契机。两所高校智库经常性组织相关学术会议，邀请朝鲜、韩国、日本以及俄罗斯相关专家共同探讨“一带一路”倡议背景下东北亚地区的国际合作问题。如延边大学组织的“一带一路与图们江区域国际合作论坛”汇集了东北亚地区各国专家，以图们江为地缘连接枢纽，针对区域合作问题从国际政治、经济、法律、文化等各个方面建言献策，为在东北亚营造自由开放的交流合作环境，构建政治互信、经济融合、文化包容的合作共同体做出了贡献。[1] 黑龙江大学也积极参与服务“一带一路”倡议和中蒙俄经济走廊建设，注重突出俄罗斯研究，依托俄罗斯研究院的科研力

[1] 徐玉兰:《机遇与挑战:“一带一路”与图们江区域国际合作——图们江论坛 2015 年会议综述》,载《东疆学刊》2015 年第 4 期。

量，为国家战略的部署与完善提供宝贵的学术建议。总体而言，东北地区“一带一路”高校智库数量较少，虽然近年来有过积极的努力，但相关研究力度与资源是相对匮乏的，未能为国家战略的推进做出进一步贡献。

中部地区的高校智库则主要侧重“丝绸之路经济带”及其沿线国家的研究。内蒙古大学专注于中俄蒙经济走廊，西北政法大学智库在“一带一路”沿线国家的法律研究方面做出了突出贡献，其中主要以中亚和西亚国家的法律建设为主。武汉大学虽属于中部地区高校，但该智库与武汉大学中国边界与海洋研究院有密切联系，其研究侧重点在于“一带一路”建设实施过程中中国的海权与边海问题，与其他三所高校智库有所不同。北京师范大学“一带一路”智库也比较偏好研究中亚地区或者说是“丝绸之路经济带”，其较多的科研项目与期刊文章在探讨“丝绸之路经济带”框架下的中俄、欧亚的合作发展，其提出的“亚欧发展共同体”的概念以及对“互联互通”的深入解读丰富了“一带一路”理论研究。[1]

东南沿海地区的高校智库，也包括山东等地，由于属于濒海地区，因此在“一带一路”科学研究中更加偏好于“21世纪海上丝绸之路”以及其临近的沿海地区研究（东南亚与南亚）。山东大学“一带一路”智库主要以亚太研究所为核心研究力量，亚太区域现状研究与“一带一路”倡议的结合是该智库研究主要的特点，虽然个别学者对于“一带一路”倡议亦有整体性研究，但从山东大学组织和参与的各类“海上丝绸之路”建设国际研讨会活动来看，其研究偏好已不言而喻。华侨大学借助自身的学校特色以及区位优势，是国内少有的专注华人华侨与“一带一路”研究的高校智库，该智库亦倾向“海上丝绸之路”研究，国际区域研究则主要集中于东南亚地区。该智库设有特色的“一带一路”研究刊物——《海丝通讯》，汇总智库的研究成果，并举办首届国际丝路论坛，研究成果显著。广西大学、云南大学以及云南财经大学等智库亦是研究东南亚、南亚的重要力量。广西大学的研究重点是“一带一路”与东盟，研究特色是设立了国别研究机构，针对东盟的10个国家分别设立了

[1] 李兴：《论“一带一路”框架下互联互通与实现亚欧发展共同体的建设》，载《东北亚论坛》2017年第4期。

相应的科研机构，通过案例研究与实证研究的科学方法，基于“一带一路”视域，分析东盟的经济市场，制度建设以及与中国的合作。[1]

云南大学与云南财经大学的智库团队研究趋向不仅涉及东南亚地区，对南亚地区也投入了较多的关注，尤其以云南财经大学印度洋地区研究中心为突出代表。云南财经大学“一带一路”智库团队建设较为完善，科研团队强大，每年度发布印度洋地区发展研究报告蓝皮书以及“一带一路”与南亚发展报告，建设有“一带一路”专题研究网站，其对南亚地区的地缘政治分析、“一带一路”倡议风险预估以及印度南亚政策解读等为“一带一路”倡议在南亚的部署、影响力以及走向提供了相当的价值参考。[2][3] 云南大学虽未设立独立的“一带一路”科研中心，但其对东南亚以及南亚的研究成果也较为丰富。云南大学对东南亚的研究特色在于“一带一路”与湄公河次区域研究，通过梳理云南大学智库相关的“一带一路”研究成果可以发现，其研究重心在于“一带一路”背景下中国与“澜沧江-湄公河”区域的国际合作，研究议题涉及合作定位的解读、[4]“一带一路”与相关国的战略对接、[5]“一带一路”倡议框架下湄公河次区域合作的风险与制约因素等。东南部及云南等地的多数高校智库倾向东南亚与南亚研究，其中仅浙江大学智库由于近年来的“一带一路”相关科研成果和学术活动较少，无法评估出其区域研究偏好，其区域特色不显著。

西部沿边地区的高校智库对中国西部的边疆问题以及接壤的邻国有着较为突出的研究，就区域划分来说，其研究方向包括中亚、南亚和少部分中东地区问题。之所以涉及中东阿拉伯国家，主要在于科研机构中部分学者

[1] 李好、肖坚：《“一带一路”视域下东盟经贸市场发展形势探究》，载《东南亚纵横》2016 年第 3 期。

[2] 朱翠萍：《“一带一路”倡议的南亚方向：地缘政治格局、印度难点与突破路径》，载《南亚研究》2017 年第 2 期。

[3] 朱翠萍：《“一带一路”倡议对南亚和印度洋地区的战略影响》，载《印度洋经济体研究》2016 年第 6 期。

[4] 刘稚、徐秀良：《“一带一路”背景下澜湄合作的定位及发展》，载《云南大学学报(社会科学版)》2017 年第 5 期。

[5] 卢光胜：《“一带一路”视阈下的战略对接研究——以中国—中南半岛经济走廊为例》，载《思想战线》2017 年第 6 期。

自身的研究偏好，并不代表该智库的选择倾向。四川大学与四川外国语大学在“一带一路”问题上的研究成果数量虽少，但在“一带一路”倡议与中国西部边疆问题的结合方面也做出了积极的尝试，其基于“一带一路”倡议，围绕着中国西部边疆安全、稳定与发展的重大战略问题与现实问题所做出的探索是国内其他高校智库所不能企及的。兰州大学是西部地区高校智库中显著代表，从研究成果的数量以及研究特色的显著性来说都较为优秀。兰州大学智库以中亚研究所为基石，以中亚地区为切入点，分析研究了丝绸之路经济带的战略构想、潜在挑战、未来趋势以及亚洲中部经济发展轴的区位优势、问题等，议题涵盖面广，成果丰富。其中单就中亚地区存在的挑战而言，丁志刚提出宏观挑战、中观挑战、微观挑战翔实确切地为“一带一路”在中亚地区的建设预估了风险，[1] 意义颇深，可见高校智库在“一带一路”软环境建设中具有一定价值意义。中亚毗邻中国西部地区，是中国与欧洲的连接地带，重要的地理位置奠定了中亚各国在“丝绸之路经济带”构建过程中核心地区的地位。[2] “丝绸之路经济带”的构想已经得到了中亚国家主

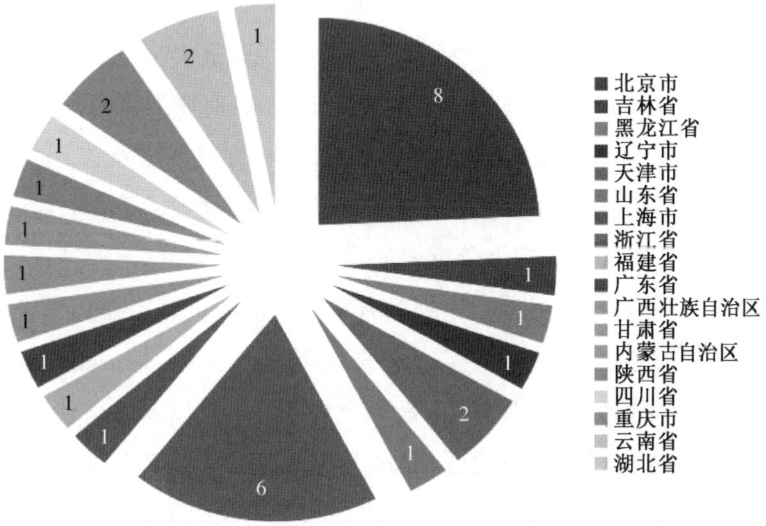

图 5　“一带一路”高校智库地区数量分布比例图

[1] 丁志刚、刘领平：《“丝绸之路经济带”建设面临的境外挑战分析》，载《学习与探索》2015 年第 10 期。

[2] 曾向红：《中亚国家对“丝绸之路经济带”构想的认知和预期》，载《当代世界》2014 年第4 期。

流媒体的积极评价，为中国与中亚各国的合作奠定了良好的认知基础，因此对中亚地区的研究是“一带一路”智库不可缺少的重要一环。

北京与上海由于有着无与伦比的发展优势和资源平台，其在“一带一路”智库建设方面，相对国内其他地区的高校智库而言是最为完善的。无论从智库数量上还是智库的贡献力度上，北京与上海的高校智库可以说在全国范围内遥遥领先，其中以北京更为突出。全国 33 家高校智库，京沪地区的智库数量达到了 14 家，占总数的 42%，而研究成果数量自然与之成正比。

在制度建设以及专业性建设方面，中国人民大学、复旦大学、北京第二外国语学院、上海外国语大学等京沪高校智库明显走在前列，而其他地区智库相比之下则稍有劣势。但值得说明的是，在京沪两地的高校“一带一路”智库中并不是所有的智库都有着显著的成就和突出的研究成果，其中不乏存在着一些特色不明显、贡献性小的、跟风成立的智库。正如前文所提到的，中国“一带一路”倡议涉及五大地缘政治板块，国内其他区域的高校智库关注点较多的集中于中亚与俄罗斯、东南亚、南亚等地区，而在京沪地区的高校智库中有较多的研究机构倾向中东与中东欧研究。上海外国语大学“一带一路”智库以中东研究所为核心科研力量，着重于“一带一路”建设与中东研究。中东地区是“一带一路”的交汇地带，具有联通欧亚非的重要枢纽地位。在“一带一路”沿线 65 个国家和地区中，有超过四分之一的国家属于中东国家。因此做好在中东地区推进“一带一路”建设的工作，对实现“一带一路”建设总体目标具有十分重要的意义。[1] 基于此，上海外国语大学针对中东与“一带一路”展开一系列具有重要价值的科研工作和学术探索，包括国别研究、能源合作以及丝路人才外交等，[2] 为“一带一路”在中东地区的建设提供了重要的学术参考。此外上海政法学院以及北京外国语大学也将较多的关注度投入中东地区，通过组织参与多项学术研讨会与学术讲座等方式，积极讨论中东的宗教因素、政局状况以及政策认知等对中国“一

[1] 刘中民：《中东地区发展报告(2015—2016)：一带一路建设与中东》，载《全国新书目》2016 年第 7 期。

[2] 邹志强：《“一带一路”背景下中国与土耳其的国际产能合作》，载《西北民族大学学报(哲学社会科学版)》2017 年第 6 期。

带一路”建设的影响与挑战，为完善国内丝路智库对中东及中东欧区域的研究做出了积极的贡献。

天津的南开大学，对于“一带一路”的研究则具有综合性整体性的特点，而不仅仅是趋向于区域研究，中国人民大学与中国“一带一路”战略研究院在这一特点上表现得较为突出。中国人民大学重阳经济研究院是中国当代典型的新型智库，从其人员构成、运营理念与管理机制来看，相对于其他高校智库来说可以说更符合“智库”这一名称。人民大学重阳研究的核心领域之一便是“一带一路”，自 2015 年至今，出版了研究著作 7 本，发表了期刊文章近 150 篇，并打造了“一带一路”报告专栏，是国内“一带一路”研究中成果数量最多、平台建设最为完善的高校智库之一。其出版的“一带一路”实证调研报告，如《柬埔寨“一带一路”建设的新样板——关于深化中柬合作的实地调研报告》《穿越喜马拉雅——中尼铁路可行性与中尼共建“一带一路”调研报告》《中巴经济走廊实际调研报告》等，[1] 对于了解“一带一路”实施现状以及因地制宜推动“一带一路”与区域战略合作具有重大意义和价值。人民大学重阳科研团队汇集了国内前政要、银行家和知名学者等，团队力量强大，这也使人民大学重阳智库在“一带一路”问题研究上具有多元性和整体性，其区域特征有所淡化。人民大学重阳的研究以经济为核心领域，兼顾政治、文化，涉及中亚、南亚、东南亚、中东等多个地缘政治板块，从多项议题出发，根据国家需要，针对某一突出问题建言献策，发挥了高校智库应有的作用。由于人民大学重阳研究院“建言国家，服务大众”的理念，使得政策研究与政策建议成为该智库最为显著的特色。

另一所建设较为突出的新型智库是北京第二外国语学院中国“一带一路”战略研究院。中国“一带一路”战略研究院是北京第二外国语学院的下设机构，亦是国内一大新型智库，它直接服务于“新丝绸之路经济带”和“21 世纪海上丝绸之路”国家战略，是国内丝路智库中目的性与专业性最强的高校智库。与云南大学、四川大学等高校智库不同，该智库无特殊区域研究偏

[1] 数据来源：中国人民大学重阳经济研究院官方网站，http://www.rdcy.org/more.php? cid=838&page=2。

好，但研究内容涉及“一带一路”沿线65个国家和地区，广泛性与整体性较为明显。中国“一带一路”战略研究院成果丰富，形式多样，它以“一带一路”研究简报、“一带一路”蓝皮书、“一带一路”论坛、“一带一路”课题等形式重点服务外交部、商务部、中联部与国家旅游局等部委及“一带一路”沿线国家领事馆，并建有数字“一带一路”实验室，是国内相关研究领域网络平台建设的佼佼者。可以说中国“一带一路”战略研究院是国内丝路高校智库中贡献度与建设成熟程度均相对较高的典型智库之一。

在中国人民大学重阳经济研究院与北京第二外国语学院中国“一带一路”战略研究院以外的京沪高校中，同济大学与中央民族大学以及南开大学等虽没有区域偏好，却亦有自身的研究特色。同济大学中国战略研究院是仍在发展中的新兴智库，在“一带一路”研究中，主要侧重战略研究与“一带一路”的结合，并形成《“一带一路”研究简报》等形式的成果服务于学术界和国家相关部门。中央民族大学“一带一路”与民族发展研究院已有相关成果数量较少，因此无法准确预估出其区域研究偏好，从已有的少数文献和学术活动来看，其对“一带一路”倡议下民族与边疆以及宗教等领域有更多的倾向性。南开大学周恩来政府管理学院对于“丝绸之路经济带”和“21世纪海上丝绸之路”亦未有明确的偏好选择，其形成的“一带一路”成果形式多以期刊文章为主，其议题选择则是与院系内相关学者自身的研究偏好有关，如对“一带一路”与全球治理问题的研究、[1]民族地域与次区域合作问题的研究等，[2]但这对于丰富国内“一带一路”的研究议题也具有重要的价值意义。

综合看来，国内高校丝路智库具有明显的区域特点。一方面，高校智库所在的地区决定或者是影响着该智库的研究偏好和重点领域；另一方面就研究对象而言，“一带一路”倡议涉及五大地缘政治板块，国内高校智库多选择其中某一地区进行专业研究，仅少数几所智库能够涉猎“一带一路”沿线的全部地区研究。国内高校“一带一路”智库的这种区域特点有助于在发挥智库自身优势的基础上，从不同视角将“一带一路”倡议推进到各个领域，更

---

[1] 吴志成：《“一带一路”倡议与全球治理变革》，载《天津社会科学》2017年第6期。

[2] 柳建文：《试论一带一路与民族地区的地方合作》，载《广西民族研究》2016年第5期。

加精细完善地反映"一带一路"倡议在不同地区所面临的不同挑战,为国家战略建设提供了宝贵的资源及建议。

(二)研究议题多元化

"一带一路"倡议在实施过程中会由于地区异质性而面临众多不可预知的问题,这种需求导向使得国内"一带一路"智库团队的研究内容和研究议题自然呈现多元化趋势。除上述按区域特征归纳划分国内高校丝路智库的研究状况之外,按照研究议题的内容不同,亦可整理总结国内"一带一路"研究的成果与现状。笔者将根据研究内容梳理国内已有智库的研究成果。需要说明的是不同研究议题之前可能存在着密切的联系,如经济与政治,因此可能存在交叉研究和综合研究现象,基于此笔者仅着眼于其主要的研究偏好对智库研究成果进行分类整理。

1. 经济类议题

"一带一路"倡议是我国提出的,旨在积极发展与沿线国家的经济合作伙伴关系,共同打造政治互信、经济融合、文化包容的利益共同体、命运共同体和责任共同体的一项综合性国家战略,而经济合作与其所带来的经济利益无疑是"一带一路"倡议能够快速吸引相关国家响应的重要因素。因此"一带一路"倡议先期主打经济发展,因而关于经济合作的问题亦即成为国内丝路智库的首选议题。通过整理相关研究数据,33 家高校智库对于"一带一路"的研究都会或多或少地涉及经济问题,其中较为突出的单位主要有中国人民大学、北京外国语大学、北京第二外国语学院、兰州大学、上海外国语大学、广西大学、云南财经大学。总体而言,经济领域内的研究焦点主要集中以下几个方面。

(1) 经贸合作

"一带一路"经贸合作是伴随着"一带一路"建设的一项长期性、系统性工作,其重要程度将会愈发凸显。在经贸问题上,一部分学者通过对国外相关国家投资环境的分析与评估、[1] 中国与相关国经贸关系的回顾与梳

[1] 丁志刚:《"丝绸之路经济带"背景下中亚五国投资环境评估与建议》,载《欧亚经济》2017 年第2 期。

理，[1] 以及构建经济贸易模型等方式对“一带一路”经贸合作给出了客观性建议。[2] 如就中国与阿拉伯国家的金融贸易问题，白宇飞提出“在实现‘资金流通’的具体建设过程中，应遵循债券优先发展、银行积极推进、保险适时启动的先后顺序开展阿拉伯金融业务活动。”[3] 此类的科学研究为认清当下中国与世界的经贸关系以及如何有区别地开展与不同国家、地区的经贸关系提供了参考。此外，相关学者提出在“一带一路”倡议的落实过程中，应使绿色金融成为对外战略的“润滑剂”，金融活动需充分考虑对生态环境的潜在影响，真正走可持续发展道路。[4] 将生态问题与经济金融结合而形成的“绿色金融”议题成为“一带一路”经济研究的一大亮点，也吸引了一部分学者为之努力与付出，从而在经济类议题中形成了一种新的研究趋向。

（2）能源合作

中国是一个能源需求量大但能源资源相对匮乏的发展中大国，解决能源安全问题是保证中国可持续发展的重要一环。基于现实需要，国际能源合作与能源安全则成为“一带一路”倡议的重要组成部分。“一带一路”倡议的实施将从能源来源、战略通道、合作机制、基础设施等多个方面为解决我国能源安全问题提供有力支撑。[5] 因此在能源合作问题上，丝路智库中有较多的学者做出了许多积极的贡献。中亚、东南亚以及中东、中东欧地区是能源资源高产的主要区域，国内智库研究分别对以上相关区域的能源合作的制约因素、潜在风险、发展途径、必要性与可行性等做出思考与解读。上海外国语大学中东研究所在地区能源合作研究方面的成果相对于其他高校智库来说较为突出。上海外国语大学主要关注中国与中东地区的能源合作问题，中东是全球主要的能源供应基地，在国际能源体系中扮演着重要的角色，发展好中国与中东国家的能源关系是“一带一路”框架的一个重要支点。

[1] 白宇飞：《“一带一路”倡议下阿拉伯金融在我国的发展》，载《理论视野》2015 年第 9 期。
[2] 范爱军、白玉竹：《丝绸之路经济带建设对中国与中亚五国贸易互补性影响》，载《东方论坛：青岛大学学报》2015 年第 5 期。
[3] 王文、曹明弟：《绿色金融与“一带一路”》，载《中国金融》2016 年第 16 期。
[4] 潜旭明：《“一带一路”倡议背景下中国的国际能源合作》，载《国际观察》2017 年第 3 期。
[5] 潜旭明：《“一带一路”给中阿能源合作带来了什么？》，载《理论参考》2017 年第 3 期。

上海外国语大学丝路智库针对中国与中东能源合作所处的新背景、面临的新问题、中东国家能源资源战略地位以及应对策略等做出了细致的分析与思考，其提出的"7点建议"[1]为国家处理与中东关系提供了较为有价值的参考。不过总的来说，在能源合作方面的研究是不完善的，在该问题上丝路智库仍有较大的空间等待开发。

(3) 旅游与经济

旅游与经济研究是"一带一路"倡议经济议题中的另一大特色，只是在现实研究中少有智库机构涉猎，但是这并不能说明旅游经济在"一带一路"研究中不具有重要性。国内高校智库中从事相关研究以北京第二外国语学院最为突出。北京第二外国语学院下设机构中国"一带一路"战略研究院具有专业的旅游发展方向的科研团队，因此在旅游合作与促进投资方面形成一定的研究成果。"一带一路"跨越了世界两大主要旅游客源地和旅游目的地，区域国际旅游总量占据全球70%以上，而中国与丝路沿线国家双向旅游交流超过2 500万人次，这不仅拉动了相关区域的消费增长，更加会吸引中国对外旅游投资，推动国内企业"走出去"。[2] 但是"一带一路"旅游合作仍面临着推动不足、市场机制缺乏、沿线国家期望过高等一系列问题，这是"一带一路"建设落实需要解决的重要问题，也是"一带一路"智库应给予重视的问题。

(4) 次区域合作

按照"一带一路"的战略规划，我国需要重点建设中蒙俄、新亚欧大桥、孟中印缅等六大经济走廊。基于此，广西、云南、新疆与内蒙古等地全力推进大湄公河、中亚、环阿尔泰山、大图们江等国际次区域合作。开展国际次区域合作对我国乃至周边地区的政治安全和经济发展具有重要意义，因此关于次区域合作问题成为"一带一路"智库的重要研究议题之一。云南财经大学、延边大学、黑龙江大学、内蒙古大学等借助区位优势，同时为凸显研究特色，在次区域合作方面形成较多的成果，其中尤以云南财经大学对大湄公河次区域合作问题的研究最为成熟，其对澜沧江-湄公河区域的合作定位、

[1] 潜旭明:《"一带一路"倡议背景下中国的国际能源合作》，载《国际观察》2017年第3期。
[2] 邹统钎:《"一带一路"旅游合作愿景、难题与机制》，载《旅游学刊》2017年第6期。

合作机制以及与"一带一路"密切程度等方面都有着较为完整的论述。[1][2] 而其他高校智库的次区域研究则稍显劣势。此外,南开大学与北京第二外国语学院部分学者对于次区域合作理论以及当下我国开展次区域合作所可能面临的问题也有着独到的看法和分析。跨境次区域经济合作是指若干国家接壤地区之间跨国界的经济人或法人,基于平等互利的原则,通过各种生产要素的流动而实施的较长时期的经济协作活动。[3] 我国提出的以"一带一路"为代表的次区域合作具有以区位为核心单位,注重中观甚至微观领域,且更具包容性的特点。[4] 但在"一带一路"框架下,我国次区域合作的具体实践仍面临边疆城市数量不足,规模偏小,地方政府之间缺乏协调等问题,[5]需要相关单位予以克服,也需要智库学者及时给出合理化建议。

2. 政治类议题

经济与政治总是不可分割的,"一带一路"倡议既是国家宏观的全球经济计划,也是一项宏大的全球政治战略。从"一带一路"倡议的提出到落实,不可避免地要涉及双边甚至是多边的政治交涉,随之出现的外交、区域合作甚至是全球治理问题则成为"一带一路"研究的重要议题。北京师范大学、南开大学、北京第二外国语学院、中国人民大学、云南财经大学、云南大学、武汉大学、上海政法学院等众多高校智库对"一带一路"中的政治问题有较为明显的偏重并形成一些较为有代表性的研究成果。以下为"一带一路"研究成果中主要的政治类议题。

(1) 全球治理

全球化的深入发展和新科技革命的快速演进在促进了世界各国相互融合的同时,也使得全球问题和挑战变得复杂,全球治理变革势在必行。[6] 自党的十九大专门就"一带一路"做出详细论述之后,"一带一路"作为在新

[1] 刘稚《"一带一路"背景下澜湄合作的定位及发展》,载《云南大学学报(社会科学版)》2017 年第 5 期。
[2] 卢光盛:《"一带一路"框架下大湄公河次区域合作升级版》,载《国际展望》2015 年第 5 期。
[3] 李铁立:《边界效应与跨边界次区域经济合作研究》,载《东北师范大学》2004 年第 1 期。
[4] 柳思思:《"一带一路":跨境次区域合作理论研究的新进路》,载《南亚研究》2014 年第 2 期。
[5] 柳建文:《"一带一路"背景下我国国际次区域合作问题研究》,载《国际论坛》2017 年第 3 期。
[6] 吴志成、迟永:《"一带一路"倡议与全球治理变革》,载《天津社会科学》2017 年第 6 期。

的全球化背景下中国为推动区域合作共赢和全球协商共治提出的倡议成为一种被多数人所认同的共识,因此"一带一路"倡议与全球治理的问题成为不可忽视的重要研究议题。单就高校"一带一路"智库而言,南开大学全球问题研究所是南开"一带一路"智库的重要组成机构,其就"一带一路"对于全球治理的价值意义、中国在全球治理中话语权的提升程度以及全球治理机制的变化等一系列问题做出了解读与分析,是"一带一路"智库中对全球问题研究贡献度较高的重要科研机构之一。此外,北京第二外国语学院中国"一带一路"战略研究院与中国人民大学的少数学者也对全球治理议题中进行了积极的研究,梁昊光、王文、王义桅等人结合自身的研究喜好,从全球治理体系构建、智库话语权发展等角度丰富了"一带一路"与全球治理的研究内容。世界正处于大发展大变革大调整时期,中国要为世界秩序变革和全球治理贡献中国智慧,因此丝路智库应在全球治理问题方面形成更多具有建设性意义的成果。[1-3]

(2) 国别研究

国别研究与区域研究相似,主要以案例研究为主要方法,以国家为研究单位,关注其在中国"一带一路"倡议中的角色定位、政策认知、战略对接状况、地缘政治影响、安全挑战等一系列问题。纵观各个智库的研究成果,多数高校智库学者在国别研究方面显得更加"得心应手",针对"一带一路"与某一国家的研究文章则是不胜枚举。例如杨怡爽通过梳理中国与孟加拉国合作的历史沿革、孟加拉国的发展潜力与发展需求来分析中国是否有必要为之投入以及合作过程中可能出现的困难与风险。[4] 朱永彪等人则是通过分析阿富汗的安全形势得出阿富汗对丝绸之路经济带建设的影响是间接的、有限的结论,并建议中国在参与阿富汗事务的过程中应更加谨慎,避免

[1] 梁昊光:《"一带一路"全球治理与智库话语权》,载《深圳大学学报(人文社会科学版)》2017年第6期。

[2] 王文、刘英:《"一带一路"完善国际治理体系》,载《东北亚论坛》2015年第6期。

[3] 王义桅:《"一带一路"为全球治理贡献中国智慧》,载《中华工商时报》2016年7月7日,第3版。

[4] 杨怡爽:《"一带一路"视角下的中孟合作意愿、需求与空间》,载《印度洋经济体研究》2017年第4期。

过度卷入。[1] 诸如此类的国别研究文章是较为丰富的,在此不一一列举。总结看来,各个高校智库依据自身地理位置因素以及科研成员的研究偏好选择主攻国家,如广西大学侧重东盟10国,云南大学、云南财经大学以及四川大学偏好印度与孟缅研究,上海外国语大学、上海政法学院侧重中东阿拉伯国家,南开大学、延边大学、北京师范大学偏重于俄罗斯等。"一带一路"沿线65个国家和地区或多或少都被列入研究内容之中,仅研究程度有所差别。随着"一带一路"倡议的进一步落实,关于国别研究的成果也在逐渐增多。

(3) 政策解读与评论

关于"一带一路"的研究,学术界存在着另一类文章。它没有特别突出的研究议题,而是专注"一带一路"倡议本身,从"一带一路"的内涵、特点、必要性、可行性、价值意义、挑战障碍、潜在风险与未来前景等角度进行积极有益的探索和研究。在某种程度上可以称其为理论研究,但笔者更倾向将此类文章划归到政策解读性质的文章当中,并纳入政治类议题之中,值得一提的是这类文章多刊登在知名报刊上,如《人民日报》等。从文章的篇名是较方便区分这一类文章的,如《绸缪"一带一路"风险》[2]《"一带一路"的中国担当》[3]《"一带一路"建设需要直面五大挑战》[4]《"一带一路"战略的策略运筹》。[5] 政策解读与评论性文章对于使读者明晰国家政策以及其对国内外的重要价值意义有着不可忽视的作用,其在宏观层面提出的建设性意见也在某种程度上为"一带一路"避免障碍提供参考。国家出台的战略、计划或者倡议是具有深刻内涵的,国内外均需要有相关专家对其进行精确解读,才能使中国的声音准确地传至世界各地,因此学界在相关研究方面是不可或缺的。在国内高校"一带一路"智库中,就文章数量而言,中国人民大学、南开大学以及兰州大学等在这一方面的成果相对较多。中国人民大学重阳经济研究院作为一所建设相对成熟的高校智库,汇集了国内外前政要

[1] 朱永彪:《阿富汗安全形势及其对丝绸之路经济带的影响》,载《南亚研究》2017年第3期。
[2] 王义桅:《绸缪一带一路风险》,载《中国投资》2015年第2期。
[3] 王义桅:《"一带一路"的中国担当》,载《前线》2015年第7期。
[4] 吴志成:《"一带一路"建设需要直面五大挑战》,载《上海证券报》2015年7月16日,第12版。
[5] 杨雷:《"一带一路"战略的策略运筹》,载《中国社会科学报》2015年4月10日,第7版。

以及各领域知名专家，在政策解读与时事评论方面的成果是最为突出的，也具有一定权威性。其他高校则更倾向“一带一路”中某一具体案例或者问题的研究，相关政策评论文章亦有，但并不突出。

3. 文化类议题

“一带一路”倡议是一项宏大的、复杂而艰巨的系统工程，它是党中央、国务院洞察全球形势深刻变化，统筹国内国际两个大局做出的重大战略决策。“一带一路”倡议既涉及基础设施建设、贸易投资、产业合作等硬实力，也涉及政策、文化、人才等软实力。在某种意义上，软实力的发挥远胜于硬实力的比拼。就文化方面而言，全国政协委员、国家民族画院院长王林旭提出，“一带一路”建设应当文化先行，投入要大，立意要深，步伐要稳，用文化推动“一带一路”建设，实现“民心相通”和“文化包容”，不断夯实“一带一路”参与国的国际民意基础，进而深化政治互信。[1] 由此文化因素应在“一带一路”倡议中占据重要地位，重视文化在“一带一路”建设中的积极作用，才能使“一带一路”更加深化、更具影响力。国内高校智库中，中央民族大学、浙江大学、南开大学、华东师范大学、广西大学、四川大学等针对“一带一路”中的文化建设问题做出了积极的研究，其研究方向主要有以下几点。

(1) 民族与宗教研究

关于民族议题主要涉及边疆民族地区的发展与区域合作问题。“一带一路”倡议的提出为民族地区的发展提供了契机，尤其是边疆沿边沿海地区，推动了民族地区的对外经济合作。但民族地域借助“一带一路”倡议开展国内外合作存在着经验不足，缺乏丝绸之路经济带支撑点，地方政府合作与协调失衡，国际社会政治风险较大等问题。[2] 此外由民族地区发展牵引出来的则是边疆治理问题，“一带一路”倡议为沿边沿海地区打开了开放的大门，但与此同时增大了跨界民族与边疆治理的难度，这一方面关系到“一

[1] 王林旭：《用文化推动“一带一路”建设》，中国政协网，2018 年 3 月 8 日，http://cppcc.china.com.cn/2018-03/08/content_50684192.htm，最后访问日期：2018 年 5 月 5 日。

[2] 柳建文：《机遇、挑战和对策：民族地区如何推进一带一路》，载《贵州社会科学》2016 年第 10 期。

带一路"建设的顺利开展,也关系到中国边疆地区的安全与稳定。南开大学、广西大学的"一带一路"智库学者意识到相关方面问题,其形成的几篇学术文章丰富了对民族地区研究的观点思想,但总体上的相关成果数量是匮乏的。另外,"一带一路"沿线国家民众大多都信仰宗教,宗教深深地融入其政治、经济、社会结构之中。因此"一带一路"建设的实施需要面对宗教的复杂多变格局,宗教则成为"一带一路"建设中不可忽视的重要因素。国内高校丝路智库在宗教研究方面是相当欠缺的,或者说对这一领域研究有所忽视,虽然有部分高校经常性开展"一带一路"与宗教的学术活动,但总体而言形成的成果相对较少,这一现象是值得反思的。

(2) 教育与人才培养研究

教育与人才培养是"一带一路"文化研究中的重要方向之一。自"一带一路"倡议实施以来,在相关人才需求层面是巨大的,从某种程度上说,人才是"一带一路"建设的支点和关键。"一带一路"愿景与目标的实现离不开创新创业人才、国际组织人才、非通用语言人才、华人华侨人才、海外高端人才以及急需领域专业人才等各类人才的支撑和保障。[1] 因此如何根据"一带一路"倡议优化教育路径、培养适应型人才等成为一些高校智库的研究焦点。浙江大学西部发展研究院专注于"一带一路"中的教育与人才培养研究,以周谷平为代表的学者就教育体制改革、"一带一路"倡议教育路径建设等相关问题给出了独到的见解。毛薇等人则基于案例研究,以广西大学中国-东盟学院为研究对象,通过实践探索为"一带一路"培养综合性金融人才的教育模式。[2] 其均在"一带一路"教育与人才研究方面形成了相应的贡献。人才因素是"一带一路"建设成功的关键,为实现"一带一路"的"愿景",则必须重视教育(尤其是高校教育)的改革以及人才的培养与输送。

关于文化方面当然亦有其他议题,如关于中国形象、文化传播、人文外交等,但仅是零星散见于某一文献之中,各大高校智库未形成一定的研究力量,因此便不一一列举。文化议题研究的重要性已无需笔者赘述,然根据调

[1] 周谷平:《"一带一路"战略的人才支撑与教育路径》,载《教育研究》2015 年第 10 期。

[2] 毛薇:《"一带一路"背景下复合型金融人才培养模式探析——以广西大学中国-东盟学院金融学实验班为例》,载《广西教育学院学报》2017 年第 3 期。

查整理的高校研究数据分析来看，相关研究仍是不足，文化议题中存在着较多的疏漏之处，亟待丰富与完善。

4. 其他议题

除上述几类研究议题之外，在笔者整理的高校智库研究数据中存在一些不甚清晰的议题方向，因此将之归纳到最后一类中。需要说明的是，所列全部议题内容不代表智库的所有研究方向，由于数据搜集可能存在疏漏，所做的分类整理仅基于已有数据，同时以上所列举内容为主要研究方向，从浅显层面能够较为便易地明晰。以下为其余几项研究议题。

（1）海洋问题研究

海洋问题主要指在“一带一路”建设实施过程中涉及的边海争端问题、海洋利益维护、海洋法、海路安全等问题。“21 世纪海上丝绸之路”的主要航线为：泉州—福州—广州—海口—北海—河内—吉隆坡—雅加达—科伦坡—加尔各答—内罗毕—雅典—威尼斯，途经东海、南海、安达曼海、孟加拉湾、阿拉伯海等主要海域，覆盖范围大，因此不可避免会出现海洋问题争端，致使海洋问题研究成为“一带一路”研究中不可或缺的重要议题。武汉大学中国边界与海洋研究院是国内高校“一带一路”智库中涉边海问题的典型智库之一，其将自身研究专长与“一带一路”相结合，形成研究特色与风格。但有一点值得注意，武汉大学中国边界与海洋研究院虽将“一带一路”倡议实施列为重点研究方向，而在中国知网以及其官方网站所公开的信息中，“一带一路”与海洋方面的成果却很少见，[1] 而其他相关高校智库在“一带一路”海洋问题上的文章则是凤毛麟角。悬而未决的边界、海洋问题显然会制约“一带一路”建设，“一带一路”智库作为专业机构和国家智囊团应在相关问题上予以重视并做出积极贡献。

（2）法律研究

“一带一路”建设必须要有健全的法律保障体系为其“保驾护航”，这涉及国内法律建设与国际法制解读与创新。就企业而言，“一带一路”为中国

[1] 孔令杰：《试析“一带一路”建设与中国未决边界海洋争端的交互影响》，载《边界与海洋研究》2016 年第 1 期。

企业带来巨大商机,但目前中国企业“走出去”还存在海外投资法律制度不完善、企业境外风险防范意识不强、涉外法律服务资源短缺等问题。[1] 另一方面中国缺乏对国际法以及对接国家法律的认知,这从内外两个方面导致中国企业海外投资风险加剧,涉外利益得不到有效维护,从而“一带一路”建设的发展也相应受到阻挠。国内高校“一带一路”智库自然意识到“一带一路”法律法制研究的重要性,西北政法大学丝绸之路区域合作与发展法律研究院是服务于国家“一带一路”建设的西北地区国际法高级专门人才培养基地、国际法和涉外法律的教学科研中心,其在国内高校智库中对于“一带一路”与法律研究就有较大优势和突出成果。自成立以来,该智库就国际金融法律问题、能源合作法律问题、国际法制创新以及中国涉外法制建设等方面做出积极地探索并形成相应的科研成果,为国家“一带一路”法制建设提供了政策建议与资料信息。西北政法大学“一带一路”智库具有法律研究的特色,相比而言其他高校智库在法律研究方面则是零散的,仅一些法学偏好学者就某一兴趣问题,如企业法律风险[2]、边疆法治治理等,[3] 形成些许学术文章,国内高校智库“一带一路”法律研究整体呈现弱势状态。

(3) 比较研究

笔者在梳理相关学术成果的过程中发现有一类文章是较为突出的,即采用比较研究的方法分析“一带一路”倡议与其他国家相似计划的异同。诸如比较“丝绸之路经济带”与欧亚经济联盟,[4] 分析“丝绸之路经济带”与东盟“10+8”机制,[5] 论述“一带一路”与跨太平洋伙伴关系协定的关系,等等。[6] 在成果数量以及内容质量上,这类文章均较为优秀,由于其议题方

---

[1] 陈元华:《健全法律保障体系护航“一带一路”》,法制网,2018年3月8日,http://www.legaldaily.com.cn/zt/content/2018-03/08/content_7491407.htm,最后访问日期:2018年5月5日。

[2] 刘真:《“一带一路”倡议推进中国企业法律风险与对策研究》,载《湖北大学学报(哲学社会科学版)》,2016年第6期。

[3] 那斯尔江·依布拉音:《“一带一路”战略下边疆治理的法治新常态》,载《西南民族大学学报(人文社科版)》2018年第1期。

[4] 李兴:《“丝绸之路经济带”与欧亚经济联盟:比较分析与关系前景》,载《中国高校社会科学》2015年第6期。

[5] 李兴:《“丝绸之路经济带”框架与东盟机制比较研究“10+8”》,载《新视野》2015年第2期。

[6] 李向阳:《跨太平洋伙伴关系协定与“一带一路”之比较》,载《世界经济与政治》2016年第9期。

向不甚明晰，故将此类研究文章归置于本部分。比较研究应属于研究方法的分类，而不应归置于研究议题之中，但此类成果可以称之为一种"机制"研究的议题，且其研究内容具有相当的价值意义，故于此节稍稍提笔，亦为突出国内丝路智库研究方向的全面性。

总的来看，智库联盟中高校理事单位对于"一带一路"的研究是全方位的、多元化的，并且其随着"一带一路"现实需求的变化不断丰富和深化。"一带一路"是一项宏大的复杂的系统工程，涉及各个专业领域，且每一个战略点与环节都至关重要。随着各项具体实践的开展，"一带一路"在不同区域将会遇到未曾预料过的新问题，从而会形成新的研究议题需要国家与智库团队攻克。高校是学术的前沿阵地，亦是知识与人才汇集的高地，更应该表现出积极的态度辅助国家战略与计划。在已有研究的基础上，"一带一路"学术研究的深度与广度仍有待拓展，高校智库应该发挥智库团队应有的引领作用，在议题选择方面应更富多元化，研究视角应更富多样性，使国家决策者能够掌握更加全面的信息，推动并完善"一带一路"倡议。

三、高校"一带一路"智库研究的优势与不足

高校作为"一带一路"智库合作联盟中的重要理事单位在发挥智库的解读政策、咨政建言、推动交流等功能方面具有不可替代的重要作用。自 2015 年始，陆续有越来越多的高校被"联盟"邀请成为理事成员，各大高校也随之成立相应的"一带一路"专业研究机构，响应国家政策，承担应尽的责任与任务。2015—2017 年，单就"联盟"中高校理事单位而言，其在推动"一带一路"建设方面做出了重大贡献。一方面，高校学术单位形成的实证调研报告、理论模型、政策解读等大量重要学术成果不仅为国家决策层提供了重要参考资料，也为社会尤其是企业的海外商业活动提供了可行性指导。另一方面，高校独有的与各国、各地区共享的交流平台使中国"一带一路"倡议更加"深入民心"，从某种程度上推动了"一带一路"在沿线国家和地区的建设，以及扩大了对接国家对我国"一带一路"的承认度和接受度。通过整理 2015—2017 年相关高校丝路智库的研究成果、分析其研究现状，不仅可以发现高校

助推“一带一路”的贡献度，同时可以明晰高校建设“一带一路”智库的优势。首先，高校智库更具专业性。智库联盟中每一所高校多有着接近百年的历史，文化底蕴深厚，科研力量强劲。在长期发展的过程中汇集了各类型优秀的人才，包括知名学者、企业家、政要等。相对而言，每一所高校均具有自身所擅长的领域与学科，因此其专业性毋庸置疑。其次，高校智库总体上资金充足、资源丰富。高等学府一般为国家、省区市的重点扶持对象，各类资助与项目基金为高校建设丝路智库以及开展“一带一路”相关学术活动提供完备的物质支持。同时高校自身拥有一定的雄厚的资源，包括人文资源和科技资源等，因此相对于社会型智库具有相对优势。再次，高校交流平台广阔，信息渠道多样，研究多样化自由化。高等学府往往相互之间构建合作平台和交流通道，无论是国内高校之间还是与国际高校之间。这种协作机制使信息资源得到共享，方便国内外学术思想的沟通与交流，也为及时获取相关国研究信息提供了便捷。此外，高校是学术自由的园地，学者专家在高校中有较多的自由发展的空间，就“一带一路”研究而言，使得议题变得丰富，思路变得广阔。

总体上我国高校智库的发展势头较好，但仍需注意的是，智库合作联盟成立于2015年，而一些高校“一带一路”智库宣告建成仅是近一两年的事。因此，中国高校智库建设仍处于初步发展阶段，其机制建设与力量分配等存在漏洞，也便形成当下我国高校“一带一路”智库所存在的缺点。根据收集的数据以及各高校智库成立发展的进程来看，我国高校智库存在以下几点问题。首先，高校跟风成立“一带一路”智库明显。部分高校限于国家大形势积极成立“一带一路”研究机构，并积极申请成为智库合作联盟理事。但未考虑自身建设能力与科研状况，导致只见其名，未闻其果；仅挂牌组建了丝路科研机构，却未配备相应研究团队，相关成果寥寥无几，形同虚设。此类高校不在少数。其次，高校相互之间研究力量差距较大。单从智库数量的区域分布情况来看，东北地区数量为3人一家，中部及西北地区数量为4人一家，西南地区数量为6人一家，而京津冀、东部沿海及东南沿海地区数量为20人一家，而仅北京与上海则占据东部总数量的三分之二以上。高校智库建设东部、中部、西部地区分配严重失衡，且各高校资源配比差距较大，故而也导致了中西部地区高校的相关成果大大低于东部沿海地区高校。再次，多数高校智库信息透明度不足，平台建设较差。少部分高校专门建设了“一带一路”智库的门户网站，统计整理并发布相关学术成果与学术活动信息，呈现智库发展的现状。而多数“一带一路”智库对于网络平台的维护较差，信息更新不及时。个别机构甚至未设置对外开放的信息网站平台。同时多数高校制度体制建设亦不尽完善，未形成确定的组织管理架构，从该角度讲，中国人民大学重阳经济研究院则是建设相对成熟的智库之一。再者，从已收集的各项研究成果的研究内容来讲，存在轻理论重评论解读，研究深度与广度稍有欠缺的问题。关于这一问题，有学者提到，学术界对于“一带一路”从多议题出发进行了积极有益的探索，但现有研究存在理论研究滞后、分析层次单一、研究方法传统、研究路径封闭等不足。[1] 最后，少部分高校智库未形成明显的研究特色。或许与跟风成立相关机构有关，一部分“一带一路”智库挂靠在二级学院之下，没有明确的研究队伍。就“一带一路”的研究而言，机构未设立明确的研究目标和方向，因此所收集的可称之为其“研究成果”的文章则多与其学者自身研究偏好有关，故呈现参差不齐的现象。

“一带一路”是国家需要长期坚持并落实的宏大战略计划，高校成立相关“一带一路”研究智库则应脚踏实地，务实钻研，以便为国家与社会服务。尽管目前高校智库的建设存在着不尽如人意的地方，但可以理解的是新生事物总是需经过一段时间的改革与发展才能成熟。同时，近年来高校智库所做出的努力与成果也是较为显著的，其成绩不容忽视。今后，高校智库需加大力度整顿自身，从制度、机制、研究方法、科研力量构建、信息化平台建设等多方面由内而外地建设自我，才能更加发挥好当代智库的现实功能，助力“一带一路”建设与落实。

[1] 杨荣国、张新平：《丝绸之路经济带研究：核心议题与深化方向》，载《兰州大学学报(社会科学版)》2015 年第 6 期。

"一带一路"倡议背景下的文化风险和社会风险及应对——以印度尼西亚的中资企业为例

章　超*

一、研究背景

随着现代社会的进一步发展，风险已经成为普遍性的、结构性的社会现象。如果说"后现代社会"仍可能被视为一种幻象的话，风险作为事实又作为潜在威胁的属性已经被学界所广泛认可。贝克以"风险社会"来强调长期以来围绕发展中心主义和科技为先的理念所带来的社会后果，认为风险社会是现代社会发展到反身性阶段的一种形态。[1] 吉登斯则以"晚期现代性"来形容时空分离下所带来的高度风险。与现代化所预设的稳定可靠性、确定性、必然性和可预测性等特征相比，当今社会拥有高度的风险不确定性。以往占据主导话语的阶级和"民族-国家"范式越来越多地被利益群体和跨越边界的流动性所替代；与此同时，围绕利益、认识、科技、危害、差异等生成的风险也表现出新的特点。[2-3] 在跨边界流动的、全球的风险网络中，海外中国企业既是风险的产生因素，也是风险的接受者、协调者、解决者。伴随着越来越多的中资企业走出国门，随之产生或者与之相关的文化、社会、政治等方面的风险也成为影响国家间关系和民心相通层面的重要因素。本文以

* 章超，同济大学政治与国际关系学院讲师。

[1] 乌尔里希·贝克：《风险社会》，译林出版社，2004。

[2] 吉登斯：《现代性的后果》，译林出版社，2000。

[3] 吉登斯：《失控的世界》，江西人民出社，2001。

在印度尼西亚(以下简称“印尼”)开展投资、贸易或生产的中资企业为例,分析海外中资企业所面临的文化风险和社会风险,讨论风险的特点以及企业应对风险的方式。通过海外中资企业这一中观维度以及与之相关的企业经营者、员工和当地民众这一微观维度,本文也将提出有关风险管理的建议。

印尼位于亚洲东南部,陆地面积为190万平方千米,海洋面积为317万平方千米。首都雅加达是全国的政治、经济和文化中心,其他主要城市还包括泗水、万隆、棉兰、三宝垄等。印尼地处亚洲大陆和澳大利亚之间,扼守海上国际交通门户——马六甲海峡,在全球战略中拥有重要位置。2013年10月,国家主席习近平在访问印尼时首次提出共建“21世纪海上丝绸之路”倡议。历史上,印尼也是“海上丝绸之路”的重要枢纽。600多年前,中国著名航海家郑和下西洋,曾经到访印尼群岛,带去中国的瓷器、茶叶和丝绸。印尼爪哇岛的中部城市三宝垄还建有三宝庙,以纪念两国的交往和友谊。印尼佐科政府提出了海洋强国的梦想,即将印尼打造成全球海上支点并建设海上高速公路。此外,佐科政府重视经济发展,其重点包含了基础设施建设、健全国内投资环境以利外资的续留,构成了“一带一路”倡议背景下中国企业走出去的机会。得益于区位优势,印尼也将成为“一带一路”倡议在东南亚国家联盟的主要受益者。

另一方面,印尼的人口、资源和经济增长速度均意味着很大的潜力,对于中资企业有着相当的吸引力。印尼是东盟中的最大经济体,也是世界第十六大经济体。印尼人口达到2.6亿多,是世界第四人口大国;人口总体结构较年轻,男性和女性的年龄中位数均在30岁以下。由于岛屿众多,印尼被誉为“千岛之国”,矿产、农业和旅游资源丰富。过去几年,印尼国民生产总值维持了5%左右的增长速度,这对于由17 000多个分散的岛屿、300多个民族构成、总体基础设施水平仍然较为落后的国家来说,已是相当快的增速。根据中国商务部的数据,截至2016年7月底,中国企业对印尼投资累计已超过88亿美元,占中国企业对东盟累计投资总额的七分之一,印尼已成为中国在东盟最大的投资目的地和第二大工程市场。在印尼投资的中国企业已超过1 000家,涉及能源、通信、电力、矿产开发、金融、保险、交通、汽车以及农渔业等众多领域。大的工程项目包括雅万高铁(雅加达—万隆)、中印尼青山镍铁工业园区、华夏幸福投资建设的产业新城项目、碧桂园的“天空之城”等等。

除了印尼的区位重要性以及近些年中资企业在印尼投资的激增，笔者先前与印尼建立的一些联系也是选择印尼作为“一带一路”研究的案例国家的现实原因。这部分的内容将在后面的方法论节段中加以说明。

二、风险的新属性

在经济学领域，风险在原义上常用来计算投资决策对借贷双方可能带来的后果。后来，风险被引申用来指代各种不确定的状况。

首先，风险是对事实也是对价值的陈述，因此包含了认知的、主观建构的层面。风险拥有比事实更广阔的概念范畴，既包括已经发生的、产生后果的问题、危险和社会现象，也包括了尚未产生显著后果和影响但具有潜在性危险和冲击的那些因素，而后者往往建立在个体的认知、判断的基础之上。因此，风险体现了认知、潜在冲突和当前症状之间的关系，体现为与评判主体的现在和将来的可能性关系中的危险程度。对风险的认知会影响到当下的行为。

其次，风险具有不可控性，存在很多人为的不确定因素。与自然风险的不可控性不同，贝克强调，新时期的风险很多时候是人为原因造成的，是被制造出来的风险。这些风险随着人类知识和科技的发展日益加剧。在科技理性和崇尚科技的理念指导下，人们试图不断用技术解决新近产生的问题，由此陷入控制—失去控制—控制—失去控制的循环。对资本和效益的追逐、官僚制度、公共性的衰弱、全球性的人口流动都增加了这种不可控性。

再次，与已经产生显著影响的危机不同，风险既是挑战和潜在危机，其主观建构的特点以及是否转变为重大问题的不确定性也意味着规避的可能性。由此，风险并不总是会被重视，结果导致对风险预警和管控的忽视。事实上，风险被认为是广泛存在的、与当下社会伴生的现象。对于经济活动来说，风险的存在也意味着机会。减轻风险或者规避风险，成为很多企业危机管理的重要内容。

因此，本文采用风险的概念来理解印尼的中资企业所遇到的挑战。诚然，挑战是多方面的，来自文化、经济、社会、政治、法律等。本文将着重分析文化和社会两个方面,通过经验数据分析他们所面临的文化风险和社会风险。这些风险既包含了已经产生较大影响的社会事实,即通常所说的困难或者问题,也包含了尚未产生显著影响的因素。但是这些潜在性因素可能会产生影响,尤其影响企业经济生产和当地的社会关系的潜在性因素。已有大多数有关海外中资企业的风险研究侧重讨论风险的表现,本文除了阐明风险的内容之外,还希望揭示风险的特点,即风险的建构性、关系性和聚合性,并提出风险管理和应对的建议。

三、研究方法

本研究以田野调查、定性研究设计为主,具体采用了半结构式访谈、参与式观察、文本分析等研究方法。质性研究的特别优势在于理解社会进程、变迁的嵌入性和动态性。[1] 中资企业的到来和活动,既嵌入在当地的社会情境中,又影响着当地社会、生活的变化并可能与之处在一种紧张的关系中。相对于量化研究,质性研究除了发现是什么,能够较好地回答有关"怎么样""为什么"和"有什么意义"的问题。风险本身是一个难以量化的概念,发生在主体认识和实践层面,并且拥有纤细、微妙的特点。因此,质性为主的研究方法较适合深入挖掘较为完整的叙事逻辑和意义线。资料搜集的重点围绕以下几个方面:"一带一路"的相关政策以及印尼的政策环境,中资企业遇到的来自文化、社会、政治、安全等方面的风险,中资企业应对风险和挑战的策略和案例。

田野调查的地点主要在印度尼西亚首都雅加达,于2017年8月进行,为期两周。选择印尼作为田野调查地点以及本课题案例的相关方,主要有以下几个原因。第一,如前所述,印尼在"一带一路"合作倡议中拥有重要的战略地位。印尼人口众多,发展水平尚低,拥有广泛的市场前景,以印尼作为"一带一路"研究中的案例国家,对于理解"一带一路"倡议的实施现状、挑战

[1] Jenifer Mason, "Mixing Methods in a Qualitative Driven Way," *Qualitative Research*, Vol.6, No.1, (2006):9-25.

具有较为明显的借鉴性意义。第二，笔者于2016年去过两次印尼，与中国驻东盟使团、印尼高校建立了一定的联系，可以获得部分地方协助。第三，笔者来自温州。在印尼的中资企业中，不少是来自温州的民营企业和个体贸易者，为田野资料的搜集提供了可能性。

此次田野调查总共进行了19个访谈（不包括非正式的交谈），共涉及20多名受访者。访谈的主要内容包括中资企业在印尼的现状，所遇到的文化、安全、政治、社会风险以及应对方式。大多数访谈时间在一个小时到两个小时之间，少数访谈在两个小时以上。访谈前均获得了受访者的同意从而对访谈予以录音。除了2名受访者为印尼华人企业家、2名为中国贸促会驻印尼代表、1名为印尼中国总商会会长，其余受访者均是中资企业家。笔者对所有的访谈进行了转录和编码。在寻找受访对象的过程中，中国驻东盟大使、印尼浙江总商会会长、中国路桥集团印尼办事处总经理、温州市侨办以及中央电视台、经济日报社驻印尼站记者提供了重要帮助。在他们所引荐的企业的基础上，笔者又通过与这些引荐企业的联系，寻找到新的受访者。所完成的访谈基本上覆盖了在印尼设立子公司或办事处的主要国企和民企，以及中方贸易协调机构代表。通过所获得的大量材料的梳理，本文主要选取了3个中资企业案例，剖析他们在民心相通和共建共享方面的实践经验。

参与式观察包括了在雅加达开展田野调查期间所参加的经贸交流活动、中国商会成员的社会交往、中资企业的企业活动等。比如印尼B集团于2017年8月中下旬在雅加达举办了几百人参加的公司年会暨运动会。笔者在现场观看了他们的运动会，并访谈了B集团的创始人和高层。为了更多进入中国商人以及当地华人华侨洽谈、贸易的圈子，调研最后几天，笔者换到雅加达北部海湾华人集中的Pluit一带居住，并在酒店的咖啡厅里，临时充当了一个中国企业在印尼投资项目提案的PPT制作者。除此之外，田野调查期间，笔者参加了由雅加达公共关系学院主办的“东盟生意对话”活动。这些参与式观察的经历不仅使得笔者不断进入有关中印尼经贸关系、人员往来和文化交流的情境中，构建起了从事本课题研究的氛围基础；更重要的是，捕捉、观察和记录了人们的行为方式以及访谈所难以触及的细节，使得本来持续时间相当有限的田野调查的资料尽可能丰满、全面。

文本分析的来源是多渠道的，包括政策、法律、报刊文章、微信公众号文章、微信朋友圈内容等。其中，来自社交媒体的文本对于补充、完善田野调查资料非常重要。为了克服两周的田野调查在资料搜集上的局限性和可能存在的功利性，笔者添加了受访者和相关人员的微信，通过关注他们朋友圈的更新，继续关注相关的话题。其中，一名在印尼多年的中资企业人员拥有自己的公众号，定期更新与印尼相关的文章，提供了较为翔实的资料补充。

总体来说，本次研究所搜集到的资料质量较好，具备一定的深度、细致性，并且受访者的选择也较具有代表性，但也有一些不足之处。比如，田野调查期间未能和中资企业里的印尼籍员工进行交流。另外，由于各种限制，笔者未能到访一些企业所在的园区进行更为实地的勘察、探访。比如青山工业园区在东南苏拉威西岛上，距离雅加达路途遥远、交通不便；另外园区的准入限制非常严格。这些限制都造成了一些遗憾，希望能在后期及今后的研究中不断跟进，更加深入。

四、文化风险和应对

文化风险主要表现为文化的差异性。文化不同是田野调查中不断被提及的。对文化的感知既包括宗教、风俗，还包括对人们的心态、思维方式、行为方式的理解。阿帕杜莱认为，文化是有关差异的概念，是在事物间对比产生而非事物本质的物质。[1] 由此，文化是现象的一个维度，可以被用来理解阶级、民族、性别等范畴在不同情境和地方知识中的意义。当人们在使用类似"他们的文化"这一用语时，事实是在强调与自己的价值观、思维方式、习惯和行为方式等不同的方面。此次调研中所折射出来的文化差异性是双方的，不同文化基因的双方群体会形成对彼此的文化判断和差异性认识。中方受访者普遍使用"印尼人""他们的宗教""当地老百姓(怎么样)"，来谈论他们所观察、认识到的印尼人和当地的民情、风俗、信仰，事实上是在讨论专门的、被认为是和自身以及自身成长的母体社会不同的方面。印尼华人

[1] 阿尔君·阿帕杜莱：《消散的现代性：全球化的文化维度》，上海三联书店，2012。

则会用“到这边来做生意的中国人怎么样”来指代这一不同于自己的群体。除此之外，受访者的表述中也会不断出现“印尼人认为我们怎么样”，来转述印尼人对于中国人的看法。文化差异主要体现在几个方面，包括宗教、与宗教习俗相关的言谈举止的方式、民众心态和社会生活节奏等。这些差异既有客观存在的区别，也有部分含有主观认知偏差和刻板印象。大多数中资企业遵守当地的宗教习惯，比如在办公场所里设立祈祷室，工作时间避开宗教节日；但是仅有少数企业发展出了一些策略，应对较为慢节奏的、非正式的、松散的社会文化和讲究效率、规则的企业文化之间的矛盾。以下介绍“规训”和“在一起”两种不同的应对方式并做讨论。

(一)“文化和身体的规训”“适者自留”

印尼A印刷包装公司采用了中国工厂的管理模式和12小时工作制度，以三班倒的方式排班，做一天休一天，机台24小时保持运转。工厂发给每个工人饭盒，工人自己带饭，吃饭在机台边完成。工厂的机械化程度相当高，因此所需要的体力劳动强度并不大。印尼政府规定每日工作时为8小时，一个月工作时间为173小时，A企业的月工作时间大概在220小时，超出规定时间之外的部分付给工人加班费。

A企业负责人以“适者自留”“一开始就要形成自己的风格”的理念解释他们的管理和用工思路。未实施机台边吃饭这一规定前，工人们三三两两聚在一起吃饭聊天，A企业负责人认为这种状况较为“散漫”；二来管理者希望若要留下来的工人，则要努力去适应他们的企业文化和规则，不适者则不强求留下。A企业负责人这样说：

> “这里的人习惯了到用午餐的时候，三三两两地走在一起，然后坐在那里吃饭。那种吃饭方式，一是散漫，二是会浪费时间。可能规定10分钟吃饭，结果大家坐在一起，可能吃15～25钟也说不定。因为印尼人本身就有一种懒散的状态。在我们国内工厂，其实吃饭也是轮流不下机的。这个行业国内的工厂就是这样的，所以我们算是把中国的一些方式带到了应该。在印尼，可能像我(工厂)这样没有午休、在机台上用餐的工厂真的不多。”

“实行这样的管理模式，我是很安心的，其他管理人员有一点担心。毕竟我的工厂用工很多的，有 600 个，从开始我们就要形成自己的风格，自己的模式。如果你能适应的员工，我欢迎你留下来，哪怕我多付给你一点工资也不是问题，但是不适应的员工你就可以离开。我们也不会说什么。不要大家相互忍着忍着，可能把最大的问题忍到最后，反而可能会是更大矛盾的爆发。”

在实行该工作制度之初，A 企业管理人员心里也没底，一些朋友、同行也表示了质疑，认为这样的工作方式很难实施。事实上，大多数工人适应了。此外，A 企业还采用了绩效考核。绩效考核在印尼当地企业中并不常见，很多企业认为印尼百姓倾向于接受固定工资，然后在那个工作位置上“耗时间”。目前包装厂大约有 600 位印尼工人，他们来自周边的乡村，骑摩托车往返于工厂和住处之间。工人的平均月收入在 300 万印尼盾左右(折合人民币约 1 500 元)，绩效高的工人的月收入则在 400 万印尼盾左右(折合人民币约 2 000 元)。实施一段时间后，不少工人朝着超出基本产量之外的范围努力，绩效制得到了理解和接受。

印尼 A 企业所采用的管理方式事实是一个规训的例子。印尼工人真的懒散吗？又比如，很多投资者认为非洲黑人好吃懒做？诚然，这两个判断并不等同，但隐含了相似的对经济较为落后的、身处热带、前身为殖民地的一些国家的刻板印象。闲散是根植于动物性的冲动？或者是贫穷的产物，抑或是个体道德的失败？对印尼工作文化的偏见主要来自两个认知原因。第一，很多中国企业家将主要原因归于宗教。第二，印尼物产丰饶，一年均为夏季，一双拖鞋，一件巴蒂衫就可以度过全年。椰子树、香蕉树等果树多，饥饿时很容易摘到果实。

这两个认知原因有一定的解释力。除此之外，一个更深层次的原因是，工作作风本身是规训的重要结果，是现代工业经济对人的身体和心智进行规范的产物。韦伯认为理性化是现代社会进程中的主要特征之一，瑞泽尔也有过类似的论述。成本核算、工作时间的规范化、流水线生产的标准化都是现代经济活动的重要特征，由此推动了利润的最大化、资本的积累和经济的发展。在现代经济和社会生活的链条中,人们以被规训的理性在其中生存。规训是现代理性指导下的产物,在前现代社会,大多数人没有形成由现代理性指导的自我规训的人格,也不存在隔离出“疯狂”的监禁的规则、标签和设备。[1] 印尼处在一个过渡性的发展阶段,随着越来越多的现代企业的建立,越来越多的民众从务农、零工或者其他非正式的就业进入到工厂制、公司制的工作岗位上。原先人们基于自然天性和喜好,选择工作或者不工作,比如印尼一些工人会在赚到近期够花的钱之后,突然就离开不干了;钱花完之后,再回工作岗位或者再找一份工作。现在,人们被动或者主动地“成功”地将自身卷入现代理性的规训之中,后者要求契约精神、嵌入组织中作为系统的一分子开展行动,服从、效率、守时、事先计划都是这个系统对于个体的要求。

(二)“在一起,有未来”

与A企业的理性规训不同,B手机和物流集团的本地化策略以同理心和“玩在一起”为核心。B手机于2013年进入印尼,目前在印尼的手机销售量排名前5。B手机在印尼的工厂有2 000多位工人,主要完成组装、品质测试和本地化的内容。另外,B手机在印尼有100多个售后服务点,24 000多名销售人员,以及700多位销售人员的培训师。2015年,B手机印尼公司创始人李×在印尼成立物流公司,发展快递和货品流通业务,并将企业发展成集团模式,本文用B集团来统称。

2017年8月底,B集团召开的年会(运动会是主要形式)的主题是“在一起,有未来”。在雅加达市中心的运动场,共有600多位来自印尼各岛的员工通过飞机、轮船等各种交通方式,聚集到一起,并由企业安排入住位于运动场附近的星级酒店。运动会连续举行3天,有篮球、羽毛球、游泳等项目,奖品为手机和现金。所有参与员工的交通和食宿由企业负责,距离最远的员工从印尼的最东边巴布亚省车船联运到雅加达。“在一起”有以下几个方面的含义。

“在一起”是玩在一起,既是工作要快乐,也削弱了公司里不同职位高低间的层级关系,增进了员工的归属感。手机是一个非常年轻的行业,B集团在印尼雇佣的本土员工多数年纪在20多岁。要领导一群年轻人,让总共几

[1] 福柯:《规训与惩罚》,生活·读书·新知三联书店,2003。

万印尼年轻人能够为B集团工作，企业文化十分重要。B集团正是以一种平等、轻松、富有乐趣和感召力的企业文化来凝聚他们。在运动会上，公司的管理层和普通员工均上场竞技，看台上员工们身穿统一的印有公司标志和"在一起，有未来"字样的T恤。拉拉队的呐喊声和欢呼声此起彼伏、热情高涨。每一个看台上的小方阵均有志愿者时不时起来站起来，像领唱似的带领大家为选手们助威。与相邻或更远的方阵之间的呐喊声的来来回回，既有玩闹似的回应，也象征团结。那个场景就像某一中学运动会，让置身现场的每个成员觉得，"只要大家在一起，哪怕是一起消磨时光，也是有趣而甘愿付出的"。B集团CEO刘某和创始人李某在访谈中反复强调，"我们(和印尼员工)是一起玩的"，"工作要快乐"。李某表示，对员工来说，"第一要挣到钱，第二个干得开心，第三个要学到东西。"他将自己和在印尼的一些华人企业老板做了区分，认为他们将自己界定在较高的位置，比较高冷，不太和基层在一起，在这一点上他不太愿意加入那些华人企业家的圈子。他认为在B集团体系里，并不存在员工要向老板学习这样的企业文化，大家经常在一起吃喝玩乐。"我觉得是年轻激情，然后呢大家在一起快乐地赚钱。你要说有什么级别或者什么分别在这里面，我们不是特别地去强调这种情况。"刘某举了他们和下属一起打球的例子，"你可以跟老板打完球以后，他自己提着包，都没有人送他，你就知道这里面是没有等级的。"对企业中职业高低的淡化，削弱了因为宗教、级别、收入不同可能带来的隔阂，增进了"在一起"的认同。

通过增进个人荣耀，展示与业绩考核无关的兴趣、特长，将底层员工凝聚起来。大量受雇于中资企业的本地员工属于体力工人，从事建设、生产、清洁等工作，对于他们的评价和考核基于出勤率、准时度、生产效率以及对于企业其他规章制度的遵守。上述讨论的A企业案例便是如此。这些评判标准和个体的差异性、兴趣爱好、性格几乎没有关系，而是遵循理性、功能和效率的逻辑。马克思使用了"劳动力的异化"来批判早期资本主义的生产方式。事实上，对于肉体和精神的规训、机器和效率指挥棒下那个非真实的自己，普遍存在于现代经济中，在劳动力密集的行业中则更为显著。B集团的不同之处在于，通过运动会等一些平台，把平凡、体力工作岗位上的员工的个性、潜力甚至是荣耀和骄傲释放出来，是一个"走心"的策略。由此，最平常岗位、最底层的员工通过企业活动这个平台，将自身在兴趣爱好方面的特长，在一个 1 700 多人的运动会的现场展示了出来，并且获得了很多素不相识的公司成员的鼓励和助威。印尼有 17 000 多个岛屿，对于出生、工作在外岛(在雅加达，通常称呼雅加达所在的爪哇岛以外的岛屿为外岛)的员工来说，单位提供机票、住宿免费前往首都雅加达，而且住在一个高级酒店里，实现了他当前自身能力所不能企及的机会。同时，比赛的奖品非常直接实惠，手机和现金。在物质奖励和精神鼓励的双重作用下，B 集团将它下属几万名员工，层层联结起来，从而编织到一个围着核心企业目标的网络中。

除此之外，通过设立基金会，建立起对你我生命、境遇的关爱，在守望相助中“在一起”。2017 年会上，李某的演讲题目为“在一起，有未来”，声情并茂地讲述了为什么要设立“关爱基金”。演讲中，李某提到了近些年来不断听到的身边同事、同事的家人生病的例子，表示这将是企业员工自己的基金，用来抵挡生命中的不测和扶持生活中的逆境。他采用了爱自己，进而有能力爱家人，再则爱他人的逻辑。对员工来说，这里利己又利他；而对于公司来说，基金又明显具有利他的性质。基金的主要来源如下：大型会议和活动参与者的捐款(包括参加 2017 运动会暨年会的成员)；每卖一部手机由公司贡献的 2 000 印尼盾；每个快递包裹的捐款；每个月公司管理层的捐款。印尼的社会福利和医疗保险均比较落后，企业关爱基金的设立将公司与员工，管理层与普通员工之间以一种“有爱的”方式关联起来，无形中增进了员工对于企业的认同和心理归属。

(三) 结语

上文论述的文化风险主要基于文化差异的建构，其中较为主要的文化差异表现为印尼人“慢”和“懒散”以及其与现代工厂制所追求的效率以及存在于中国企业的一种着急的心态之间所形成的较为明显的反差。除此之外，文化差异表现为与宗教、习俗等方面的内容。A 和 B 企业都试图去协调或是跨越这些文化差异。在中资企业作为一个外来企业、现代企业的经营理念与非正式就业、传统的社会心态形成显著差异的情况下，上述 B 集团的策略从尊重和发挥个体的差异性出发，强调“同理心”和工作要开心，减轻了劳动过程中的异化，有助于个体形成对社会关系的真实性的认知，也有助于真实的社会关系的形成和人的自由发展。相反，A 企业以强有力的规训方式在目前获得了成效，但是劳动力的异化是较为显著的。这种建立在生产效率最大化逻辑基础之上的管理法则，仍需要以一些软性的以及关爱员工相关的内容来作为补充，否则它既不利于员工的身心健康，也无法建立起企业和个体之间的有机联系和人心相通。

五、社会风险及应对

社会风险主要表现为社会冲突和紧张关系。它既可以是肢体上的冲突，也可能是没有身体暴力的抗议行为，此外还包括了通过社交媒介发布和传播的刻意诋毁事实的信息、评论等。本文的社会风险是一个狭义的概念，主要指由当地社会和民众所触发的对立性的行为，并且往往带来负面的、阻碍性的影响。对于中资企业来说，社会风险意味着要应对与当地社会和民众方面的矛盾和挑战，与文化风险所意味着一种较为温和的差异性不同，社会风险的形式和影响更为强烈、直接，与中资企业人员的人身安全有着密切的联系。

（一）社会风险的几种类型

来自当地村民的阻力是很多企业所遇到的问题，也是中资企业在印尼所遇到的重要的社会风险。在受访企业中，几家企业提到了村民将企业围堵起来、表明诉求的事例。如下列举 A 企业和青山工业园区所遇到的围堵事件。

案例 1：A 企业

A 企业是一家印刷包装公司。开工第一天，五六百位村民以要到工厂上班为理由，把工厂围起来。虽然工厂负责人孙女士之前听他们的客户方——某水泥企业的管理者讲过类似的故事，但她觉得自己的企业小，认为这样的情况可能离自己的企业还远，却也发生在他们身上。后来，他们通过私人关系，找到当地政府机关里的官员来协调，才把这件事情平息。他们所招的工人，一半来自工厂所在的村庄，一半来自附近村庄。之所以没有全部使用所在村的劳动力，主要是为减少当地村庄对工厂的牵制。

A 企业在招工时，对有工会背景或关联的人员进行了严格的排除。除了自身参与过工会，如果应聘者的父母有任何工会的背景，也不在招聘所考虑的用工范围之内。企业刚开始担心招不到那么多工人（如果生产线全部开齐，需要 600 名工人），于是通过村长作为媒介，帮忙招工，每招到一个工人，村长会从工人身上得到一定的提成费。

除此之外，A 企业每个月会给当地的村长和下属的一个队长发“工资”，两个人每人每月 200 万印尼盾，即每人每月近 1 000 元人民币。企业将它称为打点费，打理当地的一些事务，在不干涉当地事务的前提下，也获得相对稳定的外部环境。每逢宗教节日，当地的宗教领袖会主动上门，要求一些财物支持，企业通常都会满足。

案例 2：中印尼合作青山工业园区

中印尼合作青山工业园区位于印尼中苏拉威西省莫罗瓦利县 Bahodopi 镇，离海岸约一千米，总规划用地约 2 000 公顷，由中国鼎信集团和印尼八星集团共同投资建设。由于印尼实行土地私有制，园区建设涉及河流取水、道路建设以及管道管线使用等方面。若对附近农民的私有土地造成影响，需要赔偿到对方满意为止。青山工业园区曾遇到过这样的情况，若碰上雨季，老百姓土地被淹了，他们到青山工业园区来抗议，认为是修建园区才导致洪涝。如果遇上干旱，土地旱了，他们也会来园区抗议，认为是修建园区造成的。在经历了几次这样的事件后，青山集团把园区河流、道路周边的土地也都买了下来，在厂区外面留了很大的一片土地，避免与农民的冲突。这样一来，当雨季洪水来临的时候，河流改道所冲垮的土地，仍然是园区自己的土地，而非当地老百姓的私有土地了。

鼎信集团雅加达代表处首席代表、在印尼工作多年并为多家中国企业提供商务咨询的老杜这样来形容印尼老百姓的心态，“中国人是有困难找政府，他们是有困难找金主。”这句概括可能未必完全准确，但是青山工业园区作为一个大体量的经济体，被当地村民认为是一个非常富有财力的企业方。

总体来看，通过对中资企业的分析，所遇到的来自当地社会和民众的阻力主要有以下几种类型。部分村民没有机会进入中资工厂就业，而后者本身就是一个“外来者”，进入当地却没有让他们享受到实在的好处。这种情况下，村民们往往会把中资工厂围起来，示威或是抗议。除此之外，厂区、园区以及配套码头、电厂等设施的建设影响了他们的土地和原有景观，一些项目甚至对环境造成了较大的污染和破坏。这种情况下，村民们不仅没有从中资企业的发展中获益，而且还需要承担因为建设、生产所带来的环境风险和环境问题。这方面的事件分不同情况，比较复杂。有一种情况是，“所遭受的影响”并非与企业行为直接关联，抑或后者并非是导致村民所有的土地变化的主要原因，但是由于环境本身是一个极其复杂的系统，由于厂区、园区以及配套设施的建设中涉及对原有景观的改变，比如河流改道，树林被砍伐等，因此当村民就自家挨着厂区的土地向厂区提出抗议时，厂区很难有一个科学、公允的评判。

另一种情况则是客观存在的、显著的对于当地环境和生态的破坏。2016 年 4 月，来自中爪哇省中部的九名妇女在总统府前抗议印尼 Semen 公司在他们的家乡 Rembang 区建造水泥厂，认为会危及水源且降低他们的生活质量。2016 年 10 月最高法院判决肯登山农民胜诉，并取消了有争议的许可证，即 2012 年 6 月 7 日发布的采矿活动和水泥工厂建设的环境许可证。但是中爪哇省长 Ganjar Pranowo 却在 2017 年 2 月颁发新的环境许可证。关于这个项目，战略环境评价小组（KLHS）认为肯登山 Cakungan 地下水 Watu Putih 是一个应该加以保护和不可以被开采的喀斯特地区[1]。2017 年 3 月，肯登山一带的农民将脚裹上布，放到水泥中，再次抗议水泥厂对农田造成的破坏。此前，类似的抗议还发生在村民担心矿产开采会破坏他们的土地、威胁树林及供水系统的时候，比如 2011 年印尼巴厘岛附近的村民抗议一家由印尼和澳大利亚联合的金矿开发项目。最终警察和村民发生冲突，警方开枪致 2 名村民死亡。

（二）社会风险的应对：改善生活、共建共享

改善生活可以被认为在民众层面缓解社会风险，使得“一带一路”倡议

[1] 《肯登山农民的抗议》，《印度尼西亚商报》2017 年 3 月 19 日，http://www.shangbaoindonesia.com/editorial/%E8%82%AF%E7%99%BB%E5%B1%B1%E5%86%9C%E6%B0%91%E7%9A%84%E6%8A%97%E8%AE%AE.html。

获得合法性的基本依据和理由支持。国家层面的战略、企业层面的国境外扩张等所带来的经济全球化及其与当地社会的张力，在个体层面，终将可能以“改善生活”的客观结果，获得来自民众层面的平和反应及正面的意见。青山印尼、A 企业等公司的员工的经历都表明了拥有一份稳定的工作、改善生活对于个体和家庭的重要意义。

贫穷是印尼社会所面对的主要问题之一。据世界银行统计，印尼约有18%的年轻人失业，是世界平均水平的 6 倍。约 53%的印尼年轻人通过中介公司谋职，多是不固定的或者不正式的职业岗位，就业品质较低。另一方面，印尼拥有大量的年轻人口，拥有带薪的正式工作的人口比例之低，不仅影响了社会稳定，也影响了一个国家中等阶层的壮大。中资企业的进入为印尼创造了很多带薪岗位，也创造了职业成长和个体发展、社会流动的机会。该部分以中印尼合作青山工业园区为案例，讨论受雇于工业园区的印尼员工或者间接获得就业的当地民众的前后生活对比。

Asri 是莫罗瓦利县 Bahodopi 镇 Labta 地区的村民，过去靠向村民卖点食物获得的收入抚养两个孩子，她的丈夫则常年在马来西亚打工。现在夫妇两人都在中印尼合作的青山工业园区工作。除了家庭团圆外，他们的生活和居住条件明显改善。她说，“我们过去租房子住。有了工作以后，我们买了地，造了属于自己的房子。我们的孩子可以去上学。”[1]

Albar 也受雇于青山工业园区，从事窑炉进料工作已经两年多。他是一位来自东南苏拉威西省会肯达里市的年轻人，之前处于失业状态。对于目前的工作，他很喜欢。经过培训，他掌握了操作叉车、挖掘机和其他重型设备的技术。此外，他还学习了基础的汉语，可以和中国同事进行简单的交流。他说：“感谢中国领导和同事们的耐心指导，我已经能够认出冶炼厂的主要设备，并且掌握了窑炉操作的技术，部分设备我还可以维修。青山给了我职业发展的最好的平台，我对此深深地感谢。”[2] 另外，阿迪卡是青山工业园区冶炼厂中控室的值班班长，22 岁(根据 2016 年接受中方媒体采访

[1] 这里有关 Asri 的案例描述来自《中国投资印尼偏远地区实现双赢结果》(Chinese Investment in Indonesia's Remote Area Achieves Win-win Result)，《雅加达邮报》，2017 年 5 月 15 日。
[2] 同上。

时来计）。她父亲也在园区工作。进入工厂一年以来，阿迪卡从门外汉成长为一名能够操控核心设备的基层管理干部，将青山视为职业成长的平台。[1]

类似改善当地百姓生活，使得他们获得更多发展机会的例子在中印尼合作青山工业园区项目中非常多。2015 年，园区所在的中苏拉威西省的莫罗瓦利县的经济增幅达到 15%，是印尼全国经济增速的 3 倍。到 2016 年 9 月，当地村庄的摩托车数量从十几辆增加到 5 000 多辆，到 2017 年 1 月，摩托车的数量又增加到 7 000 多辆，一些家庭还购买了汽车。青山工业园区为附近村庄提供了大量的工作机会，既包括正式的工作岗位，也有灵活的、个体的就业方式。表 1 勾勒了几位工人过去和现在的职业情况，以说明青山工业园区带给百姓的机会和生活改善。

表 1　青山工业园区部分员工就业和收入情况对照表

工人	目前工作	目前收入（印尼盾）	生活改善	过去工作
旺吉	吊车司机工业园镍铁三期工程施工现场	800 万		东南苏拉威西省首府肯达里市政府做小工，月工资为 100 万印尼盾
哈里岩托	班长，工业园镍铁存储区	650 万		矿工
伊尔汗	工人	450 万		附近务农
阿斯莉亚	清洁工	600 万	家里买了地，盖了砖瓦房	
阿斯莉亚丈夫	司机	600 万		
拉希姆	为工厂供应沙料，并从工业园得到 4 台抽沙机		原来只有一辆二手摩托，现在买了新汽车，并有能力供子女去城市里上大学	没有固定工作

[1] 参见新华社驻印尼记者余谦梁、周檬、郑世波的报道《渔村改旧貌镍业炼新颜——中印尼合作青山工业园区纪行》，发表于 2016 年 10 月 20 日，见 http://www.xinhuanet.com/food/2016-10/20/c_1119752044.htm。2017 年 8 月，本人对鼎信集团雅加达代表处首席代表杜先生进行了访谈，由他介绍了青山镍矿项目。

借助青山工业园区这一平台，这些当地百姓从原来失业、待业或者打零工、不稳定工作的状态，转变为拥有稳定和更高收入的工人。在收入得到增长的同时，他们的技能也获得了提升。工业园区为工人提供了驾驶、机器操作等培训，来自中国的老员工对印尼工人进行传帮带，园区还派出几百位印尼工人赴中国参加培训，提升了他们的技术能力。由于青山工业园区体量庞大，园区共提供了24 000个面向印尼百姓的工作岗位，原本以务农、渔业为生的当地人口加入了工厂的建设和生产。随着更多的企业入驻园区和工人的聚集，当地的商业和服务也获得了发展，一些当地百姓开了商店。青山工业园区共计为当地创造了数万个间接就业岗位。莫罗瓦利县当地政府对于青山工业园区的发展高度肯定，并且希望能够一直兴办下去。

除了提供工作岗位、促进当地民众就业和社会流动之外，青山工业园区投入并带动的当地民生、基础设施和经济的发展都使得中资企业与当地社会之间实现了更加和谐的关系。码头、发电站、水力、环保、通信、医疗、教育和海陆空交通以及酒店休闲等设施获得了建设或者提升。青山工业园区庞大的体量将一个遥远偏僻的小渔村建设成一个年产300万吨不锈钢的工业基地，2016年的年产量占到世界不锈钢年产量的6.6%，使得印尼不锈钢年产量从零跃升至全球前三位。中印尼合作青山工业园区中方代表、上海鼎信投资（集团）有限公司董事长将青山工业园区的发展过程也理解为一个开发性扶贫工程，让当地祖祖辈辈靠划着小船出海打鱼为生的贫困百姓从园区建设的方方面面受益。"可以留给当地村民的机会，青山工业园绝不与民争利，而是让利于民，让他们跟着青山工业园区一起发展。"[1]

半官方半民间背景的印尼工商会馆中国委员会张副主席这样阐述印尼老百姓的心理："你们（中国的企业）没有来之前，我们当地的人民过得比较贫困。你们来了之后，我们要是还是贫困的话，我为什么要你来？这很简单嘛。只要你来了，我们就共同把当地建设好，我们所要求的不多，就是改善

---

[1] 参见新华社驻印尼记者余谦梁、周檬、郑世波的报道《渔村改旧貌镍业炼新颜——中印尼合作青山工业园区纪行》，发表于2016年10月20日，见 http://www.xinhuanet.com/food/2016-10/20/c_1119752044.htm。2017年8月，本人对鼎信集团雅加达代表处首席代表杜先生进行了访谈，由他介绍了青山镍矿项目。

我们的日常生活。"青山工业园区是相当突出的、实践共建共享的发展案例。调查中发现，中资企业面对很多社会风险，既可以是肢体上的冲突，也可能是没有身体暴力的抗议行为，此外还包括了通过社交媒介发布和传播的刻意诋毁事实的信息、评论等。它们往往都是因为当地民众认为利益受损或者未能共享发展所带来的好处而引起的，比如水污染、森林破坏、没有获得带薪就业机会等。通过参与中资企业项目，获得稳定的工作和技能培训，实现物质生活改善和向上流动的机会，当地民众与外来投资者才有可能成为利益共同体。

六、政策建议和结论

本文从文化风险和社会风险两个方面，讨论了印尼中资企业所面对的挑战。从分析中可知，这些风险呈现出一些新的特点，包括主观建构性、关系性以及聚合性。它们反映了全球和地方的关系，事实和刻板印象之间的关系，不同利益主体之间的关系等。虽然这些风险拥有不确定性和潜在性，但是也因为其复杂的结构和利益格局而难以鉴别。由此，建议从如下方面加强风险方面的管理。

（一）加强前期调研，进行风险评估，减少资金浪费

很多中资企业和民营企业家缺乏对印尼市场、法律、政策和社会的了解，急于谈成项目，导致项目中途流产和失败。印尼虽然拥有人口、资源、劳动力和市场的优势，但是复杂的政策环境、政治制度、官僚体制，落后的基础设施以及宗教、文化差异都可能预示着投资风险。以中国-印尼雅万高铁为例，虽然该项目是两国元首签订的项目，由于印尼实行土有私有制，雅万高铁施工中面临着征地进度的实际困难，对工期进展造成影响。而这些困难在项目签订之处，可能并未在中方所显著预料到的困难之内。

为了增进对海外项目的风险评估和前期调查，同时需要鼓励更多的中国咨询机构走出去，并且加强发挥相关智库的作用，发展国内智库与印尼智库的合作。

（二）鼓励信息传媒产业走出去

目前走出去的企业中，资源能源、基建、铁路、工程、小商品贸易占据了主要部分。这些行业和活动或者利用当地的资源优势，或者适应了当地社会比较重大的民生需求，但是在过程中当地民众的参与感并不高，与日常消遣、娱乐也无直接涉及。信息服务业和文化创意产业的发展是当今世界经济格局的趋势，人们愈来愈多地通过电脑、手机、电视、户外媒体所接收的信息和文化产品，丰富生活和社交网络，理解事件内涵。民心相通恰恰需要能够传递意义的符号、文本和媒介，美剧和韩剧的海外播放便是一个价值观传播并经历协商的过程，促进了不同文化和价值观之间的对话。因此，有必要鼓励文化类企业走出去，参与到文化内容的生产和传播中。

（三）对中国企业和相关人员进行出国前培训

培训既包括一些基本的人际交往的禁忌、习俗的告知，也包括语言。近年来，由于一些中国人不符印尼本地习俗的行为，在当地造成了不好的影响，也招致了一些印尼民众对中国人的反感和意见。因此，有必要告知出国的人员一些基本的宗教习俗以及文化观念、行为方式。

另外，在印尼，英语的普及率低，语言成为沟通的一大障碍。以青山工业园区为例，仅翻译队伍就有300多人。建议由商务部和教育部牵头，联合中国国际贸易促进委员会，在国内高校设点创建"走出去语言和文化培训项目"。充分利用已有的中俄、中欧、中印尼、中南非人文交流机制，依托人文交流机制内的现有院校和研究中心，建立"一带一路"培训试点。在试点项目较为成熟后，下一步向其他高校开放申请，在国内院校中遴选设立以国别或者区域划分的语言和文化培训点。